Werner Lind

# BUDO
*Der geistige Weg der Kampfkünste*

Werner Lind

# BUDO

*Der geistige Weg der Kampfkünste*

Werner Lind
Budo · Der geistige Weg der Kampfkünste

Nikol Verlagsgesellschaft mbH & Co. KG
Hamburg, 2007

Lizenzausgabe mit freundlicher Genehmigung
der S. Fischer Verlag GmbH

© 2004 Scherz Verlag,
Bern, München, Wien, für den Otto Wilhelm Barth Verlag

Alle Rechte der Verbreitung, auch durch Funk, Fernsehen,
fotomechanische Wiedergabe, Tonträger jeder Art und
auszugsweisen Nachdruck sowie Übersetzung und der
Speicherung auf elektronischen Systemen sind vorbehalten.
All rights reserved.

Covergestaltung: Thomas Jarzina, Köln
Titelabbildung: mauritius images, Mittenwald
Printed in Germany

ISBN 13: 978-3-937872-54-4
ISBN 10: 3-937872-54-X

**www.nikol-verlag.de**

# INHALT

| | |
|---|---|
| Vorwort | 7 |
| Einleitung – Meister Funakoshis Karate-Regeln | 9 |

## I DŌ – DER WEG 13

1 Die Bedeutung des Weges — 15

## II DIE WEGKOMPONENTEN 29

2 Die Dreiheit des Wegideals — 31
3 Sensei – Der Lehrer — 34
4 Deshi – Der Schüler — 38
5 Oshi – Die Lehre — 45
6 Kyūdan – Das Gürtelrangsystem — 68
7 Dōjō – Der Ort der Wegübung — 89

## III DIE ÜBUNGSINHALTE DES BUDŌ 107

8 Budō – Begriff und Bedeutung — 109
9 Geiko – Die Übung des Budō — 112
10 Waza – Die Technik — 115
11 Shin – Der Geist — 125
12 Ki – Die Energie — 143

## IV DIE LEHRINHALTE DES BUDŌ 157

13 Die Überlieferung der Lehre — 159
14 Intuition und Logik — 163
15 Die rechte Haltung — 171
16 Dōjōkun – Die Regeln des Budō — 174
    Suche nach Perfektion deines Charakters — 184

| | |
|---|---|
| Verteidige die Wege der Wahrheit | 194 |
| Pflege den Geist des Strebens | 209 |
| Ehre die Prinzipien der Etikette | 221 |
| Verzichte auf Gewalt | 228 |
| 17 Shitei – Die Lehrer/Schüler-Beziehung | 235 |
| 18 Shū Ha Ri – Die Wegstufen | 255 |
| | |
| ANHANG | 271 |
| Glossar | 273 |
| Budō Studienkreis | 308 |
| Bibliographie | 309 |
| Personen- und Sachregister | 312 |

# VORWORT

Beim Lesen dieses Buches kommt mir meine Anfangszeit im Karate in den Sinn. Wie oft hat unser Sensei mit uns, den heutigen Sempai, über die Philosophie des Karate gesprochen, und wie oft haben wir uns mit ihm darüber gestritten. Immer dachten wir, es ginge um richtig oder falsch oder um Positionen, die wir vertreten müßten. Überzeugt von den eigenen Ansichten und Vorstellungen, war wohl mancher von uns nahe daran, einfach aufzugeben. Dabei ging es immer nur um Probleme, die wir theoretisch schon längst gelöst und ausdiskutiert hatten. Doch sobald sie uns persönlich betrafen, sah die Sache ganz anders aus. Es kostete viel Kraft, den nächsten Schritt zu tun, und ohne das Vertrauen zu unserem Lehrer wäre es nicht möglich gewesen.

Inzwischen ist mir diese Situation bei meinen eigenen Schülern begegnet, und erst jetzt habe ich erfahren, daß nicht nur der Schüler kämpft, sondern um vieles mehr noch der Lehrer – für den Schüler. Immer streitet der Schüler um Umstände oder Äußerlichkeiten, doch immer liegt die eigentliche Schwierigkeit in ihm selbst. Wenn er darauf besteht, ihre Ursache in den äußeren Umständen zu suchen, ist jeder innere Fortschritt beendet. Er verwechselt den Weg des Budō mit seiner eigenen Vorstellung davon.

Letztlich muß der Schüler jeden nächsten Schritt aber selbst tun, denn der Lehrer ist ihn bereits gegangen. Dies ist für einen Schwarzgurt genauso schwer wie für einen Anfänger, denn der Schritt führt immer ins Unbekannte. Man kann immer nur das verstehen, was hinter einem liegt. In diesem Sinn hat der Autor wohl auch dieses Buch geschrieben. Nicht als theoretische Abhandlung über die Philosophie der Kampfkünste, sondern als Anleitung, diese Philosophie immer wieder auf das eigene Leben und den eigenen Weg zu übertragen.

Ursel Arnold
(Übungsleiter)

# EINLEITUNG
## MEISTER FUNAKOSHIS
## KARATE-REGELN

Gichin Funakoshi, einer der größten Lehrer des Karate-dō, hinterließ seinen Schülern zwanzig Leitsätze (Shōtō-nijūkun), die er dringend zu beachten riet. Er hatte sie gegen Ende seines Lebens aufgestellt, in der Hoffnung, daß die nach ihm Kommenden ihren Sinn verstehen und befolgen würden.

Meister Funakoshis Größe bestand vor allem in der Interpretation des Karate als *Weg*. Deutlicher als jeder andere zeigte er dessen Wert für die Entwicklung eines friedvollen Geistes. Häufig wurde er mißverstanden, und noch häufiger übernahm man von ihm nur das Formale. Dieses Buch befaßt sich – soweit mein Verständnis reicht – mit all jenen Grundlagen des Budō, die in den modernen Kampfkünsten außer acht gelassen werden. Es zeigt, was die Kampfkünste einst waren und was sie vielleicht wieder sein könnten, wenn die sie Übenden erneut den Weg entdeckten, der einst ihr Wesen ausmachte.

1. Karate-dō beginnt mit Respekt und endet mit Respekt.
2. Im Karate gibt es keinen ersten Angriff.
3. Karate ist ein Helfer der Gerechtigkeit.
4. Erkenne zuerst dich selbst, dann den anderen.
5. Intuition ist wichtiger als Technik.
6. Befreie deinen Geist.
7. Unglück geschieht immer durch Unachtsamkeit.
8. Denke nicht, daß Karate nur im Dōjō stattfindet.
9. Karate üben heißt, ein Leben lang arbeiten. Darin gibt es keine Grenzen.
10. Verbinde dein alltägliches Leben mit Karate, dann wirst du geistige Reife erlangen.
11. Karate ist wie heißes Wasser, das abkühlt, wenn du es nicht ständig warmhältst.
12. Denke nicht ans Gewinnen, doch denke darüber nach, wie man nicht verliert.

13. Verändere ständig deine Verteidigung gegenüber deinen Feinden.
14. Der Kampf wird von deiner Fähigkeit bestimmt, mit Kyō (unbewacht) und Jitsu (bewacht) umzugehen.
15. Stell dir deine Hand und deinen Fuß als Schwert vor.
16. Wenn du den Ort verläßt, an dem du zu Hause bist, machst du dir viele Feinde.
17. Die Haltung des Anfängers muß frei sein von eigenen Urteilen, damit er später ein natürliches Verständnis gewinnt.
18. Die Kata darf nicht verändert werden, im Kampf jedoch gilt das Gegenteil.
19. Hart und weich, Spannung und Entspannung, langsam und schnell – alles verbunden durch die rechte Atmung.
20. Lebe die Vorschriften jeden Tag.

Meister Funakoshis Kunst diente nie allein dem Zweck, nur den Körper stark zu machen, sondern ging weit darüber hinaus und betraf den Menschen als Ganzes. Im Gegensatz zu der heute weitverbreiteten Auffassung von Kampfkunst stand in ihrem Mittelpunkt der Weg (Dō), auf dem der Mensch durch Übung zu einem neuen Bewußtsein gelangen konnte.

Der Begriff «Dō» wird auch heute in den meisten Varianten des Budō gebraucht, doch in Wirklichkeit ist man weit von jenem Weg entfernt, den die traditionellen Kampfkünste lehrten. Die modernen Kampfkünste sind heute vielmehr in Gefahr, jeden erzieherischen Wert und geistigen Inhalt zu verlieren. Während sich in vielen Bereichen des Lebens ein neues Bewußtsein entwickelt und den Menschen zum Überdenken eingefahrener Wege auffordert, sind die modernen Kampfkünste nicht bereit, diesem Beispiel zu folgen. Wenn man in der heutigen Kampfkunstszene überhaupt von einer Gesinnung sprechen kann, ist diese in den meisten Schulen immer noch abschreckend genug, um all jene, die auf der Suche nach Geist und Sinn sind, von einer näheren Beschäftigung damit abzuhalten.

Doch diese modernen Interpretationen von Kampfsport haben mit dem eigentlichen Weg der Kampfkünste nicht das geringste zu tun. Der Weg steht jedoch nach wie vor jenen offen, die bereit sind, ihn zu gehen. Ich habe mich daher bemüht, das, was mir dabei wichtig erschien und was ich glaube, erläutern zu können, in ein System zu bringen, um es auch weniger Erfahrenen verständlich zu machen. Vielleicht verhilft es manchem Suchenden zu neuen Anregungen und Möglichkeiten.

# I DŌ – DER WEG

# 1 DIE BEDEUTUNG
DES WEGES

> Wem die Natur ihr offenbares Geheimnis zu enthüllen anfängt, der empfindet eine unwiderstehliche Sehnsucht nach ihrer würdigsten Auslegerin, der Kunst.
> *Johann Wolfgang Goethe*

*Dō* bezeichnet ein Prinzip der asiatischen Weltanschauung und stammt als Begriff aus dem japanischen Zen-Buddhismus. Das Schriftzeichen dafür liest sich im Japanischen als «Michi» und im Sinojapanischen als «Dō». Übersetzt bedeutet der Begriff Weg, Pfad, Grundsatz, Lehre, Philosophie, Richtung, Prinzip, Methode etc. Dō ist ein Weg, in dessen Zentrum eine Übung, zumeist die Übung einer Form steht, deren Ziel jedoch nicht das Erlernen irgendeiner Fertigkeit, sondern das Erweitern des im Menschen liegenden Potentials ist, durch das er zu seiner Sinnbestimmung wachsen und sein Leben mit Bewußtsein und Erkenntnis erfüllen kann. In Asien ist Dō das zentrale Prinzip jeder Übung. Dort ist es ein Weg, durch den die Essenz der Philosophien und Religionen im individuellen Verhalten sichtbar wird und weit über den Intellekt hinaus das Denken und Handeln des einzelnen bestimmt.

Als Prinzip ist Dō nichts ausschließlich Japanisches, sondern ein allgemein menschliches Anliegen, denn dieselbe Tendenz, die in Asien schlicht als Weg bezeichnet wird, ist allen Kulturen bekannt. Überall auf der Erde beschäftigt sich der Mensch mit den Zusammenhängen des Lebens, mit Ursachen und Wirkungen und mit der Frage nach dem Sinn. Vor Urzeiten seiner selbst bewußt geworden, versteht er sich als Mittelpunkt der Welt – eine alle Zeiten übergreifende Gesinnung, die seit jeher seine Position bestimmt. In dieser Illusion strebt er nach unabhängiger Selbstverwirklichung und erhofft sich dadurch die

Aufhebung jener Grenzen, die von der Natur vorherbestimmt sind. Zusammen mit dem Bewußtsein entstand der unbändige Wille zum Wachsen, das Streben nach Freiheit, nach Befreiung aus der Abhängigkeit von der Natur, die allem Bewußtgewordenen als existenzbedrohend gegenüberzustehen schien. Doch wann immer diese Forderungen zu laut wurden, brachten sie ihn erneut dorthin zurück, wo er schon vielfach begonnen hatte.

Worauf kann der dem Tier entrückte und zum Heiligen nicht fähige Mensch sein Streben richten? Nach wie vor in der Natur gefangen, doch seiner selbst bewußt geworden, kennt er die unveränderlichen Gesetze, doch auch die Versuchung, sie zu übertreten – und damit die Gefahren der menschlichen Existenz. Seine Bestimmung zwingt ihn, trotz bewußtgewordenem Ich in der Unterwerfung zu leben und zwei Mächten zu dienen. Welcher Weg führt zu jenem noch fernen Menschengeschlecht, dem es möglich sein wird, das Selbst zu wahren und dennoch zu überleben? Ist es das ichhafte Streben nach Auflehnung und Bewährung in der Welt oder die von der Natur geforderte Unterwerfung? Welcher Weg gibt dem Menschen die Kraft und die Weisheit, zwischen zwei verfeindeten Mächten zu leben, beiden zu dienen und als Selbst zu bestehen?

Allen Leistungen des Intellekts zum Trotz suchen die Menschen diesen Weg heute ebenso erfolglos wie eh und je. Zu allen Zeiten bezahlten sie für ihre Fehler mit Krieg und Tod und erkannten immer zu spät, daß sie dem falschen Weg folgten. Nur wenige lernten aus der Geschichte und begriffen, daß alle Wege stets dasselbe Ziel suchten und daß alles Streben der Menschheit aus dem ewigen Wiederholen desselben Irrtums bestand. Der Intellekt führte zu enormen Erkenntnissen, doch es gelang ihm nicht, ein Bewußtsein zu schaffen, das dem Menschen erlaubt hätte, seinen Platz zwischen Erde und Himmel zu finden. Stets im Krieg mit beiden, riefen die Menschen in ihrer selbstverschuldeten Not nach immer neuen Wahrheiten, die das Unheil der alten abwenden sollten – doch zugleich forderten sie den erneuten Kompromiß mit den seit jeher begangenen Fehlern.

Alle Wege zur Erlösung, die von den – wenigen – Einsichtigen gelehrt und gegangen wurden, scheiterten am Egoismus und der Habgier der Vielen, an deren Unfähigkeit zu Erkenntnis und Selbsterkenntnis und jener unausrottbaren Gesinnung, die vor dem Leben keine Achtung hat. Seit Menschengedenken wurde von den «Sehenden» immer dieselbe Wahrheit wiederholt, doch die Masse folgte stets jenen, die ihr Wohlstand, Sicherheit und Freiheit versprachen. Dieser Weg brachte immer neues Verderben und eine immer schwerer wiegende Erblast für die folgenden Generationen.

Ohne Bemühung um inneres Wachstum bleibt der Mensch ein Wesen ohne Ethos und Geist. Er ist dann nichts weiter als eine am Egoismus gescheiterte Möglichkeit, ein falsch genutztes Potential – keineswegs «ein Wert an sich», sondern vielmehr schuldig und gefährlich. Individuell unscheinbar und klein, gewinnt er durch die Massengesinnung Macht und damit Einfluß auf das Schicksal der Welt. Mit dilettantischer Kurzsichtigkeit, getragen von bequemen Instinkten, wehrt er sich gegen jeden Aufruf zur Überwindung der Selbstsucht. Sein Lebensverständnis reduziert sich auf den Anspruch, der Nabel der Welt zu sein und in dieser nach eigenem Gutdünken zu hausen. Ein solcher Mensch empfindet jede Störung dieses Gefühls als persönliche Bedrohung, wehrt sich verzweifelt gegen jeden Aufruf zur Besinnung und empfindet jeden Weg, der anderes beinhaltet, als das, was in sein Ichdenken paßt, als hassenswert und feindlich.

Der übergreifenden Erkenntnis nicht fähig, fordert er zur Rechtfertigung seines Denkens nichts dringlicher als eine solide Dogmatik mit Zugeständnissen an seine ichbezogene Lebensauffassung. Jede darüber hinausgehende Ermahnung erinnert ihn an Tod und Vergänglichkeit und beinhaltet die Gefahr, den Wahn des Ich von seiner Unvergänglichkeit und Größe zu stören. Dieses Denken hemmt seit eh und je das geistige Wachstum des Menschen und ist daher das größte Hindernis auf dem Weg zu jener inneren Haltung, die in den Dō-Übungen gefordert wird.

Alles, was die Menschheit an geistigen Werten zu besitzen glaubt, entstand und verging mit dem Geist des einzelnen, der sich jenseits von Dogma und Kollektiv der Herausforderung durch das Ideal stellte. Ein solcher Wert begründet sich nur in einem individuellen und selbstlosen Kampf gegen die Fesseln der Triebe, im Opfer des Ich für das Ideal, und überlebt den Begründer nicht als Wert, sondern nur als Form. Dem Wert selbst stand das «Gewohnheitstier» Mensch zu allen Zeiten verständnislos und staunend gegenüber. Die Masse ist zu keinem echten Wert fähig, weil ihr Denken von Selbstsucht bestimmt und von Dogmen gelenkt wird. Deshalb ist der Weg zum Menschen immer ein individueller und wird erst dann der Weg aller sein, wenn der Wunsch nach geistigem Wachstum Allgemeingut geworden ist. Bis dahin sprechen alle echten Wege nur den einzelnen an. Alles, was davon in die Masse fließt, ist Form, die nicht als Wert, sondern als Beispiel für die eigene Sinn-Findung gedacht ist.

Aus allen Zeiten sind solche beispielhaften Wegbereiter bekannt, in deren Umfeld potentielle menschliche Werte sichtbar wurden. Überall dort, wo ein Mensch die Erkenntnis *lebte*, daß Sein kein Selbstzweck ist, sondern einen Sinn in sich birgt, entstand auch die Möglichkeit zu einem Weg. Dort, wo einzelne erkannten, daß die Steigerung menschlicher Fähigkeiten nie eine Form als Ziel anstrebt, sondern ein Mittel zur Selbst-Findung ist, wurde der Weg entdeckt, der die Entwicklung menschlicher Werte ermöglicht, der Weg zum Ideal.

Einzelne, die diese Wege gingen, wurden zum Vorbild, denn sie verwirklichten ein Bewußtsein, das anderen als Beispiel durch alle Zeiten diente: Sie lehrten die Vervollkommnung des menschlichen Geistes durch die Liebe. Nur durch sie kann bewußtes Leben die Welt gestalten, ohne sie im Wahn zu vernichten. Doch dort, wo die Masse solchen Weglehren begegnete (Jesus, Buddha, Mohammed u. a.), erkannte sie ihre Beispielhaftigkeit nie als Möglichkeit, sondern nur als Form. So eröffnet sich der Weg nach wie vor nur jenem Menschen, der die Herausforderung in sich selbst sucht.

Das Beispiel wurde immer zum Dogma, weil die Menschen sich stets darauf verließen, daß die Institutionen mit den formellen Inhalten auch den Sinn übernahmen. So bemüht sich der einzelne auch heute mehr um eine autorisierte Zugehörigkeit zum Gemeinschaftswert als um sich selbst. Doch ohne eigenen Sinn ist darin kein Weg zu finden, und deshalb endet jedes Bemühen um Formwerte zumeist in Parteilichkeit und somit erneut in Schuld. Jedes kollektive Ideal ist ohne eigenen Sinn ein fiktiver Wert und heiligt alle Mittel, wenn es durch Massengesinnung anstatt durch Individualität getragen wird. Mit dem Vertrauen in die bloße Zugehörigkeit zu einem heiligen Dogma sind die Menschen seit jeher in die Kriege gezogen und haben ein unvorstellbares Ausmaß an Schuld auf sich geladen. Jede Instanz besitzt dieses Potential, und wird es aufgrund von Machtinteressen aktiviert, ist jedes Gemeinwohl vergessen, gleich ob es sich dabei um Kirche, Staat oder sonst eine Institution handelt. Nichts ist gefährlicher und nichts lebensfeindlicher als die Illusion vom menschlichen Ideal in der organisierten Masse.

Jeder wahre Weg führt zur persönlichen Freiheit, doch weder zu jener Freiheit, die Nachbeter von vorgefertigten Dogmen fordern, noch zur Befreiung von allen Konventionellen, wie es unreife Menschen wollen, sondern zur inneren Freiheit. Auch für den freien Menschen gibt es natürlich die Konventionen, die Regeln und die Verbote, denn sie sind die einzige Möglichkeit, menschliches Zusammenleben zu ordnen. Doch der Weg zur legitimen Individualität löst die träge Abhängigkeit von ihnen auf und bindet sie durch Selbsterkenntnis an einen inneren Sinn. Erst dort beginnt die freie Persönlichkeit. Diese ist gekennzeichnet durch ein stetes Sich-Lösen aus dem Gefangensein in unüberprüftem Gewohnheitsdenken. Nicht jedoch im Kampf um die Abschaffung der bindenden Regeln, sondern in der Suche nach persönlicher Tiefe, Verständnis und Sinn gewinnt sie Inhalt und schlägt so die Brücke zwischen Form und Denken, zwischen Gebundenheit und Freiheit, zwischen Mensch und Welt. Weder im Kampf gegen noch im Verfechten von dogmatischen Gesinnungen, zu deren Verständnis der Geist nicht reicht, sind Persönlichkeit und Freiheit möglich.

# Weg und Form

Nichts schadet dem werdenden Menschen mehr, als in einer ungeformten Individualität zu verharren, die durch Besserwisserei jedes Lernen verhindert. Aber nicht minder naiv ist es, das Individuelle zugunsten eines unverstandenen Systems aufzugeben und das eigene Denken durch dessen Regeln und Maßstäbe zu ersetzen. Der Mensch im Wachsen pendelt selbstkritisch zwischen innerer Überzeugung und äußerem Einfluß hin und her. Der eigentliche Wert liegt in keinem der beiden, sondern im Zulassen eines inneren Reifeprozesses durch ihre Verbindung.

Das System ist ein Weg zum inneren Werden, eine Hilfe bei der Suche nach dem eigenen Sinn, nicht jedoch ein Ziel. So ist es immer der sich selbst erkennende Mensch und nie der Formspezialist, der darin Wert verwirklicht. Wenn der eigene Sinn fehlt, gibt es kein Wachsen, sondern bestenfalls ein Nachahmen von Formen, was zum Fanatismus oder zur bedingunslosen Abhängigkeit, nie jedoch zur Freiheit führt. Zumeist war dies der Weg aller überlieferten Systeme. Als Möglichkeit und Beispiel zur Formung des Selbst gedacht, gipfelten sie in inhaltlosen Formen mit denkfeindlichen Nachahmern. Nur einzelnen gelang es, darin den Weg zu erkennen und den Ursprungsgedanken in sich selbst zu verwirklichen. Für die meisten blieb nur die Form.

Vor allem zwei Hindernisse zum Systemverständnis stehen dem Menschen im Weg: zum einen der Glaube, daß ein System den Mangel an eigenem Denken ersetzt, daß es für gedankenlos gemachte Fehler geradesteht und allein im Nachahmen einen Wert besitzt, und zum anderen der überhebliche Intellekt, der ein System verstehen will, ohne zu bedenken, daß jedes, auch das elementarste Verständnis über die Selbsterkenntnis führen muß. Gefangen in diesem Irrtum, entwickelt sich ein Systembewußtsein, das an der Realität des Lebens vorbeigeht. Das System verliert seine Bedeutung durch die Naivität, mit der man seine Formen interpretiert.

Allen Systemen gemeinsam ist der Anspruch des Intellektuellen, es zu verstehen. Er entwickelt jenseits der Sinngehalte die

Formaspekte und die Sensationsmerkmale. Nun wird das Volk aufmerksam auf das System und bekennt sich bedingungslos zu den Formspezialisten, die das objektiv Sichtbare überbetonen, weil sie den Sinn nicht verstehen. Nichts schätzt die Masse mehr als die meßbare Form, und niemand steht höher in ihrer Gunst als der Formidiot. Gleich ob Religion, Philosophie oder Kunst, der wahre Sinn ging immer in der Form verloren.

So vertraut der Mensch darauf, daß Religion gläubig, Philosophie klug, Kunst sensibel und Sport gesund macht, und läßt sich seinen Anteil an diesen Werten durch die Urkunden der betreffenden Institutionen bestätigen. Nachdem ein System auf diese Weise jedes Hindernis zur Dummheit überwunden hat, erlebt es die Anpassung an das Kollektivideal, mit festen Regeln und gemeinsamen Interessen. Durch die Masse autorisiert und unter Berufung auf die Formspezialisten, kann nun der im Kollektiv organisierte Bürger Ich-Wert bezeugen, indem er mit naiver Intellektualität fremde Werte nachahmt. Die eigene Denkfaulheit und die unüberwundene Selbstsucht wird mit der Gesinnung «Was alle tun, ist richtig» entschuldigt. So darf der Fanatiker als Gläubiger, der Dilettant als Philosoph, der Kritiker als Kunstexperte und der Rekordsüchtige als Sportler gelten, und alle haben einen Wert, weil sie einem autorisierten System folgen. Nur selten verwendet einer ein System als Möglichkeit zur eigenen Sinn-Findung. Meist wird unter Berufung auf die autorisierte Form der Sinn entfernt und die kollektive Gewohnheit als Rechtfertigung für die eigene Sinnlosigkeit gebraucht.

Der Sinn wurde seit jeher nur vom einzelnen gesucht – dann, wenn die Bereitschaft zum Opfer des Ich vorhanden war. Doch sein Schicksal ist es, von den Zeitgenossen verkannt und geächtet und von den kommenden Generationen als Dogma mißbraucht zu werden. Den Wegbereitern zum Sinn stehen die Masse aus Unverständnis und die Autorität aus Selbstzweck immer feindlich gegenüber und beide berufen sich auf eine durch Formaspekte unkenntlich gemachte Weisung der alten Vorbilder. So entsteht aus jedem Sinn in allen Kulturen, Ideologien, Religionen und Parteien ein letztendlich sinnentfremdetes, dem Geist entgegenwirkendes System. Vom Geist getrennt, verhärtet dieses zur denkfeindlichen Regel und erzeugt den Haß gegen all jene, die zu ihren Lebzeiten dasselbe Verstehen, dasselbe Aufwachen aus der passiven Denkfaulheit fordern, wie es einst die nun kanonisierten Vorbilder taten. Doch die Masse liebt nichts mehr als die substanzlose Weisung der Regel und scheut nichts mehr als den Aufruf zum Denken, zum Überwinden der Dummheit, zum Suchen nach Sinn. Die Nutznießer sind die Institutionen, und immer kehren sie sich unter Berufung auf autorisierte Interpretation der alten Weisheiten gegen die Sinnsuchenden ihrer Zeit. Nur die verstorbenen, wehrlosen Vorbilder einer Kultur eignen sich als Aushängeschild für die ewig fiktive Wahrheit der herrschenden Autorität, hinter der nie ein Glaube, sondern immer ein Kampf um Macht und Bedeutung steht.

So lebt jeder höhere Sinn immer seiner Zeit hinterher. Zu allen Zeiten wurde von jenen, die den Sinn gefunden hatten, stets das gleiche gesagt und gelehrt, doch überliefert wurde nur die Form. Jeder über die Form hinausgehende Sinn erfordert das Reifwerden des einzelnen und kann deshalb nicht als handliches Gedankenpaket durch die Generationen vererbt, sondern muß stets von neuem auf einem individuellen Weg gesucht werden.

Doch in allen Institutionen, in denen eine autorisierte Beamtenschaft Wegerbschaften verwaltet, wird deren Sinn stets von der Form überdeckt. Vom Christentum bis zur kleinsten Organisation der Gegenwart tötete die Form den Sinn. Für die Weisen war die Form immer nur das zeitgebundene Mittel zum zeitlosen Sinn. Doch immer wenn die Form zum Ziel wurde, setzte sie sich dem Sinn des Lebens entgegen und erstarrte im System. Das, was die Weisen aller Zeiten miteinander verbindet, ist nicht die Form, sondern immer der über alle Systeme hinausgreifende Sinn.

Die letzte Konsequenz aller formerstarrten Systeme ist der Konflikt, weil Formbefangenheit zu Fanatismus und Abgrenzung führt. Jedes organisierte System besitzt das Potential zu Krieg und Vernichtung, und daß nicht all diese Systeme in menschlichen Tragödien gipfeln, ist nicht der weisen Voraussicht ihrer Lenker zuzuschreiben, sondern allein dem Umstand, daß es manchen Systemen an Macht und Einfluß fehlt. Wenn sich Formfanatiker über den Wert ihrer Systeminhalte streiten, liegt ihren Beweggründen das gleiche Denken zugrunde, das die Menschheit seit Jahrtausenden in die Kriege treibt.

## Weg und Kultur

Der Beginn des Menschseins liegt im Bewußtwerden der Form, sein Wachsen in der Überwindung der Formabhängigkeit. Kultur entsteht im Kampf um die Überwindung der Triebe und formt den Geist, der den Menschen aus der Formabhängigkeit befreit.

Seit altersher wissen die Weisen, daß der Lebenssinn nicht lehrbar und in keiner anderen Lebenshaltung erkennbar, sondern immer nur im eigenen Kampf um die Überwindung der Triebe zu erfahren ist. Wo dieser Kampf nicht stattfindet, wird jede erschaffene Form zur Gefahr. Gleichzeitig aber enthält jede Arbeit an der Form auch die Möglichkeit zu diesem Kampf, wenn der Mensch den Weg (Dō) sucht. So ist es auch im Budō nicht die Form, sondern der Weg, der die Fähigkeit des Menschen zum Sinn bewirkt. Die bloße Perfektion der Form ohne den Weg führt zum Sinnverlust.

Das Spiel mit den Formen ohne Rückgebundenheit an einen inneren Kampf ist in der Menschheitsgeschichte immer kulturlos gewesen. Einzig dort, wo es einzelnen gelang, sich von der Schwerkraft der Form zu befreien, entstand Kultur. «Der liebe Gott muß immer ziehen, dem Teufel fällt's von selber zu», sagt Wilhelm Busch und spricht damit die beiden Extreme der menschlichen Polarisierung an: den selbstwirkenden Hang zum Trieb und die eigenverantwortliche Initiative zum Geist.

Doch Geist ist nicht allein durch gesteigerte Intellektualität gewährleistet, sondern definiert sich erst in einem individuellen Kampf um Erkenntnis und Selbsterkenntnis. Er bedarf über alles formelle Lernen hinaus einer persönlichen Übung des Lebens, eines Kampfes um individuelle Reife. Fehlt dieser, bleibt der nur intellektuelle Mensch sinn-los und damit ideologisch beliebig lenkbar.

Auch Kultur entsteht erst im Kampf des nach Freiheit strebenden Menschen gegen den ihn fesselnden Trieb. Dessenungeachtet drängt es die Menge nur zu formellen Inhalten, zu unverbindlichen Weltanschauungen ohne Kampf um individuelle Reife. Die Menschen heute sind mehr denn je von der Sucht nach immer neuen Abwechslungen ergriffen. Heutzutage braucht jedes System den begleitenden Schock, durch den es den Maßstab sprengt und die Grenze überschreitet. Sein Sinn liegt nicht mehr im Wert, sondern im Außergewöhnlichen, gleich wie absurd und widersinnig es sein mag.

An solch überzüchteten Formen zerbricht jeder Sinn, und erzeugt wird der Glaube an fiktive Werte. Erst im Gefolge dieser Verzerrung können Politiker Aufrüstung, Zerstörung der Umwelt und andere «notwendige Maßnahmen» als sinnvoll propagieren, ohne auf breiter Basis Widerspruch hervorzurufen. Auf derselben Sinnrechtfertigung basiert auch die Wertvorstellung einer Gesellschaft, die den kranken Menschen für die gesunde Wachstumssteigerung in Kauf nimmt und die Gewinnsucht per Gesetz zur Tugend verkehrt. Nur der denkfeindliche Mensch kann in dieser offensichtlichen Sinnlosigkeit einen Sinn entdecken.

Die durch fiktive Sinninhalte manipulierten Menschen entwickeln lebensgefährliche Tendenzen. Der Selbstzweck wird heilig, das Dogma ersetzt das Denken und dient zur Rechtfertigung jeden Unsinns. Das Streben einzelner nach dem Ideal, die seit jeher stärkste Kraft gegen den Egoismus, gegen die Dummheit und gegen die Gier, wird durch den schon immer denkfeindlichen Apparat der Organisationen und Institutionen isoliert und als sinnentfremdet bekämpft. Seit Anbeginn der Zeit ist kein Weg, der den Menschen Kultur bringen sollte, über dieses Hindernis hinwegkommen.

# Weg und Reife

Das Streben nach Perfektion kann von zwei verschiedenen Haltungen beeinflußt sein: vom Bemühen um eine äußere Form oder vom Bemühen um eine innere Gestaltung. Im ersten Fall will man die Anerkennung in der Welt, im zweiten sucht man den Kampf um persönliche Reife. Soll eine Übung dem Weg dienen, muß sie auf die erste Haltung verzichten. Reife Erkenntnis entsteht nur im Kampf gegen die Tendenz zur Selbstdarstellung, die Formvollendung als Selbstzweck anstrebt.

Darin liegt der Unterschied zwischen Budō und Sport. An der primären Entscheidung, welchem Zweck die Übung dienen soll, und nicht in der Formübung selbst scheiden sich die Wege. Auf beiden Wegen ist es dieselbe Form, der Unterschied liegt allein in der Absicht: Will der Mensch die Form, um mit ihr zu gelten, oder übt er sie, um selbst zu wachsen? Richtet er seinen Blick auf die Welt oder in sein Inneres? Der Inhalt, der Sinn und das Ergebnis seiner Übung hängen von dieser Entscheidung ab.

Auf dem Weg dient die Übung der Form dem inneren Wachstum und nicht den Ansprüchen des kleinen Ich. Trotzdem bleibt sie ein Ziel, doch nicht um des Formwerts willen, sondern um eine innere Auseinandersetzung mit dem Ideal zu bewirken. Die Qualität dieser Auseinandersetzung ist entscheidend.

Bei der richtigen Haltung hat das Wissen um die Unvollkommenheit der Formen jedesmal einen neuen Kampf zur Folge, eine neue Herausforderung. Erschöpft sich diese Herausforderung in äußeren Vergleichen (Wettkampf des Könnens oder Wettkampf des Wissens), kann sie das Reifen verhindern. Jede Herausforderung außerhalb des Ideals endet im Selbstzweck und will die Form, nie den inneren Kampf. Doch erst der innere Kampf ermöglicht einen Blick in die eigene Tiefe. Wird dieser Kampf vom Ich geführt, stagniert jeder Reifeprozeß, und die Form endet im Wettbewerb. Dann dient die Technik dem Gewinnen.

Fortschritt auf dem Weg entsteht aus dem Wissen um stets vorhandenes Unvermögen und in der Herausforderung, das Höchstmögliche zu erreichen. Hier unterscheidet sich die Weglehre von der Lehre an Schulen und Universitäten. Das den Schülern dort vermittelte Wissen versteht sich als objektiver Wert, als Absolutum, ohne den inneren Kampf um Selbstverwirklichung und Selbsterkenntnis. Auf dem Weg dagegen wird jede sichtbar werdende Form sofort in Frage gestellt. Kein objektiver Wert überlebt als feststehende Größe, sondern immer nur als Ausgangspunkt für eine subjektive Erfahrung.

Die eigene Verpflichtung zum Selbstbetrachten und Selbstsuchen in dem sich ständig erweiternden Kreis subjektiver Erfahrungen ist enorm. Diese Verpflichtung allein vermag es, den Übenden vor dem Gefangensein in den Formen zu bewahren. Der Fortgeschrittene auf dem Weg verwendet jede nur erdenkliche Form zur Auseinandersetzung mit sich selbst. Er weiß, daß keine an ihn herangetragene Form ohne diese Auseinandersetzung einen Wert hat und daß jedes Bemühen um Formvollendung nicht Selbstzweck, sondern ein Mittel zur stetigen Selbstverwirklichung sein sollte.

Deshalb ist auch die Form im Budō keine Kette von überlieferten Werten, an denen ein Übender automatisch teilhat, wenn er sie beherrscht. Sie ist nichts weiter als eine Möglichkeit, zu sich selbst zu finden. Nur wo sie diesen Kern im Menschen berührt, gewinnt sie Inhalt. In der bloßen Nachahmung einer Form, gleich ob sie aus Wissen oder Können besteht, liegt nie ein Sinn.

In Asien ist *Budō* einer dieser Wege. Budō ist der Oberbegriff für alle Wege (Dō), die sich aus den japanischen Kriegskünsten (Bujutsu) ableiten. Im einzelnen besteht er aus vielen Systemen (Jūdō, Kendō, Karate-dō, Kyūdō, Aikidō usw.), in deren Bezeichnung jeweils der Begriff «Dō» enthalten ist. Damit wird deutlich, daß die Kampftechnik nicht zum Selbstzweck geübt wird, sondern dem höheren Ideal des Weges dient.

Budō entwickelte sich als Weg aus dem rein kriegerisch orientierten Bujutsu. Dessen Lehrer erkannten, daß im Üben von technischen Fertigkeiten, die allein dem Töten dienen, kein Sinn und kein menschlicher Wert liegen. Dadurch veränderten sich die Ziele ihrer Übung, und sie richteten das Schwert nicht mehr gegen den Gegner, sondern gegen sich selbst. Sie erkannten, daß der ungeheure Drang zu allen Äußerlichkeiten das eigentliche Hindernis auf dem Weg zu jeder höheren Erkenntnis ist und somit der Feind nicht auf dem Schlachtfeld, sondern im eigenen Innern bekämpft werden muß. Dank dieser Erkenntnis wandten sich viele Meister der japanischen Kriegskünste im 16. Jahrhundert vom Kampf ab und formulierten ein neues Prinzip, das nicht das Töten, sondern das Leben lehrt.

Mit Budō ist also nicht ein Weg gemeint, der auf ein Können oder Wissen abzielt, wenngleich die Fähigkeit zu kämpfen ein natürliches Produkt der Übung ist, so wie der reife Apfel vom Baum fällt, ohne etwas dazu zu tun. Die Übung der Kampfkunst bedient sich der Technik, doch sie meint das Ich. In dem Maße, in dem das Können wächst, gilt es, den Selbstzweck zu überwinden und das egoistische Streben nach äußerem Glanz durch Demut, Anpassung und Bescheidenheit zu ersetzen.

Budō ist eine Art zu leben, eine ständige Erfahrung im Umgang mit sich selbst, die den Menschen freier, gesünder und ausgeglichener macht. Auf einem solchen Weg übt der Mensch keine Technik zu irgendeinem Zweck, sondern er übt sich in der Bindung an das höchstmögliche Ideal. Jede Übung des Weges beinhaltet den Versuch, den Menschen aus seiner Gefangenschaft, aus dem Bannkreis seines kleinen Ich zu befreien. Wert gewinnt eine solche Übung nur dann, wenn sie frei ist von der Tendenz zur Selbstdarstellung, von der Absicht auf Gewinn.

Die Übung der Kampfkünste rechtfertigt nur durch dieses Streben ihren Anspruch, eine Kunst des Weges (Dō) zu sein. Als solche lehrt sie, daß das Leben nur so viel Sinn enthält, wie der Mensch ihm zu geben vermag. Keine Philosophie, keine Religion, überhaupt kein System trägt einen Sinn in sich, sie alle sind nur Hilfen, den eigenen Sinn zu finden. Der Mensch, der sich in ihre Formen flüchtet und ohne eigenen Sinn zu leben versucht, ist weniger als ein Tier. Sinn gewinnt ein System nur durch den Weg, der im Dienst eines Höheren steht und die Tendenz, den niederen Trieben nachzugeben bekämpft. Fehlt dieser Sinn, sind auch die Kampfkünste nichts weiter als eine geistlose Parodie mit hochgezüchteter Technik und intellektualisierter Philosophie, ohne menschlichen Wert und ohne Inhalt.

# II
# DIE WEGKOMPO-
# NENTEN

# 2 DIE DREIEINHEIT DES WEGIDEALS

> Alle Kraft des Menschen wird erworben durch Kampf mit sich selbst und Überwindung seiner selbst.
> *Johann Gottlieb Fichte*

Die Lehre über den Weg, der, der den Weg lehrt, und der, der den Weg lernt, sind eng miteinander verbunden. Die idealisierte Dreieinheit zwischen dem Meister, dem Schüler und dem Weg ist jenseits der geschichtlichen Realität zuerst ein Prinzip, ein in der Wirklichkeit nie zu erreichendes Ideal. Es besteht in der Vorstellung vom zukünftigen, an jenem fernen Ziel angekommenen Menschen, der seinen Weg zu jenem höchsten Menschen-Ideal gegangen ist, und in perfekter Harmonie mit den Kräften und Mächten des Universums zu leben vermag. Dieser Traum ist so alt wie die Menschheit selbst und war die treibende Kraft aller Religionen und Weltanschauungen. Der Meister als Ideal, als *Ewiger Meister*, wie Dürckheim ihn nennt, ist das endgültige Ziel der Evolution des Menschen, dessen Sinn und Bestimmung es ist, zwischen Erde und Himmel, zwischen Tier und Gott in Frieden zu leben. Er ist die jedem Bewußtsein innewohnende Kraft, das unerweckte Potential im leibhaftigen Menschen, das als Antrieb und Motivation jeder Wegübung zugrunde liegt. Der Ewige Meister ist das Ideal, das den Menschen zum Weg befähigt, ihm als kreative Idee und geistige Potenz zur Verfügung steht und ihn den Auftrag des Lebens zur höchstmöglichen Vollendung erkennen und annehmen läßt.

Der Ewige Meister als Ideal weckt den *Inneren Meister*, das heißt das dem menschlichen Bewußtsein innewohnende Potential, seinen vom Leben erhaltenen Wegauftrag würdig zu erfüllen und zum Licht zu streben. Der Innere Meister ist der im

Menschen erwachte Drang zur höheren Vollendung, es ist die im Wegschüler offenbar gewordene Grundbedingung zu allem Wachsen und Werden. Diese meint der Lehrer, wenn er von der Wegfähigkeit eines Schülers spricht. Bevor der Innere Meister im Schüler nicht existiert, kann dieser den Weg nicht spüren.

Der *Leibhaftige Meister*, das heißt der lebendige Mensch als Weglehrer (Sensei), ist stets dem Ewigen Meister (dem Weg) unter- und dem Inneren Meister (dem Schüler) übergeordnet. Er befindet sich im Abschnitt einer Wegerfahrung, die ihn befähigt, den Inneren Meister im Schüler zu lenken, doch er befindet sich zeit seines Lebens selbst auf dem Weg zum Ewigen Meister, in dessen Auftrag, und nie aus sich selbst heraus, er Wegschüler annimmt und unterrichtet.

Die Bezeichnung «Meister» ist daher nicht ohne weiteres auf einen lebenden Menschen zu übertragen, denn trotz aller körperlichen und geistigen Perfektion ist kein Mensch in der Lage, den höchstmöglichen Status der Wegmeisterschaft zu erreichen. Vielmehr unterliegt jeder noch lebende Meister der ständigen Veränderung durch neue Erfahrungen. Dieser Tatsache entsprechen auch die Graduierungen des Budō, die mit dem zehnten Dan das Höchstmaß an möglicher Perfektion eines lebenden Menschen bezeichnen. Der elfte und der zwölfte Dan können nur nach dem Tod verliehen werden, weil das bewußte Leben selbst in seinem reinsten Zustand noch einen Widerspruch zum Ewigen Meister enthält. Erst jenseits des Lebens können Leibhaftige Meister idealisiert werden und in das Prinzip des Ewigen Meisters eingehen.

Das, was im Budō eine Lehrer/Schüler-Beziehung (Shitei) genannt wird, ist weniger das Lernverhältnis zwischen zwei Menschen als die Dreierbeziehung zwischen dem Inneren Meister im Schüler, dem Leibhaftigen Meister als Lehrer und dem Ewigen Meister als Ideal. Der im Schüler erwachte Innere Meister drängt zum Ewigen Meister und braucht daher den Leibhaftigen Meister als Brücke zwischen elementarem Bewußtsein und Ideal. Der Begriff «Meister» bezeichnet daher nicht nur den Lehrer, sondern stets auch das dem Weg (Dō) innewohnende Ideal, den in dessen Auftrag handelnden Menschen (Sensei) und den zum Suchen nach dem Ideal angeregten Schüler (Deshi). Der Weg, der Lehrer und der Schüler sind daher eng miteinander verbunden.

# 3 SENSEI – DER LEHRER

> Bevor sich eine Wandlung in der Welt vollziehen kann, muß sie zuerst in der menschlichen Seele vollzogen werden.
> *Leo Tolstoi*

Der Lehrer des Weges oder der Meister – japanisch *Sensei* – hat in den asiatischen Kulturen eine andere Bedeutung als in Europa. Dort ist er nicht derjenige, der einem Schüler Wissen oder Können vermittelt, sondern derjenige, der den Weg (Dō) zeigt. Dazu bedient er sich einer Kunst, deren Ziel jedoch über das Erlernen der Formen hinaus in einer inneren Auseinandersetzung besteht, woraus die Möglichkeit zum Weg entsteht. Die Lehre eines Meisters ist daher jenen Menschen unzugänglich, die nur die Form wollen. Sie wendet sich an das dem Menschen innewohnende Potential zu Höherem, an den unerweckten «Meister in ihm» (Dürckheim).

Die Bezeichnung Meister meint einen Menschen, der sich bereits auf dem Weg befindet, um die Problematik der Weghindernisse weiß und in der Lage ist, Schülern über diese Hindernisse hinwegzuhelfen. Sie trifft nur dort zu, wo die Übung, die er leitet, dem Weg und nicht einer zweckgebundenen Fertigkeit dient. Auf dem Weg zielen alle zu übenden Techniken auf ein inneres Wachsen, und je vollendeter die Technik, um so größer die Forderung des Weges nach dem vollendeten Menschen. Jeder wirkliche Meister wird seine Kunst nur zu diesem Zweck verwenden. In Asien wird ein Mensch, der die höchsten Philosophien oder Künste beherrscht, sie jedoch nicht als Wegmöglichkeit versteht und einsetzt, nicht als Meister betrachtet.

Meister des Weges ist ein Mensch, wenn in seinem formalen Ausdruck der innere Kampf um das höhere Ideal sichtbar geworden ist, nicht jedoch, wenn er bloß eine hohe Leistung vollbringen kann. Der Weglehrer ist auch kein Lehrer im herkömmlichen Sinn, der richtig von falsch unterscheidet und dogmatische Wahrheiten vermittelt. Er erkennt keine Thesen an, die das Resultat eines Nachahmens oder Ausleihens sind, sondern er zeigt den Weg zum eigenen Sehen, zum eigenen Denken, den Weg zur Befreiung aus allem Gefangensein in den Normen und Gewohnheiten, in den unüberprüften Meinungen und Vorurteilen, gleich worin sie bestehen. So kann ein Schüler, der diesen Weg gehen will, ihm in keiner Situation gerecht werden. Mit herkömmlichen Lernhaltungen zu einem Meister zu kommen, heißt, sich ewigem Unfrieden auszusetzen. Das einzige, was den Meister interessiert, ist der Kampf des Schülers gegen sein Ich. Kein echter Meister wird einen Anfänger je als etwas anderes betrachten als eine vom kleinen Ich verhinderte Möglichkeit zum Wachsen. Nimmt er die Verantwortung als Lehrer an, wird er das Hindernis bekämpfen.

Seine Angriffe auf alles Feststehende, Eingebildete und Endgültige erfolgen unmittelbar und direkt. Egal worauf der Schüler sich im Ich beruft, der Meister läßt es nicht gelten. Er greift alles an, worauf das Ich sich fixiert. Daher scheint jede Meisterlehre willkürlich und autoritär, denn sie unterdrückt den aufkommenden Drang zur Geltungssucht und Selbstdarstellung und zerstört damit Wert und Unwert zugleich. Nur was aus dem Menschen selbst kommt, was rein und ungetrübt in seinem tiefsten Wesen entsteht und an einen Kampf um legitime Erkenntnis gebunden ist, läßt sie gelten.

Deshalb ist die Lehre eines Meisters für einen Wegschüler ein endloser Kampf auf Leben und Tod. Kein Schüler, der seinen Fuß auf den Weg setzen will, kann diesem Kampf entgehen. Es ist ein Kampf, in dem es um das Sterben des Ich geht, das den Menschen tausendfach versklavt. Erst wenn der Schüler selbst zum Meister wird, weiß er um die Bedeutung dieser Erfahrung.

Kein Schüler sollte von einem Meister das pädagogische Verhalten des braven Schullehrers erwarten oder die Vermittlung herkömmlicher Werte, denn er bekämpft gerade das, was dem Durchschnittsbürger heilig ist. Was vom Meister ausgeht, ist dem Mittelmäßigen zuwider, denn der Meister zerstört, wo immer er kann, alles, was dieser sich erwünscht und erträumt. Was ein Meister lehrt, richtet sich gegen Habgier, Selbstsucht, Egoismus, Denkfaulheit und fordert ständig auf zum Kampf gegen Trägheit und Stumpfsinn.

Der Meister fordert die Überwindung des Ich in jeder Beziehung. Dadurch wird er zum größten Feind des Sicherheitsdenkens, des intellektuellen Nachahmens und des unüberprüften Halbwissens. Um jene fiktiven Werte zu zerstören, die dem freien Menschen im Wege stehen, ist ihm jedes Mittel recht. Sein Angriff nimmt auf keine Weltanschauung, auf keine Ideologie und auf keine Beamtenweisheit Rücksicht, wenn sie nicht an einen persönlichen Kampf um Wahrheit und Erkenntnis gebunden sind. Er hebt alles auf, was nur Form ist, wirft um, was kein Opfer enthält, greift an, was dem Selbstzweck dient. Er lehrt das Werden, nicht das Sein.

Im Grunde genommen lehrt ein Meister nichts, sondern überwacht den Kampf des Schülers um eine eigene Gesinnung, um einen tragfähigen Untergrund für einen selbständigen Geist. Seine Aufgabe ist es zu zerstören, was diesem Kampf im Wege steht. Der Meister hat das Wissen um das Wie, er kennt die Hindernisse, die der Schüler auf dem Weg zu sich selbst überwinden muß, und er kennt die Bedingungen dieses Kampfes.

Der Schüler spielt das Spiel, doch der Meister besimmt die Regeln. Nie wird er etwas lernen, und nie wird er etwas verstehen, wenn er diese Regeln ablehnt. Die Meisterschaft besteht nicht im Erreichen von irgend etwas, wie der Schüler vielleicht glaubt, sondern in der Formung einer Grundhaltung, auf deren Basis er seine Weiterentwicklung selbst bestimmen kann. Diese Haltung erreicht der Übende nach einer Zeit der beharrlichen Auseinandersetzung mit sich selbst. Dort, wo er dann endlich aufhört, nach äußeren Werten zu suchen, und seinen Blick nach innen richtet, beginnt der Weg. Solange jedoch das nicht eintritt, steht ihm der Meister als unüberwindbares Hindernis im Weg. Dessen wichtigste Aufgabe ist es, immer wieder zu verwerfen, worauf das Ich sich beruft. Gefangen im Ich ist der

Weg nicht sichtbar, und so kehrt der Meister sich solange gegen das Ich, bis es den Schüler freigibt.

Der Schüler im Kampf um Fortschritte befindet sich viele Jahre in einem Zwiespalt zwischen Form und Weg. In seinen anfänglichen Bemühungen unterliegt er tausendfach den Versuchungen des Ich, und immer wenn er ein Ziel sieht, das ihm wichtiger erscheint als die Selbstüberwindung, wehrt er sich gegen den Meister. Dies wird solange geschehen, bis der Schüler Fortschritt nicht im Selbstzweck, sondern im Kampf gegen denselben sucht. Selbst wenn der Schüler darum weiß, wird er noch lange der alten Tendenz gehorchen und nicht erkennen, daß es jedesmal dieselbe Untiefe ist, in die er fällt. Der Meister jedoch hört nicht auf seine begründende Logik, er schaut auf sein Wesen und erkennt durch jede Maske hindurch die dahinterstehende Wahrheit. So befinden sich beide in einem jahrelangen Konflikt über Form und Weg, was eine Lehrer/Schüler-Beziehung nur dann aushält, wenn wirkliches Vertrauen besteht. Erst wenn der Schüler selbst Meister ist, weiß er um die häufige Einsamkeit und Hoffnungslosigkeit solcher Meisterkämpfe gegen die ungeheure Macht der menschlichen Trägheit.

Diese Einsamkeit ist unvermeidlich, denn sie ist der Preis für die Erkenntnis, die das Unvermögen zum inneren Kampf im Durchschnittsmenschen feststellt und um die Kurzsichtigkeit und langweilige Beschränktheit der meisten Lebensbestimmungen weiß. So laufen manche Meister, die diese Erkenntnis nicht erneut als Selbstübung verwenden, Gefahr, durch Desinteresse am Durchschnittsdenken zu veröden und im Kampf gegen die Sinnlosigkeit zum Gegner der Menschen zu werden. Es ist das Schicksal der Meister, mit der Tiefe und Vielfalt der eigenen Gedanken zu kommunizieren, da sie sich selten anderen verständlich machen können. Jeder wirkliche Meister weiß, daß die Erkenntnisse aus tiefgreifenden Wegerfahrungen zu unverbindlichen Debattiergegenständen werden, sobald sie einem undifferenzierten Bewußtsein begegnen. Über die meisten Dinge, die einen Meister bewegen, kann dieser nur mit einem Meister sprechen.

# 4 DESHI – DER SCHÜLER

> Es gibt Wahrheiten, deren voller Inhalt nicht erfaßt werden kann, bis persönliche Erfahrungen ihn uns nahe bringt.
> *John Stuart Mill*

*Deshi* ist die japanische Bezeichnung für einen Schüler, einen Lernenden oder einen Auszubildenden. In den Wegkünsten hat das Schülersein jedoch eine andere Bedeutung als in den herkömmlichen Lernprozessen. Der Schüler des Weges steht im Gegensatz zum herkömmlichen Schüler in einer besonderen Beziehung (Shitei) zu seinem Lehrer. Sein Fortschritt hängt von dieser Beziehung weit mehr ab als vom Lernen selbst.

Wenn ein Mensch die Wegerfahrung sucht und über das oberflächliche Formlernen hinaus will, weil der Mangel an Tiefe und harmonischem Ausgleich eine von innen aufkeimende Not bewirkt, dann geht er zu einem Meister und wird dessen Schüler. Will er jedoch nur eine Fertigkeit erlernen, sei es, um damit sportlich oder gesellschaftlich mehr Erfolg zu haben, ist er bei einem Weglehrer an der falschen Adresse. In diesem Fall geht er am besten in einen Sportverein, wo ihm ein Trainer alle nötigen Techniken vermittelt.

Der Schüler des Weges ist etwas anderes als der Schüler der Form. Deshalb bezeichnet ein Meister nur jenen Menschen als Schüler, in dem das Potential zum Weg existiert. Erst wenn er davon überzeugt ist, läßt er sich auf eine wegorientierte Lehrer/Schüler-Beziehung ein. Ehe dies geschieht, können mehrere Jahre des Formunterrichts vergehen.

Ein Kampfkunstübender wird erst dann zum Wegschüler, wenn sein Streben nach Formperfektion plötzlich von etwas berührt wird, das ihn veranlaßt, seine bisherige Wegrichtung in Frage zu stellen. Dann erst ruft er nach dem Meister, denn er erkennt, daß das Üben der Technik seine Grenzen hat und am Lebenssinn vorbeigeht. Meist geschieht dies erst auf der Schwarzgurtstufe, dann also, wenn ein Übender die Techniken bereits beherrscht. Wenn er richtig durch die Schülerstufen geführt und in dieser Zeit nicht endgültig in eine Wettbewerbsgesinnung getrieben wurde, stellt sich von selbst die Frage nach dem tieferen Sinn der Übung und wird zu einer echten Herausforderung. So kann er vom Formübenden zum Schüler des Budō werden.

Ob ein Meister einen Übenden als Wegschüler annimmt, wird nicht durch dessen äußeres Talent, sondern durch seine innere Fähigkeit entschieden. In den meisten Fällen gibt es dafür eine lange Testzeit der ausschließlichen Formübung, in der sich der Übende als Mensch bewähren und zum Wegschüler entwickeln kann. Alle wirklichen Meister betrachten die Förderung eines nur auf Formperfektion bedachten Schülers ohne inneren Kampf, ohne die Fähigkeit zum Opfer und zum Ideal, als Verrat am Weg. Nur die wenigsten Mitglieder eines Dōjō können daher die Formhürde (Shu) überspringen und auf den Weg gelangen.

In früheren Zeiten, als die Meister keine Gruppen unterrichteten, sondern nur einzelne Schüler annahmen, prüften sie die Bewerber bereits zu Anfang auf ihr Potential zum Weg hin. Trotzdem waren die Bewährungszeiten lang. Bevor ein Lehrer/Schüler-Verhältnis zustande kam, mußte der Schüler viel Geduld, Treue und Ausdauer beweisen. Erst dann akzeptierte der Meister eine wegorientierte Lehrer/Schüler-Verbindung.

Formal hat sich in der heutigen Zeit einiges verändert, doch die Bedingungen, die echte Meister an ihre Schüler stellen, blieben dieselben. In den meisten modernen Dōjō werden die Kampfkünste nicht als Weg, sondern als Wettbewerbssport unterrichtet und sind daher für eine Meister/Schüler-Beziehung, wie sie der Weg meint, irrelevant. Doch selbst dort, wo ein Dōjō dem Weg gewidmet ist, sind die wenigsten Mitglieder wirkliche Wegschüler. Alle modernen Dōjō unterliegen heute bestimmten gesellschaftlichen Anforderungen und können ohne Gruppenunterricht nicht existieren. Aus diesem Grund gibt es in keinem modernen Dōjō eine nach Wegkriterien vorweggenommene Schülerauswahl, sondern eine für jeden Übenden verbindliche Vorbereitungszeit, die identisch ist mit dem Weg durch die Schülerstufen. In dieser Zeit wird das Fundament für jede weitere Entwicklung gelegt.

Die Schüler verbrauchen anfangs eine enorme Kraft im Kampf um persönliche Geltung und Anerkennung, um das, was sie wissen, können, haben oder sind, um das Erreichen höherer Leistungsstufen, in der Auseinandersetzung über Recht und Unrecht usw. Doch der Meister schaut nicht auf diese Kämpfe, er interessiert sich nur für das innere Potential. Deshalb legt er dem Geltungsdrang, wo immer es geht, ein Hindernis in den Weg und wartet auf das, was sich ereignet. Die dadurch entstehende Auseinandersetzung bringt die ungetrübte Wahrheit ans Licht und ist neben dem technischen Training zunächst die wichtigste Übung der Schüler. Dort, wo sich im individuellen Bewußtsein die Fähigkeit, ein höheres Ideal anzustreben, abzeichnet und sich nicht alle Potenz im Kampf um Image und Prestige vollkommen verbraucht, wird der Meister den Schüler annehmen, sobald dieser ein gewisses technisches Niveau erreicht hat. Solange er jedoch den inneren Widerspruch zur Wegmöglichkeit im Schüler nicht überwunden sieht, wird er, unabhängig von dessen technischem Fortschritt, den Weg nicht lehren.

Diejenigen, die bereits Wegschüler sind, suchen Fortschritte auf einer anderen Ebene. Ihre Übung besteht in der anhaltenden Herausforderung des Inneren Meisters, das heißt im Streben nach dem Ideal, nach der letzten Wahrheit, was einem täglichen Kampf um Selbsterkenntnis und Selbstüberwindung gleichkommt. Immer stehen solche Schüler in einer festen Bindung zu ihrem Dōjō und zu ihrem Meister, denn von dort kommen die Hilfe, das Maß und die Richtung ihres Fortschritts.

Der Meister hat die Aufgabe, diesen Kampf zu lenken, denn die Gefahr, daß er aus dem Gleichgewicht gerät und Schaden bewirkt, ist sehr groß. Deshalb wird kein Übender zum Schüler des Weges, ehe er die Notwendigkeit einer echten Lehrer/Schüler-Beziehung nicht erkannt und verstanden hat. Die Vorstufe zu diesem Verstehen bezeichnet man in den Weglehren als *Shu*, die Hilfestellung des Meisters bei bereits erreichtem Verständnis, das heißt die eigentliche Weglehre, als *Ha* und die selbständige Wegübung, das heißt die Meisterschaft, als *Ri*. Schüler eines Weges zu sein bedeutet, in die Shu-Stufe einzutreten, eine unwiderrufliche Entscheidung für den Weg zu treffen und dieser Herausforderung in einem ständigen inneren Kampf zu entsprechen.

Nicht jeder Mensch ist zu einer solchen Entscheidung fähig. Viele Schüler suchen nach einem Ausweg und finden ihn im Nachahmen der Technik. Dort suchen sie mit mehr oder weniger Einsatz ihre Vorstellung von Fortschritt zu verwirklichen. Auch diese Übung hat ihren Wert, doch den Weg des Budō beinhaltet sie nicht. Dieser besteht vor allem in einem ständigen Angriff auf jenes Selbstgefühl, das nie etwas anderes will als den Kampf um Image und Prestige. Ein Schüler kann viele Jahre lang unter einem Meister üben und dessen Formen nachahmen, ohne zu erkennen, daß er im Grunde genommen an dem, was der Meister lehrt, blind vorbeigeht.

Vor der eigentlichen Weglehre steht Shu, die Vorstufe zum Wegschüler. In ihr wird ausschließlich die Technik als Vorbedingung für den Weg geübt. Hier kann jenes Potential entstehen, das den Übenden später zum Wegschüler befähigt und den Meister veranlaßt, ihn als solchen anzunehmen. Die meisten Übenden kommen über diese Stufe nie hinaus.

Die Shu-Stufe zu überschreiten, bedeutet einen inneren Kampf anzunehmen. Dem Weg zugrunde liegt das Opfer, nicht der Gewinn. Nur wer dies als Bedingung akzeptiert, wird erfahren, was der Weg beinhaltet. In der Shu-Stufe steht das kleine Ich in einem ständigen Kampf gegen die vom Weg geforderten Ideale. Der Übende ist selbst verantwortlich für diesen Kampf. Der Meister lehrt die Formen, doch in Wirklichkeit sieht er nur auf diesen Kampf. Siegt das Ich, ist der Weg verloren. Beginnt der Schüler einer anderen Kraft zu vertrauen, wird der Meister ihm helfen, sie auf dem Weg zu entwickeln.

Der Weg ist für jeden Menschen eine unbekannte Erfahrung,

und kein Wissen der Welt vermag es, vorher verständlich zu machen, was auf dem Weg wirklich passiert. So gehen manche Menschen zu einem Meister und bitten um Unterricht, weil sie über den Weg gelesen haben und sich von esoterischen Philosophien angezogen fühlen. Doch für den Meister ist es vollkommen bedeutungslos, was ein Anfänger weiß, kann oder ist, und so wird gerade dieses mitgebrachte Wissen zum ständigen Ziel seiner Angriffe. Zu klären, ob der Mensch bereit ist, eine wirkliche Herausforderung anzunehmen, ist der eigentliche Sinn und Zweck der Schülerstufen. Hier bewährt sich der Übende durch seine Haltungen und Handlungen, die dem Lehrer zeigen, an welches innere Potential er wirklich appelliert.

Um zwei wichtige Voraussetzungen weiß der wahre Schüler des Weges: zum ersten, daß er den immerwährenden Angriffen des Meisters nicht entgehen darf und nicht entgehen kann, ohne sofort in die Formabhängigkeit zu geraten, und zum zweiten, daß er das soeben Zerstörte nie mit einer Kopie von irgend etwas, selbst nicht von dem, was der Meister als wahr ansieht, ersetzen darf. Der Meister zerstört jede Form, an der der Schüler haftet, nicht jedoch, weil sie falsch ist oder weil er eine bessere kennt, sondern um ihn in den nächsten Kampf um sein Eigenes zu treiben. Glaubt nun der Schüler, sein Friede hinge davon ab, daß er dem Meister schön-tut, sagt, was diesem gefällt, oder macht, was dieser schätzt, wird er schwer enttäuscht. Der Meister will keine Kopie, auch keine von sich selbst, sondern er will den selbständig denkenden, verantwortenden und handelnden Menschen. Seine Spitzen richten sich gegen alles, was nur geliehen, nachgemacht oder angelernt ist. Dabei fragt er nie nach der Richtigkeit dieser Formen, sondern nur nach dem inneren Kampf um legitimes Wachsen.

## Der innere und der äußere Schüler

Die alten Meister der traditionellen Kampfkünste hatten zwei Arten von Schülern: die inneren Schüler (Uchi-deshi) und die äußeren Schüler (Soto-deshi). Weder der Öffentlichkeit noch dem einzelnen Schüler selbst war seine Einordnung ganz klar, denn bei dieser Unterscheidung ging es nicht um äußere Aspekte, sondern um die inneren Voraussetzungen für den Weg und die persönliche Nähe des Schülers zum Meister.

Heute beginnt für viele Menschen die Übung der Kampfkünste zuerst unter dem sportlichen Aspekt des Wettkampfes. Nur wenige Lehrer sind konsequent genug, von Anfang an den traditionellen Weg zu gehen. Das Prinzip des Wettkampfes und die Lehre über den Weg widersprechen einander. Deshalb ist für das Budō die Wettkampfzeit irrelevant. Erst dort, wo sich das kleine Ich mit seinen Ansprüchen von der körperlichen Technik zu lösen beginnt und den inneren Möglichkeiten im Menschen Platz macht, fängt der Weg der Kampfkünste an.

Die als Vorbedingung und Kampfkunstgrundlage erlernte Technik, die im Wettbewerb erfolgreich sein kann, ist nur eine elementare Übungsvoraussetzung und keineswegs identisch mit der eigentlichen Lehre des Stils. Um ein tiefergreifendes Kampfkunstniveau erreichen zu können, ist die in die Tradition eingebundene esoterische Weglehre der Kampfkünste unumgänglich. Die Kampfkunstübung im Zeichen des Weges eröffnet vollkommen andere Möglichkeiten des Fortschritts als die bloße Routineperfektion der Technik. In tiefere Bereiche ist durch ichbezogenes Formtraining nicht zu gelangen.

Erst die vom Ich befreite und zum Weg fähige Technik bezeichnen die Meister als Budō. Dort, wo der Schüler sie erreicht, hilft der Meister ihm, sie zu vertiefen, und offenbart ihm die letzten Geheimnisse (Gokuhi) des Stils. Dies ist das wahre Erbe eines Stils, das der Meister nur jenen überträgt, die durch lange Zeit des Suchens nach der inneren Meisterschaft die Fähigkeit erworben haben, sich die Weghintergründe zu erschließen. Diese Schüler sind die inneren Erben (Uchi-deshi), doch sie bleiben fast immer im Hintergrund und sind der Öffentlichkeit nur selten bekannt. Sie sind die Bewahrer der esoterischen Weglehre und werden deren Geheimnisse nur jenen offenbaren, die sie als würdig erachten. So ist zum Beispiel die richtige Anwendung der Kata mit detaillierten Erklärungen über den arbeitsintensiven, therapeutischen und kämpferischen

Aspekt ausschließlich eine Sache des Uchi-deshi. In den äußeren Schulen werden diese wesentlichen Punkte der Kampfkunst nur sehr oberflächlich behandelt und beinhalten meist einen rein formalen Aspekt.

«Uchi» bezeichnet auch das «Innere des Hauses». Das bedeutet, daß der Uchi-deshi Zugang zu der Privatsphäre des Meisters hat und dadurch Einblick in sein Alltagsleben und in seine Gewohnheiten erhält. Dies ist zum Verständnis der Kampfkunst als Weg eine ganz wichtige Voraussetzung, doch der Meister gewährt sie nicht jedem Übenden. Der Schüler muß die Bedeutung einer solchen Verbindung erkennen und sie sich über eine lange Zeit hinweg verdienen.

«Soto» bezeichnet in der japanischen Sprache das Äußere. Damit sind all jene Schüler gemeint, die in den Kampfkünsten auf irgendeine Weise eigennützige Zwecke verfolgen, sich selbst in den Vordergrund stellen und – wie so oft in der Geschichte der Kampfkünste – mit technischem Können Karriere machen wollen. Die Soto-deshi interessieren sich nur für die Technik der Kampfkunst – für den Erfolg – und haben aufgrund dieser Haltung keinen Zugang zur inneren Lehre. Sie verstehen die Bedeutung der Kampfkunst als Weg nicht wirklich. Sie gehen zu einem Lehrer, um seine Kunst zu lernen, wie man in eine Schule geht, um einen Abschluß zu machen. Oft denken sie, daß sie dann, wenn sie genug mitbekommen haben, ihren eigenen Weg gehen werden. Mit dieser Haltung bleibt das Verständnis für die Kampfkunst aus, denn niemand kann auf diese Weise wesentliche Fortschritte im Budō machen.

# 5 OSHI - DIE LEHRE

> Probleme sind nicht da, um gelöst zu werden,
> sie sind lediglich die Pole, zwischen denen sich
> die fürs Leben nötige Spannung erzeugt.
> *Hermann Hesse*

Die von einem Meister an einen Schüler weitergegebene Essenz seiner Kunst, in deren Zentrum ein über die bloße Formperfektion hinausführender Weg (Dō) steht, nennt man *Oshi*. Alle Weglehren, gleich ob es sich um die der Kampfkünste oder um die einer anderen Methode handelt, enthalten daher immer zwei Aspekte: ein sichtbar werdendes *Können*, das sich im beständigen Wiederholen von Formen zur Fertigkeit entwickelt, und ein in die Tiefe des Menschen greifendes *Werden*, das aus einem Kampf um innere Vervollkommnung besteht. Eine Übung, die solches beabsichtigt, nennt man in den Weglehren *Geiko*, während mit *Renshū* das rein körperliche Training der Formen gemeint ist.

Jede Wegübung beinhaltet einen dem Leben selbst innewohnenden Sinn. Für den Fortschritt in dieser Art von Übung ist nicht die Form, sondern der Mensch selbst verantwortlich. Den Wert einer Übung kann man deshalb erst dann beurteilen, wenn man den betreffenden Menschen betrachtet. Dort, wo seine Übung nur dem Selbstzweck dient und den Kampf um innere Werte vermeidet, gibt es keine Übung im Sinne des Weges (Dō).

Ohne den inneren Kampf trifft auch kein aus der Budō-Theorie entliehener Wert den Inhalt des Weges. Die alte Tradition enthält nur für den Sinnsuchenden wahre Werte. Für den Nachahmer bleiben es unverbindliche Formen. Der reine Formspezialist kann weder einen Weg noch eine Lehre sehen, da nichts in ihm selbst wächst. Für ihn bleibt der Aspekt des Dō ein Debattiergegenstand ohne Sinn und Inhalt.

Der wahre Weg liegt jenseits der Formen. Das bloße Nachahmen der Form, deren Image im sportlichen Budō mit theoretisierten Werten aus der alten Tradition aufpoliert wird, hat keinen Inhalt. Da ein echter Wert weder aus der Tradition entliehen noch über die bloße Form erreicht werden kann, verwendet jede wirkliche Meisterlehre ihre Formen eben nur als Mittel zum Weg. Denn gleich wie hoch die technische Perfektion getrieben wird, ohne den Weg gibt es in ihr keinen Sinn.

Weil aber der Ungeübte nicht über die Form hinausfühlen kann, versucht er, den Weg mit dem Verstand zu betrachten. Dadurch entsteht die theoretische Philosophie des Weges, die im Grunde genommen auch nur Form ist. Doch so wenig auch immer sich der eigentliche Sinn des Weges in ihr fassen läßt, bleibt der Versuch, den Weg vom Verstand her zu begreifen, ein wichtiger Antrieb für viele. Gleichzeitig aber kann der Intellekt ein unüberwindbares Hindernis für das Erreichen höherer Stufen sein, wenn sich das Denken nämlich in den Begriffen verfängt und in den Formen steckenbleibt.

Heute füllen sich die Kampfkunst-Dōjō mehr als früher mit Menschen, die es gewohnt sind, zu klassifizieren, zu analysieren und logisch zu denken. Demzufolge gibt es immer mehr Tendenzen, Meisterlehren in Weltanschauungen umzuwandeln, die begrifflich fundierte und wissenschaftlich haltbare Thesen bieten.

Der intellektuelle Schüler ist von dieser Denkweise viel abhängiger als der weniger Gebildete. Wegfähig jedoch wird auch er erst dann, wenn er zu spüren beginnt, daß jede logische Ordnung am Weg zerbricht. Häufig ist es gerade der Intellekt, der den Anspruch auf wahre Erkenntnis erhebt, der den Weg verhindert. Intellektuelles Verstehen nützt dem Fortschreiten auf dem Weg am meisten, wenn es die Selbsterkenntnis sucht.

Dennoch lassen sich gewisse Voraussetzungen, Ursachen und Folgen eines sich auf dem Weg verändernden Bewußtseins ins begriffliche Verständnis übertragen. Doch dort, wo der Intellekt allein verstehen will, trennt er den Menschen von den Erfahrungen, die aus tieferen Erkenntnisschichten kommen.

Die Ratio ist in der Wegerfahrung nicht die höchste Erkenntnisinstanz. Nur im gesellschaftlichen Leben ist sie zuständig für das Ordnungsdenken innerhalb einer selbstgeschaffenen Realitätsauffassung, die dem Menschen das Gefühl gibt, in einer von ihm erkennbaren und beeinflußbaren Wirklichkeit zu leben. Das ausschließliche Vertrauen in die Ratio führt jedoch bei keiner Wegübung zu einer höheren Erkenntnis, sondern in die stetig zunehmende Abhängigkeit von der Illusion. Sie erzeugt statt Bildung den Formidioten, der die Realität mit den Begriffen derselben verwechselt.

Sicher hat auch der fortgeschrittene Schüler das Bedürfnis, die inneren Verwandlungen, die er in seinem Selbst zu spüren beginnt, mit dem Verstand zu betrachten und sich die Fragen nach ihren Gründen und Konsequenzen zu stellen. Ein Blick in die Werke der großen Philosophen genügt, um vorgefertigte Antworten zu finden. Doch dieses Wissen nützt nichts ohne die Übersetzung in die eigene, immanente Kraft. Wahre Erkenntnis liegt erst dahinter. Erst auf dem Weg fügen sich die Teile zusammen und ergeben ein Bild.

Der Weg ist nicht mit dem Verstand zu betrachten. Wir können ihn mit Blick auf jene, die ihn gegangen sind und uns heute als Vorbilder dienen, lernen und in unserem Selbst verwirklichen, wenn wir in der rechten Weise zu fragen wissen. Ihr Beispiel kann uns ermutigen, unseren Weg selbst zu gehen. Doch wir dürfen nicht versuchen, das zu sein, was sie waren. Ihre Gedanken sind Möglichkeiten für den, der den Weg in sich selbst sucht. Obwohl wir durch Nachahmen lernen und uns manchmal dazu verführen lassen, nur zu kopieren, fordern sie uns ständig zum Kampf um das Eigene auf. Nur unermüdliche Kritik an unserem inneren Handeln kann verhindern, daß eine Wiederholung nicht ein Nachahmen ist, sondern wesensgemäße Eigenständigkeit manifestiert. Nur als Beispiel dient uns ihr Weg.

Zu diesen Beispielen emporschauend, vertritt auch der Leibhaftige Meister seine Lehre. Er lehrt nicht das, was die Ewigen Meister waren, sondern den Weg, ihre Weise zu verstehen. Er verwendet sie als Beispiele eines Ideals, zu dem er selbst noch auf dem Weg, doch dem Schüler ein Stück voraus ist. Sein vorweggenommenes Recht, manchmal durch sie zu sprechen, ermutigt den Schüler, sich dem Ideal zu öffnen, damit das Ideal ihn zu sich selbst bringen kann. Der Leibhaftige Meister ist keine endgültige Autorität, sondern der Mittler zwischen dem Ewigen Meister und dem Inneren Meister im Schüler. Er wirkt im Zeichen der Demut vor den Idealen der Welt. Dies ist das Wichtigste, was er seinen Schülern vermitteln kann. Ohne Demut gibt es keinen Meister.

So wie in ihren anschaulichen Aspekten ist jede Meisterlehre auch ihrem Inhalt nach originell und einmalig. Die Formen haben darin weniger Bedeutung als die Persönlichkeit des Meisters. Aus seiner Wegerfahrung heraus lehrt er und verwendet längst vorhandene Formen auf *eigene* Weise. Die Form ohne den Meister führt zu Mißverständnissen. Alle Budō-Formen bestehen aus bereits tausendfach Wiederholtem, doch das Entscheidende ist immer wieder, daß es ein Meister ist, der sie lehrt.

Nur die in der Nachfolge jedesmal neu begründete Meistertradition, und nicht der bloße Formaspekt, springt als Funke zum Schüler über. Nicht die perfektionierte Formkopie, sondern die Neuschöpfung derselben Form auf der Stufe der Meisterschaft berechtigt zum Lehren. Deshalb kann keine Weglehre von einem, der die bloße Form beherrscht, sondern nur von einem, der die Meisterschaft erreicht hat, weitergegeben werden. Der wahre Meister lehrt nicht durch die Form, sondern durch das, was er ist. Er überzeugt nicht durch das, was er sagt, sondern dadurch, daß er es ist, der es sagt. Seine Anwesenheit als solche ist die Lehre und nicht seine Argumente (Dürckheim).

Für ihn sind richtige Argumente nicht auch zugleich echte Werte. Er sieht auf den Inhalt, dorthin, wo sich die komplexen Vorgänge im Menschen unter Berücksichtigung einer übergeordneten Wahrheit miteinander verbinden und als *Verhaltensweise*, nicht bloß als Theorie bekunden. Er sieht das Ich durch jede Maske. Der Schüler spürt diese unerklärliche Kraft, fühlt sich von ihr angezogen und zugleich auch bedroht.

Denn gleich der menschlichen Nähe zueinander, bleibt die

Gefühlsbeziehung zwischen Meister und Schüler einer ständigen Zerreißprobe unterworfen. Die Anwesenheit des Meisters ist für das Ich im Schüler ein stets angesagter Kampf. Es spürt die Bedrohung, und je weiter der Schüler fortschreitet, um so intensiver wird dieses Gefühl.

Frieden mit einem Meister gibt es nur auf zwei Ebenen: der untersten, wenn der Lernende ausschließlich Formen übt und ihm noch nicht als Wegschüler begegnet, und der obersten, wenn der Schüler selbst Meister geworden ist. Doch auf keinen Fall kann ein Schüler auf dem Weg mit pädagogischem Verhalten des Meisters rechnen. Was ein Meister tut, entspricht keiner Logik. Er durchschaut jede Maske, fühlt jede Unwahrheit aus dem Inneren, und alles, was Fortschritte verhindert, bringt er auf einen Nenner: Haften des Ich am Erreichten, Stillstehen im Gewordenen.

Jede fremde Ordnung, jede angelernte Ideologie, jeden ausgeliehenen Begriff, jede unüberprüfte Meinung, jedes nachgeahmte Verhalten – gleich wie bewährt und bewiesen – der Meister verwirft dies alles wieder und wieder und läßt nichts davon stehen. Nur was aus dem Menschen selbst kommt, ungetrübt von außen, läßt er gelten. Und um dem Ich den Boden unter den Füßen wegzuziehen und es jedesmal bloßzustellen, ist ihm jedes Mittel recht. Dies ist das eigentliche Wesen jeder wegorientierten Lehre.

In einer Meisterlehre gibt es mehrere wichtige Komponenten. Jeder Meister hat seine eigene Weise zu lehren, seine zu seinem inneren Kern passende Methode, dem Schüler zu begegnen. Dennoch lassen sich grundsätzlich einige gemeinsame Aspekte hervorheben, die die meisten Meisterlehren wie rote Fäden durchziehen.

## Das Formtraining

Die Technik ist der Maßstab, die Herausforderung an das Bemühen, an das Wollen, an die Hingabe, an die Ausdauer und an die Selbstüberwindung. Nur durch Disziplin und Bekenntnis kann der Schüler sie meistern. Die harte körperliche Arbeit in den Wegübungen stärkt den Körper und gibt dem Geist sein Lot, sein Maß und seine Richtung.

Doch dabei kommt es zu vielen Mißverständnissen zwischen Meister und Schüler. Der Meister urteilt nach dem Inhalt, der Schüler nach dem äußeren Aspekt. Nicht selten geschieht es, daß der Meister hochtalentierten, jedoch überheblichen Formspezialisten sein Vertrauen entzieht und anderen, scheinbar weniger begabten, jedoch bescheidenen Schülern den Vorzug gibt. Der Meister weiß um den Weg und kennt die Bedingungen des Wachsens. Der Schüler kämpft nur um technischen Fortschritt und kann die Hindernisse im Selbst nicht erkennen.

Für den erfahrenen Meister gibt es in der Technik unzählige Anzeichen, die das Wegpotential eines Schülers sichtbar machen. Der Schüler sieht nur die Technik, doch der Meister sieht dahinter den ganzen Menschen, den Kampf um seine Selbstgestaltung, die Art seiner Orientierungen, seine inneren Zusammenhänge und seine Schwachpunkte. Er erkennt die Zeichen des rechten und des falschen Bemühens in der Form und kann daran die Entwicklung des Schülers hin zum Weg verfolgen.

Das Training der Übungen muß nicht unbedingt vom Meister selbst geführt werden. Anfänger, bei denen es vorerst um das bloße Erlernen der Techniken geht, können von Fortgeschrittenen (Sempai) angeleitet werden, die mit den Formen vertraut sind. Auf diese Weise bildet sich im Gruppenunterricht ein genau determiniertes Pyramidensystem, in dem die bereits gemachte Erfahrung des Höhergraduierten nach unten wirkt. Die Bezugslinien zwischen der Basis und der Spitze werden in einer gesunden Budō-Struktur durch eine gute Verhaltensetikette (Sahō) offengehalten. Das Pyramidensystem besteht aus Erfahrungsbeziehungen, die immer von oben nach unten wirken und deren Fluß nie unterbrochen werden darf.

Die Integration des Schülers in das Pyramidensystem ist keine Unterordnung unter eine höhere Gewalt, sondern eine Übung im Selbstumgang. Ein Ausbruch des Ich in die vorzeitige Freiheit ist auch bei technisch hohem Niveau nicht möglich, ohne auf der Pyramidenschräge sofort nach unten zu gleiten. Die einzige Tür zur Freiheit ist die zur reifen Persönlichkeit. Doch der Schritt über ihre Schwelle erfordert das Annehmen aller dem Leben zugrundeliegenden Bedingungen. Der Fortschritt auf dem Weg fordert das nie endende Sterben und Neuwerden des Ich.

Der Weg des Budō ist daher mit der allgemeinen Haltung gegenüber dem Leben eng verbunden. Der Meister weiß um die mögliche einseitige Tendenz des Menschen, entweder hin zur Form oder zur philosphischen Theorie, die beide falsch sind, wenn sie nur das Ich maskieren. Im Dōjō spürt er den falschen Ton, er merkt jede Abweichung von der rechten Haltung, und überall dort, wo der Drang zum Ich überhandnimmt, greift er ein. Läßt er den Schüler gewähren, wie es diesem gefällt, ist jede Übung vergeblich.

## Das Lehrgespräch

Fortschritt auf dem Weg hängt eng mit einem tief im Wesen verankerten Glaubensideal zusammen. Weil aber der Mensch ebenso ein denkendes wie ein fühlendes Wesen ist, hat er das Bedürfnis, auch diese jenseits der Logik liegende Wirklichkeit dem Verstand zugänglich zu machen. So bedarf sein Suchen nach dem Weg auch der Kommunikation, des Gedankenaustausches, der geistigen Nähe zum anderen.

Obwohl das rationale Bewußtsein das Glaubensideal nicht fassen kann und ihm sogar entgegenwirkt, bildet es dennoch den Zugang zu ihm. Aber diese Tür bleibt verschlossen, wenn der Anspruch der Ratio, alles zu verstehen, zu groß ist. Der Meister öffnet sie, indem er beharrlich auf das *Ideal* hinweist. Er bedient sich dabei der Sprache, wohl wissend, daß diese unzureichend ist, doch er appelliert ständig an jenes innere Organ im Schüler, das Glaubensideale erspüren kann. Ohne dieses Organ geht nichts. Fehlt es, fehlt auch der überspringende Funke, und jede Kommunikation wird zur unverbindlichen Debatte.

Darum ist eine intakte Lehrer/Schüler-Beziehung so wichtig, denn ohne sie zerbricht jedes Ideal an den Grenzen der Logik. Die im Budō verwendeten *Mondō* können nur unter dieser Bedingung fruchtbar sein. Mondō sind Lehrgespräche, regelmäßige Zusammenkünfte der Schüler mit ihrem Meister. Solche Gespräche sind jedoch keine Diskussion über falsch und richtig, sondern Brücken von «Herz zu Herz» (Ishin-denshin). Über sie wurden alle traditionellen Weglehren überliefert.

Die wichtigste Voraussetzung für ein Mondō ist daher die Bereitschaft zur «Herz zu Herz»-Kommunikation. Erst wenn der Schüler sich dieser Erfahrung öffnet und seine Sinne für das Erspüren jenseitiger Wirklichkeiten schärft, ist er auch zu einem Mondō fähig. Solange sein Denken aus Begriffen besteht, seine Argumente stringent logisch sind und sein Empfinden um das Ich kreist, kann er an keinem Mondō teilhaben. Seine Ratio errichtet Barrieren, die ihn von jeder wahren Mondō-Erfahrung trennen.

Eine andere Kommunikationspraktik im Budō ist *Dokusan*. Der Begriff stammt aus der Lehrpraxis des Zen, ist jedoch in allen Weglehren von Bedeutung. Gemeint sind damit regelmäßige persönliche Gespräche eines Schülers mit seinem Meister. Sie bieten dem Schüler die Möglichkeit, über die Probleme zu sprechen, die seinen Wegfortschritt oder seine Übung hemmen oder belasten. Besteht ein Lehrer/Schüler-Verhältnis ohne Dokusan, ist nur ein oberflächlicher Formunterricht möglich. Gleichzeitig zeigt das Desinteresse des Schülers am Dokusan dem Lehrer, daß es diesem nicht um das Eigentliche geht. Der Meister wiederum verweigert dem Schüler Dokusan, wenn dieser die Grundvoraussetzungen für den Weg durch eine falsche Haltung mißachtet.

Das erste Dokusan eines Schülers bei seinem Meister nennt man *Shōken*. In diesem Gespräch entscheidet der Meister, ob er den Schüler persönlich unterweist. Nimmt der Meister den Schüler an, verpflichtet er sich, ihn bis zum höchstmöglichen Niveau zu führen. Gleichzeitig verpflichtet sich der Schüler, dem Meister voller Offenheit, Ehrlichkeit und Treue auf dem Weg zu folgen. Zwischen beiden entsteht eine tiefe menschliche Beziehung, die in allen Lehren des Weges unerläßlich ist, um höhere Fortschrittsstufen zu erreichen.

## Die Bindung

Die Lehre über den Weg kann nicht fruchtbar sein, wenn sie aus reiner Wissensvermittlung besteht. Sie bedarf der gegenseitigen Bindung, des Vertrauens, der Öffnung hin zum anderen. Eine echte Lehre sucht die Verankerung in der menschlichen Liebe. Sie berührt den Schüler letztlich nur im Gefühl, nicht im Verstand.

So ist das vom Meister gelehrte Formsystem nicht entscheidend für den Weg selbst. Es ist nur ein Mittel, den Schüler in einem eigenen Werdeprozeß zu fangen, in dem er dann durch die gefühlsmäßige Bindung an den Lehrer gelenkt werden kann. Der Inhalt einer Weglehre besteht nicht darin, zu untersuchen, festzustellen oder zu belehren, sondern darin, als Freund zu führen. Deshalb ist die Anwesenheit des Meisters als solche die Lehre, egal ob er viel oder wenig sagt.

Theoretische Wahrheiten gibt es viele in den Kampfkünsten. Die Grundvoraussetzung zu verstehen ist jedoch das rechte Eingebundensein des Schülers in eine menschliche Beziehung zum Lehrer. Erst durch die auf diese Weise entstehende menschliche Nähe zueinander entwickelt sich jene notwendige gegenseitige Öffnung, die fruchtbares Lernen ermöglicht. Egozentrische Menschen finden keinen Zugang zu den Weginhalten, weil ihnen das Vertrauen fehlt. Ihr Denken kreist ständig um ihr kleines Ich und kann sich nicht in jenem Prozeß von Erfahrungen auflösen, der den Wegfortschritt ermöglicht. Der Weg bedarf des Menschen, der sein Wesen öffnet, der Ja sagt zum Leben, zum anderen und zum Ideal.

# Die Forderung

Die Übung der Kampfkünste ermöglicht das Erreichen mehrerer Graduierungen, die jedoch auch einen Anspruch auf die Verwirklichung innerer Voraussetzungen an den Übenden stellen. Der Meister trägt diesen Anspruch als Forderung an den Schüler heran, und dort, wo der Schüler die innere Verantwortung seines Grades nicht wahrnimmt, sondern nur die Vorteile einer höheren Position will, greift der Meister ein.

Ein Anfänger erkennt zunächst nur das Formsystem, er studiert die Prüfungsordnung, betrachtet die Gürtelstufen und schätzt seine Aufstiegschancen ab. Doch wenn er den Weg mitbetrachtet, erkennt er, daß jeder Schritt nach vorn ihm auch eine innere Verantwortung gegenüber seinen Zielen auferlegt. Alle Übenden streben nach oben, doch ohne die rechte Haltung wird das Streben nach Fortschritt zum Streben nach Fortschrittsgraden. Höhere Stufen im Budō sind nicht auf diese Weise zu erreichen, sondern nur durch das Annehmen einer höheren Verantwortung gegenüber sich selbst und der Kunst. In vielen Fällen vergessen die Schüler dies und entscheiden sich nur für das Image. Dann aber fordert der Lehrer die Angleichung des inneren an das äußere Niveau.

Die Forderung des Meisters paßt sich dem vom Schüler selbstgewollten Ziel an. Der Schüler glaubt an seine Fähigkeit und drängt zu höheren Fortschrittsstufen. Doch dann, wenn der Rausch verfliegt und die Konfrontation mit der auf höherem Niveau existierenden Verantwortung beginnt, übt sich mancher in bescheidener Zurückhaltung. Hier greift der Meister ein: Ausgleich zwischen äußerem Anspruch und innerer Wahrheit lautet seine Forderung. Dieses tief im Menschen wurzelnde Mißverhältnis zwischen Anspruch und Bereitschaft muß sichtbar werden, doch es ist in allen Lehrer/Schüler-Beziehungen ein steter Anlaß für Konflikte. Je höher der Schüler im Anspruch greift und in der Bereitschaft versagt, um so stärker spürt er den Druck des Meisters auf sein krankes Selbstgefühl.

Kommt ein Schüler mit dieser Haltung in ein Dōjō, wird der Meister seine Träume schnell zerstören. Mit dem Erreichen höherer Graduierungen ist die Pflicht zum Ausgleich zwischen Geben und Nehmen verbunden. Kein Schüler des Budō kann sich dieser Pflicht ohne empfindliche Kränkungen seines Selbstgefühls entziehen. Der Meister weiß um die Bedeutung dieser Erfahrung für den weiteren Fortschritt, und er wird den Ausgleich bedingungslos fordern. Es liegt am Schüler, ob er selbst seine Bereitschaft steigert oder ob der Meister seine Ansprüche reduziert.

## Das Ideal

Das Medium der meisten Meisterlehren ist eine Kunst. Sie eignet sich am besten dazu, dem Schüler den Weg zu seinem innersten Wesen zu zeigen. Keine Kunst jedoch lebt nur durch die Form. Sie ist abhängig vom inneren Fühlen – vom Kommunizieren mit dem zutiefst verinnerlichten individuellen Kern im Menschen, der jeder letztendlich sichtbar werdenden Form zugrunde liegt.

Daher ist die Ausübung des Budō als Weg eng mit der Kunst verbunden. Nicht unbedingt erforderlich ist dabei der Blick auf die östlichen Kulturen, denn jedes echte Ideal basiert auf denselben Voraussetzungen im Menschen. Der Weg zur Kunst ist zugleich ein Weg zum Ideal. Er entsteht aus dem Zulassen lebendiger Gefühlsbedürfnisse und legt, je mehr diese Raum gewinnen, das innere Wesen frei.

Jeder wirkliche Lehrer verwendet seine Kunst als Weg zum Ideal. Er pflanzt das Ideal als Keim in den Schüler und schützt es sorgfältig vor allem, was es am Wachsen hindert. Im Wachsen zum Ideal fordert er zugleich die Anerkennung dessen, was in jedem Menschen auf eigene Weise wahr ist, und stärkt den Mut, es selbständig zu vertreten. Doch nur durch Opfer ohne Erwartung, durch Liebe ohne Anspruch, durch Bekenntnis ohne Bedingung ist dies wirklich zu erreichen.

Nur auf diese Weise bleibt der Weg zur Erfahrung offen. In der Verbindung zwischen Ideal und Individualität entwickelt sich die Technik, anders als beim Nachahmen, aus dem eigenen

Wesen heraus. Dieses als die Grundvoraussetzung zum Leben überhaupt anzuerkennen, ist wichtiger als das Festhalten an allen Masken. Das Eigene mag voller Fehler sein, aber es ist das Individuelle, das Einzige und Einmalige, das den Menschen ausmacht. Es im Schüler anzurufen und zu wecken, es zu ermutigen, sich in seiner Einmaligkeit zu bekunden, zu formen und zu wachsen, ist die Aufgabe des echten Lehrers.

Kein wirklicher Meister erlaubt die Kopie unverstandener Formen, die im Training perfektioniert werden, um dann erneut dem Ich zu dienen. Er lehrt den Weg zum Ideal und nicht die Form als Mittel zum Ich. Auf diese Weise hält er den Schüler dazu an, das Leben auch jenseits aller objektiven Maßstäbe wahrzunehmen und zu spüren. Daher wird in jeder echten Meisterlehre die Formperfektionierung des idealunfähigen Schülers irgendwann unterbunden. Dort, wo der Geist zum Licht und der Sinn zum Leben strebt, betrachtet der Meister das Formtraining als gelungen, wo er das Ideal vermißt, wird er es unterbinden. Formperfektion ohne Ideal ist Verrat am Weg.

Die Fähigkeit zum Ideal ist jene Kraft, die die wirklich Großen von den Möchtegerngroßen unterscheidet. Erst durch sie entdeckt der Übende die gesamte Tragweite des Lebens und vermag sich aus jener Abhängigkeit von den Umständen zu lösen, die den Ungeübten im Sicherheitsdenken und Profitstreben gefangenhält.

## Die Persönlichkeit

Der Meister unterrichtet Techniken, doch den Weg lehrt er durch seine Persönlichkeit. Der entscheidende Funke, der bei allem Formtraining auf den Schüler überspringt, resultiert aus der bloßen Anwesenheit des Meisters. Von ihm geht etwas aus, was den Schüler auf eine unbestimmbare Weise fasziniert und bindet. Dieses ist es, und nicht die Technik, was den wahren Schüler auf dem Weg hält, ihn zur Weiterentwicklung drängt und ihm letztendlich den entscheidenden Schritt ermöglicht.

Doch die Persönlichkeit des Meisters ist für den Schüler nicht immer angenehm. Viele Schüler kämpfen um Status, Recht oder Anspruch. Doch der Meister reduziert alles, was aus dem Ich kommt, auf ein Nichts und bringt den Schüler an die Kreuzung zwischen Form und Weg. Dadurch entsteht ein innerer Kampf, der nur dann zugunsten des Weges entschieden werden kann, wenn die Persönlichkeit des Meisters stärker wirkt als die Faszination der Form.

Nach jeder Entscheidung für den Weg fühlt sich der echte Schüler für kurze Zeit wohl, so als wäre eine Last von seinen Schultern genommen. Für einen Augenblick vom Ringen um Image und Prestige befreit, spürt er eine neue Kraft in seinem Inneren, die stärker ist als das Ich. Doch nichts kann den Ungeübten daran hindern, nach kurzer Zeit in dieselbe Sackgasse zu geraten. Und immer wieder greift der Meister ein, holt ihn zurück, verwirft, was Ich ist, und deutet auf den Weg. Dasselbe Geschehen wiederholt sich über eine lange Zeit, bis der Schüler lernt, der Kraft in sich selbst zu vertrauen, die es ihm ermöglicht eine freie Persönlichkeit zu werden.

Nur der wahre Schüler erkennt in der ewigen Zerstörung durch den Meister ein Licht. Es nährt seine Kraft, es stärkt seine Hoffnung und macht ihm Mut, doch es wird zum vernichtenden Feuer, wo es dem kleinen Ich begegnet. Der Weg erfordert die Bereitschaft zum Kampf gegen sich selbst und ist im verhärteten Ichzustand nicht zu sehen. Für den im Ich Gefangenen ist die Anwesenheit des Meisters stets unangenehm und bedrohlich. Der zum Weg Strebende spürt den Meister als Hoffnung und Ziel, er sucht seine Nähe trotz aller Überraschungen. Die Faszination des Unerklärlichen ist es, was ihn zum Meister zieht und ihm die Kraft gibt zu bleiben. Auf der Hoffnung, das Ideal in sich selbst zu finden, basiert das langjährige, oft lebenslange Lehrer/Schüler-Verhältnis in den echten Meisterbeziehungen. Ein wirklicher Meister bindet den Schüler unlösbar im Ideal und führt ihn durch seine eigene Persönlichkeit zur echten Freiheit. Er zerstört, was unwahr ist, er verletzt das falsche Selbstgefühl, doch der Schüler weiß instinktiv, daß dahinter das Leben ist.

Die Persönlichkeit des Meisters ist streng, unbeeinflußbar von Unwahrem und hart gegen jede Imagepflege. Erst dahinter liegt die menschliche Wärme. Der Meister zwingt zur Wahrheit, zur Aufgabe jeder Fassade, zum Verzicht auf die Selbstdarstellung. Er will den Menschen, nicht die Maske.

## Das Beispiel

Der echte Meister führt den Schüler zu dessen eigener Individualität, seiner einmaligen, unnachahmbaren Persönlichkeit. Er kehrt das zutiefst Verinnerlichte, das unter den Normen und Gewohnheiten Begrabene hervor, befreit es vom Zwang der Konventionen und begründet es neu in seinem ursprünglichen Eigenen und Einmaligen. Das unterscheidet den echten Meister vom falschen, der seine Schüler bis in ihr tiefstes Denken hinein sterilisiert. Der wahre Meister bringt den Inneren Meister im Schüler ans Licht. Der Scharlatan tötet diesen und ersetzt ihn durch eine fiktive Individualität, zumeist durch seine eigene.

Doch der Weg zum Eigenen ist nicht ohne Hindernisse. Oft muß der Meister das gewohnte Denkschema des Schülers zerstören, um der unter den Zwängen begrabenen Individualität Freiraum zum Wachsen zu schaffen. Gleichzeitig stellt er sich selbst als Beispiel dem Schüler zur Verfügung. Seine originelle Weise zu sein, in der auch seine vom kleinen Ich gereinigte Technik sichtbar wird, ist für den Schüler das Zeugnis einer unnachahmbaren Kraft. Er spürt ihre Überlegenheit, doch er kann sie nicht fassen. Er versucht beharrlich, ihr Geheimnis zu ergründen und sie selbst zu entwickeln, doch es dauert lange, bis er lernt, seinen Blick dorthin zu richten, wo sie zu finden ist. Das, was er am Beispiel des Meisters sieht, muß er in seinem eigenen Inneren suchen.

In Japan erzählt man die Geschichte von der alten Frau, die ihre Haarnadel im Haus verloren hatte und sie überall suchte. Sie suchte sie im Hof und im Garten und konnte sie nicht finden. Ihr Nachbar, der dies bemerkte, bot seine Hilfe an, und als er sie fragte, warum sie denn im Garten suche, wo sie doch die Nadel im Haus verloren hatte, bekam er zur Antwort: «Im Haus ist es dunkel, und so suche ich die Nadel eben dort, wo ich etwas sehen kann.»

Ebenso ergeht es dem Schüler. Er versucht viele Jahre vergebens, den Meister zu kopieren, indem er das, was dieser *ist*, nachahmt. Doch auf diese Weise geht er an seinem eigenen Original vorbei. Mit dem Blick auf das Beispiel des Meisters muß er in sich selbst suchen und zum Wachsen bringen, was er dort antrifft. Der wahre Meister ist in seinem Inneren, und nur dort lohnt es sich zu suchen.

Alle überlieferten Werte der Budō-Tradition sind nur Beispiele für einen persönlichen, gegenwärtigen und inneren Kampf um Sinn und Inhalt. Denn jeder noch so hochgelobte Wert ist immer zusammen mit dem betreffenden Meister gestorben und muß von einem gegenwärtigen Menschen auf eigene Weise entdeckt und verwirklicht werden. Die Vergangenheit hat keine Werte, sie bietet nur Beispiele für einen in der Gegenwart möglichen individuellen Weg, den zu gehen nach wie vor die Aufgabe jedes einzelnen selbst ist.

Das beste Beispiel liegt (als Ideal) in der Tradition und wirkt dort, wo ein Mensch es als Möglichkeit zu einem eigenen Weg verwendet, weiter auf seine Schüler. Diese nehmen es als Herausforderung an und werden durch ihre Haltung ein neues Beispiel für die Nachfolgenden. Wert entsteht nur jenseits des Formsystems, in der Vervollkommnung der persönlichen Haltung.

Es gibt keinen guten Lehrer, der schlechte Schüler hat, und keinen schlechten Lehrer, der gute Schüler hat. Das, was ein Lehrer bewirkt, geschieht nicht durch sein Wissen oder Können, sondern durch das Beispiel, das er durch seine Haltung gibt. Seine Schüler nehmen dieses durch ihre eigene Haltung an.

Auf dieser Tatsache beruht die grundlegende Eigenschaft eines Dōjō, nur jene Menschen anzuziehen, die von ihrer inneren Anlage her zu ihm passen. Ein Dōjō, in dem der Geist des Budō existiert, stößt Schüler ohne Gesinnung ab. Ebenso wird ein tiefgründiger Mensch in Kampfkunstschulen mit Ramboethik nicht glücklich. Das jeweils existierende Beispiel ist stärker als jede Maske und bringt die wahren Inhalte der Systeme an den Tag.

## Die Selbständigkeit

Wenn der Schüler einen gewissen technischen Fortschritt erzielt hat, wird der Meister seine Hilfestellungen nach und nach reduzieren. Darin liegt ein entscheidender Faktor zum Wegfortschritt. Der Schüler *muß* nun mit der selbständigen Eigengestaltung beginnen und damit neue Verantwortung übernehmen.

Nach einigen Jahren des Trainings steht daher mancher Schüler vor der Entscheidung: alles oder nichts. Es gibt keinen, der ihm sagt, was er tun soll, der seine Entscheidungen verantwortet und seine Schritte lenkt. Plötzlich ist das, worum er jahrelang gekämpft hat, wahr geworden: Er ist frei. Doch sofort stellt er fest, daß diese Freiheit ihren Preis hat. Überall dort, wo er glaubt, sie nun genießen zu können, ist sie plötzlich verschwunden. Um den Fortschritt *und* die Freiheit zu erhalten, sind Selbstverantwortung und Disziplin erforderlich. Will er den Fortschritt ohne Disziplin, kostet es die Freiheit, will er die Freiheit ohne Disziplin, kostet es den Fortschritt.

Die Phase des Übergangs vom Geführtwerden ins Selbstlenken ruft bei vielen Übenden große Probleme hervor. Hier bekommt das falsche Selbstgefühl einen schweren Schlag, und dort, wo es der Verantwortung nicht gewachsen ist, sucht es resigniert sein Heil in der Flucht. Für manchen Übenden wird in dieser Situation zum ersten Mal der Preis für die wirkliche Freiheit sichtbar, denn sie verlangt als Gegengewicht die volle Verantwortung für alles Tun und Lassen. So mancher erkennt erst jetzt, daß Freiheit einem nicht geschenkt wird, sondern auf Arbeit am eigenen Selbst basiert.

Der Meister provoziert diese Situation. Den Schüler dahin zu bringen, sich im Gleichgewicht zwischen Geben und Nehmen zu bewegen und die Konsequenzen für jedes Tun und Lassen zu tragen, ist ein schwieriges Unterfangen. Hier liegt die große Gefahr der Flucht vor der Selbstverantwortung, die viele Menschen nicht tragen wollen oder nicht tragen können. Diejenigen, die darüber hinauswachsen, können die engen Grenzen jener Lebenseinstellung sehen, die, jede eigene Verantwortung ablehnend, die Schuld für Mißerfolge auf äußere Umstände schiebt.

Mit der Selbständigkeit verändert sich vieles. Das die Lehrer/Schüler-Beziehung bisher bestimmende Regelsystem beginnt sich aufzulösen und macht einem menschlichen Nebeneinander Platz, das durch eine reife innere Haltung möglich wird. Erst hier kann der Geist des Budō entstehen.

Die zwischenmenschlichen Beziehungen reinigen sich vom formalen Ballast und begründen eine Verbindung, in der die Individualität sowohl in sich selbst ruhen als auch einer anderen Individualität in der rechten Weise begegnen kann. Hier entsteht der fruchtbarste Boden für Wachstum, Bildung und gegenseitige Bereicherung an Werten. Erst von dieser Stufe aus wird der Weg sichtbar. Doch diese Stufe erreichen nur sehr wenige Schüler.

Der Anspruch auf dieses Niveau ist zwar bei vielen Menschen bereits von vornherein vorhanden und drückt sich in ihren Erwartungen aus. Doch ohne Bereitschaft zur Verantwortung ist dieser Anspruch nicht legitim. Echte Selbständigkeit beweist sich in den alltäglichen Handlungen.

## Die individuelle Weisung

Die Grundvoraussetzungen und die Möglichkeiten des Wachsens auf dem Weg werden von inneren Orientierungen bestimmt, die in jedem Menschen auf eigene Weise angelegt sind. Deshalb gibt es keine allgemeine Grundformel für den Weg, sondern nur eine individuelle, auf die Voraussetzungen in jedem Menschen abgestimmte Art, ihn zu lehren. Jeder Lehrer kennt die Gefahren des Wegunterrichts in der Gruppe. Um sie zu umgehen, bedarf es einer persönlichen Bindung zwischen Lehrer und Schüler, in der individuelle Weisungen möglich werden. Daher hängt alles von einer guten Lehrer/Schüler-Beziehung ab.

Die Grundvoraussetzung für die individuelle Lehrer/Schüler-Beziehung wird vom Schüler durch rechtes Verhalten geschaffen. Denn bereits lange bevor eine solche Beziehung zustande kommt, prüft der Meister den Schüler auf sein inneres Potential hin. Er ruft ihn an, läßt ihn reagieren, beobachtet seine Haltung, sein Denken, seine Selbstdizplin und seine Gefühle.

Gruppenweisungen beschränken sich darauf, das Regelsystem des Budō-Verhaltens in den Übungsgruppen durchzusetzen, um im Dōjō eine Atmosphäre zu ermöglichen, in der ungestört gearbeitet werden kann. Sie regeln die Verhaltensformen der Übenden untereinander, damit jene, die den Fortschritt suchen, wachsen können. Doch alles, was darüber hinausgeht, ist nur in einer individuellen Beziehung möglich. Allein durch die Gruppenweisung gibt es keinen Wegfortschritt. Ob jedoch eine individuelle Beziehung zum Meister zustande kommt, hängt vom Schüler ab.

Die individuelle Beziehung zum Lehrer muß sich jeder Schüler über eine lange Zeit hinweg erarbeiten. Nur wenn er dies wirklich tut, nimmt der Meister ihn als Wegschüler an. Außerhalb dieser Verbindung gelten nur die Regeln des Dōjō. Dort gibt es keine individuellen Weisungen.

Individuelle Weisungen beruhen auf der Grundlage des gegenseitigen Vertrauens, des gegenseitigen Sich-Öffnens und des gegenseitigen Versprechens, die Weghindernisse zu bekämpfen. Sie stehen außerhalb von all dem, was sich der Schüler unter herkömmlichem Lernen vorstellt. Oft sieht es so aus, als würde sich der Meister überhaupt nicht darum scheren, ob sein Verhalten vom pädagogischen Standpunkt aus vertretbar oder aus rationaler Sicht begründbar ist. Die individuelle Weisung will nichts «klarstellen», sondern etwas sichtbar machen, was jenseits des Rationalen liegt und dem Schüler daher verborgen ist. Das Mittel – das, was der Schüler erkennt, mit dem Verstand betrachtet und mit pädagogischem Maßstab mißt –

ist dem Meister unwichtig. Seine Weisung kommt aus einer anderen Wirklichkeit, zu der der Verstand keinen Zugang findet.

Sicher ist dies nicht ohne Gefahren und sollte daher wie von keinem Nicht-Meister praktiziert werden. Wirkliche Meister sind in der Lage, sich auf des Messers Schneide zu bewegen, und gleichen das im Schüler aufkommende Gefühl der totalen Zerstörung allein durch die Kraft ihrer Persönlichkeit aus. Keine Logik ist imstande, zu erklären, was den Schüler dennoch zum Meister zieht und im Training hält. Der wirkliche Meister beherrscht diese Situationen und verliert nur selten einen Schüler. Er weiß, daß dieser Aspekt für den Weg unerläßlich ist.

## Der Schock

Das Sich-Öffnen-Können gegenüber dem natürlichen Leben setzt innere Reife voraus. Das heißt, daß der Zugang zum wahren Leben nicht im Nachahmen, in der Unterordnung, in der Abhängigkeit oder in der Selbstsucht möglich ist, sondern nur im Zustand der Reife. Der Weg des Budō ist daher mit der Formung einer reifen Persönlichkeit eng verbunden und kann auf keine andere Weise erreicht werden.

Die wahre Persönlichkeit im Menschen ist jedoch häufig von einer erdrückenden Last von Selbsttäuschungen, Meinungen, Vorurteilen, Verantwortungsunfähigkeit, falscher Strebsamkeit, Bequemlichkeit und vielem mehr verschüttet. Sie kann auf diese Weise nicht zur Entfaltung kommen und läßt daher einer Pseudopersönlichkeit den Vortritt, die in perfekter Allianz mit dem kleinen Ich der Illusion vom feststehenden Wert folgt und gegen alles kämpft, was an Verändern und Vergehen erinnert.

Natürliches Leben dagegen bedeutet ständige Veränderung. Es verträgt diese starre Haltung nicht, und überall dort, wo es einer solchen begegnet, zieht es sich zurück. Oft kann der Mensch das nicht erkennen. Doch er spürt es als innere Not, als Einsamkeit, als Angst, als Unfreiheit oder anderes. Das dominente Ich kann sich selbst nicht auflösen und gerade jenes Verändern zulassen, das seinen Wahn von Unvergänglichkeit am meisten bedroht. So will der in Not geratene Mensch dem Übel oft mit derselben Instanz begegnen, die für die Not verantwortlich ist: mit dem Ich.

Der Meister weiß um dieses Dilemma. Wenn der Schüler das Tor zur Meisterschaft durchschreiten will, muß er alles zurücklassen, was ihn im Ichstand festhält. Dies fällt den meisten Übenden sehr schwer und veranlaßt sie dazu, ständig neue Auswege zu suchen. Doch der Meister bleibt unnachgiebig. Er begegnet dem Ich mit derselben Konsequenz, wie dieses das lebendige Leben unterdrückt. Was das Ich beansprucht, lehnt er ab, was es besitzen will, nimmt er ihm weg, worauf es sich beruft, macht er lächerlich. Nur dort, wo der Schüler ihm ohne Ich begegnet, kann er die menschliche Wärme spüren, die vom Meister ausgeht.

Doch für das selbstsüchtige Ich bleibt jede Begegnung mit dem Meister ein Schock. Wo immer er es entdeckt, greift er es an. In jeder unbedeutenden Kleinigkeit, die der Schüler sagt oder tut, kann er es erkennen.

Doch nicht nur das überbetonte Ich wird dadurch empfindlich irritiert. Der Meister verwendet den Schock auch, um Schüler, die sich aus Angst vor Fehlern in die Passivität zurückziehen und dort duldsam und unselbständig vor sich hinleben, in die Eigenständigkeit zu führen. Diese Schüler denken, wenn sie keine Entscheidungen treffen und dadurch im Einvernehmen mit allem Geschehen mitschwimmen, sei ein Zustand der Harmonie gegeben. Doch das genaue Gegenteil ist der Fall. Der Meister akzeptiert weder den überheblichen noch den ewig schlafenden Schüler. Beide sind vom Weg des Budō gleich weit entfernt.

## Die Tradition

Alle Budō-Künste entstammen der Tradition und werden nur in Verbindung mit ihr weitergegeben. Aus diesem Grund gilt für alle Schüler die Empfehlung, der Tradition des Budō ebensoviel Bedeutung beizumessen wie der Übung der Technik. Das Studium der Tradition bereichert die Technik und hilft, der Übung einen tieferen Sinn zu geben. Deshalb wird sie in vielen Budō-Schulen Hand in Hand mit der Technik unterrichtet.

Jeder wahre Meister des Budō betrachtet sich selbst als Bindeglied zur Tradition und erhält seine Legitimität allein durch die Tradition. Kraft ihrer wird er zum Mittler zwischen Zeitlichem (Innerer Meister) und Überzeitlichem (Ewiger Meister). Darin bindet er sich als Individualität (Leibhaftiger Meister) ein und dient zeit seines Lebens dem Ideal des Weges. Nur diesem Ideal, das einzig in der Tradition liegt, ist er unterworfen.

Aus der Tradition wurden seit alters her Verhaltensregeln überliefert, die der Disziplinierung des Geistes dienen. Diese ständig zu wiederholenden Formen beeinflussen den Geist hin zum Frieden und verändern dann, wenn sie zur Gewohnheit werden, den ganzen Menschen.

Die äußere Form, die bloße Geste, hat jedoch keine Bedeutung. Nur wenn sie zusammen mit der Suche nach Sinn, mit dem Bekenntnis zum Ideal ausgeführt wird, kann sie dem Übenden helfen, den Geist des Budō zu verstehen. Um dieses Verständnis jenen zu ermöglichen, die danach suchen, wird kein wirklicher Meister erlauben, daß die Verhaltensregeln verletzt werden. Sie sind die Grundlagen jedes Dōjō, dessen Übung der Besinnung auf menschliche Werte gewidmet ist.

In der heutigen Zeit werden die Kampfkünste oft ohne Verhaltensetikette unterrichtet. Doch Lehrer, die nur den körperlichen Aspekt vermitteln, sind keine guten Lehrer. Wirkliche Budō-Meister achten auf das Verhalten ihrer Schüler, auf das, was sie tun, und vor allem auf die Art, wie sie es tun.

Wenn ein überheblicher Mensch viele Jahre lang die Kunst des Budō übt, muß er sich unzählige Male vor dem Dōjō oder vor den Fortgeschrittenen verbeugen. Wird er ständig dazu angehalten, dies zu tun, und jedesmal darauf hingewiesen, wenn er es vergißt, wird er seine Überheblichkeit überwinden. Die Etikette ist dann, wenn sie richtig gelehrt wird, eine gute Methode, das eigene Ich in seine Schranken zu weisen.

Doch nicht nur die Etikette, sondern auch die formalen Techniken sind genau überliefert worden und müssen von den Übenden ebenso genau ausgeführt werden. Diese Praxis hat eine tiefe Bedeutung. Wirkliche Lehrer bestehen auf äußerster Präzision der Formen, die *ihr* System lehrt, und erlauben keine Abweichungen. Die unermüdliche Suche des Übenden nach der genauen Form wird auch im Alltag zur Gewohnheit. Die Übung der Genauigkeit im Dōjō formt das Bewußtsein zur Genauigkeit in allen Handlungen. Wirklich Fortgeschrittene erkennt man daran, daß sie nichts im Leben halb tun.

Große Bedeutung kommt der traditionellen Kata zu. Das strenge System der Kata wird in der heutigen Zeit häufig kritisiert, und viele Lehrer, die außerhalb der Tradition unterrichten, ersetzen sie durch Kampfübungen, um schnelle Wettkampferfolge zu erzielen. Doch die Kampfkünste sind eine Methode, das Ich zu disziplinieren. Wenn Schüler viele Jahre hindurch dazu angehalten werden, die Kata zu üben, können sie das verstehen.

In allen traditionellen Systemen wird in jeder Übungsstunde Kata geübt. Dabei zählt der Lehrer mit lauter Stimme die Schritte, und alle Schüler reagieren nur auf sein Zählen. Es wird keine Bewegung zuviel, zu schnell oder zu langsam gemacht. Wenn ein Schüler einen Fehler macht, stoppt der Lehrer die ganze Gruppe, zeigt die Bewegung und läßt sie von allen wiederholen. Diese Übung bringt Disziplin und Konzentration in die Gruppe und erlaubt dem einzelnen, durch Erfahrung zu wachsen. Man darf sich nicht fragen, wozu das gut ist. Erst nach langer Zeit kann man verstehen, daß darin eine besonders wichtige Erfahrung liegt.

Die traditionelle Kata hat darüber hinaus viele Bedeutungen. Sie alle aufzuzählen und zu erläutern, würde den Rahmen dieses Buches sprengen und soll einem nächsten Werk vorbehalten sein.

Eine weitere Bedeutung hat die überlieferte Zeremonie. Ihre Übung verleiht dem Verhalten des Menschen Schönheit und seinem Geist Bewußtheit. Sie überwindet die Tendenz zum Überschwenglichen, zum Extravaganten und öffnet den

Blick für den Wert und die Schönheit der kleinen alltäglichen Dinge. In den Wegkünsten nennt man dies Sabi und Wabi (im Anhang unter Furyū erläutert). Beide sind wichtig, um dem Menschen in der Alltäglichkeit einen inneren Zustand der Harmonie zu ermöglichen und seine Sehnsucht nach Superlativen zu mildern. Für das Leben hat diese Erfahrung einen unermeßlichen Wert. Wenn Menschen an den kleinen Dingen des Lebens achtlos vorübergehen und ihre eingebildete Großartigkeit ständig hervorkehren, sind sie vom Wegideal weit entfernt.

Ein Schüler des Bogenschießens (Kyūdō) übte einst allein im Dōjō. Da der Meister nicht zugegen war, beschloß er, die langweilige Zeremonie wegzulassen und sich mehr aufs Treffen zu konzentrieren. Er zog einen Pfeil nach dem anderen, legte ihn auf die Sehne und traf jedesmal ins Schwarze. Er war sehr stolz auf sich. Doch während er sich voller Zufriedenheit selbst beglückwünschte, kam der Sensei ins Dōjō und bemerkte sofort, was der Schüler getan hatte. Er wies ihn zurecht und sprach:

«Du mußt deine Übung zu allen Zeiten genau und gleich ausführen, unabhängig davon, ob dich jemand beobachtet oder nicht. Man übt nicht fürs Treffen, sondern für das eigene Selbst – für die eigene Bewußtwerdung, für die eigene Selbstverbesserung. Dies wirst du nie verstehen, wenn du die Tradition nicht achtest. Nur sie führt dich zur Meisterschaft, und wenn du sie vergißt, betrügst du dich selbst.»

# 6 KYŪDAN – DAS GÜRTELRANGSYSTEM

*Kyūdan* ist die Bezeichnung für das Graduierungssystem in den Budō-Künsten. Es unterteilt sich in die Kyū-Systeme der Schüler (Mudansha) und in die Dan-Graduierungen der Schwarzgurte (Yūdansha und Kodansha). Die Zuerkennung eines Kyū oder Dan erfolgt durch ein Diplom (Gaku), das dem Schüler vom Sensei verliehen wird. Im Budō betrachtet man die Kyū als Schülergrade und die Dan (je nach System bis 5 oder bis 12) als Grade der Selbstperfektionierung. Der höchste Grad ist zumeist dem Gründer der Schule oder des Stils vorbehalten.

Vor Meister Funakoshis Ankunft in Japan gab es im Karate keinerlei Graduierungen. Es war der Gründer des Jūdō, Jigorō Kanō, der das Graduierungssystem aus den alten japanischen Kampfsystemen ins Jūdō übernahm. Bereits früh gab es im Bugei (Vorläufer des Budō) ein solches System der Rangordnungen (Menkyō), bei dem die Meister Urkunden (Makimono) mit Nummern von 1 bis 5 an ihre Schüler vergaben. Die höchste Urkunde war die des *Menkyō-kaiden*, die die endgültige Meisterschaft einer Kampfkunst bestätigte. Das Menkyō-kaiden trat das Erbe der Kunst für die nächste Generation an und hatte die Aufgabe, am Ende seines Weges die Kunst weiterzugeben.

Meister Funakoshi führte das von Kanō modernisierte Graduierungssystem danach auch im Karate ein. Doch bald darauf entstanden die Kampfkunstorganisationen, die Budō als Wettbewerbssport weltweit verbreiteten. Sie begannen, das Graduierungssystem sehr verschieden und oberflächlich zu interpretieren, so daß die Grade im modernen Kampfsport nur noch sehr wenig mit ihrer ursprünglichen Bedeutung gemein haben. Mehr und mehr wurden sie aufgrund rein körperlicher Leistungsnachweise vergeben und brachten dadurch sämtliche Budō-Disziplinen in Verruf. Dies führte dazu, daß es heute

Kampfkunstmeister gibt, die das Graduierungssystem der Föderationen ganz ablehnen.

Das Graduierungssystem wurde 1926 von Gichin Funakoshi in den Schulen des Karate eingeführt. Der erste Dan-Träger des Shōtōkan-Karate war Makoto (Shinkiu) Gimma, ein Schüler Funakoshis. Gimma, ein Okinawaner, der zuerst unter Itosu und Yabu studiert hatte, danach unter Chotoku Kyan und über diesen die Uchi-deshi-Linie weiterführte, ging mit Funakoshi nach Japan und war dessen Partner bei der Vorführung am Kōdōkan. Nach Meister Funakoshi ist Gimma der höchste Dan-Träger des Shōtōkan-ryū (10. Dan).

## Die Pyramide

Überall dort, wo ein Meister den Weg des Budō unterrichtet, etabliert sich im Laufe der Zeit eine natürliche Graduierungspyramide, die zur Weitergabe der Lehre notwendig und für die Verhaltensübung der Schüler unerläßlich ist. Es ist für jeden Übenden von größter Bedeutung, sich auf einer realistischen Fortschrittsstufe in die Pyramide einzuordnen, da nur so die Voraussetzung für seinen weiteren Fortschritt erhalten bleibt.

Die Pyramide wird durch das Gürtelrangsystem symbolisiert. Gleich auf welchem Niveau der Übende sich gerade befindet, seine Aufgabe ist es immer, den Ansprüchen des bereits Erreichten durch eine entsprechende Haltung gerecht zu werden, beispielgebend für alle unter ihm Stehenden zu sein und die Herausforderung durch den nächsthöheren Fortschrittsgrad anzunehmen. Auf keinen Fall darf der Übende aus der Verantwortung seines Grades ausbrechen und ein höheres Niveau auf andere Weise anstreben als durch die Arbeit an sich selbst. Dies würde zum Ende des Lernprozesses führen.

Die Stufe der *Schüler* (*Deshi*) ist die Basis der Pyramide. Sie erstreckt sich über alle Kyū-Grade (Mudansha) und umfaßt Anfänger und Fortgeschrittene. Nur selten hat diese Stufe mit dem Meister direkt zu tun. Die Älteren (Sempai) sind es, von denen diese Schüler unterrichtet werden und an denen sie sich orientieren sollten. Ihre Aufgabe ist es, durch den Kampf um die innere Haltung zu wachsen, eine Herausforderung gegen sich selbst anzunehmen und durch Achtung eine gute Beziehung zu jenen zu schaffen, die sie unterrichten. Sie müssen sich in Bescheidenheit üben, Vertrauen entwickeln und lernen, sich selbst zu betrachten.

Eine Schlüsselposition in der Pyramide kommt den *Älteren* (*Sempai*) zu. Sie sind das Bindeglied (Yūdansha) zwischen der eigentlichen Lehre des Budō und den Schülern. Der Sempai ist der direkte Lehrer der jüngeren Schüler. In der Problematik des Unterrichts liegt seine Herausforderung, durch sie kann er lernen, an ihr kann er reifen. Gleichzeitig ist er der Wächter über die Tradition, über das rechte Verhalten, über den Budō-Geist und über das korrekte Einhalten der Etikette.

Der Sempai weiß um die Schwierigkeiten der Weitergabe. Er kennt die Probleme der Mudansha aus eigener Erfahrung und erfährt sie nun aus der Sicht des Lehrers. An seinen Schülern sieht er, wie er selbst einmal war, doch inzwischen ist ihm klar, worauf er achten muß. So bleibt er jedem negativen Einfluß gegenüber dem Budō-Geist wachsam. Er wirkt durch sein beispielhaftes Verhalten und achtet darauf, daß jeder seine rechte Haltung erkennen kann. Mehr als die Stärke der Technik muß er den reinen Geist in seinen Schülern «trainieren».

Der Sempai lebt seit vielen Jahren in der Nähe des Meisters und kennt diesen gut. Längst hat er gelernt, den Meister auf eine natürliche Weise anzunehmen und eine entsprechend natürliche Beziehung zu entwickeln. Er kann zwischen dem Ewigen Meister (Ideal) und dem Leibhaftigen Meister (Mensch) unterscheiden und weiß, wie wichtig diese Erkenntnis ist. Auf diesem Bewußtsein basiert seine Position. Er lebt nicht im Schatten des Meisters, doch er kämpft ständig darum, den Anforderungen seiner Stufe durch Selbstverantwortung zu entsprechen.

Der *Meister* (*Sensei*) gibt die in den Kodansha-Stufen existierende Erfahrung an die Sempai weiter, die sich darin üben, sie in der Arbeit mit ihren Schülern zu verstehen. Obgleich die Sempai auch in einem direkten Lernverhältnis zum Meister stehen, greift dieser in ihre Arbeit mit den Schülern nur dann ein, wenn das Gleichgewicht bedroht ist. Der Schülerunterricht obliegt den Sempai, die in dieser Aufgabe einen Teil ihrer Wegerfahrung suchen. Der andere Teil besteht in der Nähe zum Meister, aus der die nötigen Impulse zum eigenen Fortschritt kommen. Offen nach oben, selbständig im Eigenen und beispielgebend nach unten – das sind die wichtigsten Charakteristika der Sempai.

Der Meister lehrt aus dem Hintergrund, während die Sempai die direkten Lehrer sind. Zwischen Meister und Sempai gibt es große Unterschiede hinsichtlich Art und Inhalt des Unterrichts. Für die Schüler ist die beste Möglichkeit zum Wachsen dann gegeben, wenn beide sich ergänzen.

## Mudansha – Die Lehrlinge

Jeder Mensch, der die Kampfkünste lernen will, beginnt in der *Shu*-(Form)Stufe. Diese Stufe, die sich über das gesamte Kyū-System erstreckt, ist kein Teil des Weges, sondern eine Vorbereitung auf den Weg. Hier geht es darum, die Grundform der Techniken (Omote) zu lernen und jene innere Haltung zu erreichen, in der die eigentliche Weglehre möglich wird. Auch wenn die Shu-Stufe große technische Anforderungen stellt, ist sie als Weglehre anspruchslos. Sie lehrt Form und hält absichtlich Abstand zu den geistigen Disziplinen des Budō. Doch sie konfrontiert den Übenden bereits mit festen Verhaltensregeln, mit denen er sich auseinandersetzen und als zukünftiger Wegschüler bezeugen kann.

Die Graduierungen der Mudansha nennt man *Kyū*. Heute gibt es mehrere Kyū-Systeme, deren Unterschiede entweder in der Anzahl der Kyū-Stufen oder in der der Kyū-Stufe zugesprochenen Gürtelfarbe bestehen. Ursprünglich trugen alle

Mudansha den weißen Gürtel. Später unterteilte man sie in Weißgurte und Braungurte, und schließlich erhielt jeder Kyū eine eigene Gürtelfarbe.

Das heute verbreitetste Kyū-System besteht aus 6 Stufen; es gibt jedoch auch Systeme mit 5 beziehungsweise 9 Stufen. Auch die Unterteilung des Systems in Unterstufe und Oberstufe ist in manchen Richtungen üblich.

---

*Mudansha – das Kyū-System*

    Unterstufe
        6. KYŪ (ROKKYŪ)   – weißer Gürtel
        5. KYŪ (GOKYŪ)   – gelber Gürtel
        4. KYŪ (SHIKYŪ)   – orangener Gürtel

    Oberstufe
        3. KYŪ (SANKYŪ)   – grüner Gürtel
        2. KYŪ (NIKYŪ)   – blauer Gürtel
        1. KYŪ (IKKYŪ)   – brauner Gürtel

---

Aus der Sicht des Weges (Dō) gibt es zwischen der Unterstufe und der Oberstufe überhaupt keinen Unterschied. Beide sind gleichermaßen Vorstufen, bei denen es darum geht, eine Basis zu schaffen, auf der später in der Yūdansha-Stufe eine budō-mäßige Grundhaltung entwickelt werden kann. In den Mudansha-Stufen gibt es jedoch noch keinen Budō-Geist.

Schüler der Unterstufe (bis zum 2. Kyū) üben ungefähr drei Jahre lang unter der Aufsicht eines Sempai das grundlegende technische System des jeweiligen Stils. Doch es ist eine Selbsttäuschung, wenn Schüler sich aufgrund ihrer technischen Fähigkeiten selbst in die Gürtelhierarchie einstufen wollen. Parallel zur körperlichen Übung beginnt in der Unterstufe ein psychischer Selbsterfahrungsprozeß. Das strenge Regelsystem des Budō dient unter anderem dem Zweck, dieses psychische Niveau zu entwickeln.

Die Unterstufe ist dazu da, im Schüler die Hingabe, die Selbstdisziplin, den strebsamen Willen, die Geduld, die rechte Begegnung mit anderen und die Lernfähigkeit auszubilden. Ohne diese wichtigen Voraussetzungen können höhere Stufen nicht betreten werden. Häufig jedoch setzen sich Schüler über diese Grundhaltungen hinweg, weil sie ihre Bedeutung nicht erkennen, und üben nur die Technik. Doch die Lehrer wissen, welch klägliches Ende solche Schüler nehmen, wenn sie ohne Selbstdisziplin im Training, ohne Hingabe an die Kunst und ohne Überwindung des Stolzes in die Oberstufe kommen.

Dort ist nämlich das in der Unterstufe zu formende psychische Niveau Ausgangspunkt für das Erreichen einer neuen inneren Haltung. In der Oberstufe kommen die ersten Konfrontationen mit dem Ich. Auch trägt der Schüler einen großen Teil der Verantwortung für eine gesunde Lehrer/Schüler-Beziehung, in der er seine Bereitschaft zur Kommunikation, zur Nähe zum anderen, seine Loyalität gegenüber dessen Kunst prüfen und formen kann. Er muß lernen, mit inneren Zuständen der Unlust, der Auflehnung und der Entmutigung umzugehen, er muß Selbstüberwindung üben und beständig nach der rechten Haltung suchen. Dies ist nicht einfach, denn der Lehrer wendet seine Gefühle nach außen und macht sie sichtbar. Nicht im Bekenntnis zum kleinen Ich, sondern in der Überwindung desselben findet er das, was man in den Kampfkünsten die rechte Haltung nennt.

Natürlich ist während dieser ganzen Zeit die Technik der einzige objektive Maßstab. Doch den Meister interessiert die Technik wenig, er schaut nur auf die Haltung. Er weiß, daß es auf dieser Stufe kein wirkliches Verständnis der Technik geben kann, doch er läßt den Schüler in seinem Glauben an den technischen Fortschritt. Er läßt ihn gewähren und stört aus dem Hintergrund sein Selbstgefühl. Wenn der Schüler diese Hürde nicht überspringen kann, ist jede Mühe vergebens. Die elementarste Form des Budō-Geistes kommt erst danach. Erst wenn die innere Haltung frei wird von den Zwängen des Ich, wenn der Schüler auf die rechte Weise mit sich umgehen kann, wenn er das egoistische Gefühl, egal ob es Stolz, Recht, Anspruch oder sonstwie heißt, überwunden hat, ist der Punkt erreicht, an dem ein neuer Anfang liegt. Hier beginnt der Weg des Budō.

Der Weg nach oben ist ein Experiment mit dem Innern. Der Schüler kann ihn nur durch die rechte Haltung annehmen. Fehlt diese, führt die Übung der Technik zu Mißverständnissen und inneren Konflikten. Das, was die Lehrer fordern, richtet sich gegen das nichtüberwundene Ich, das den Schüler dazu veranlaßt, die falsche Haltung einzunehmen. Doch gerade um die Überwindung der falschen Haltung geht es, denn bevor der Mudansha in der Lage ist, die Yūdansha-Stufe zu betreten, muß er seinen Geist reinigen, seine Demut erziehen und seine Eitelkeit, seinen Stolz und sein Prestigedenken besiegen. Dies ist eine schwierige Aufgabe, und nur wenige Schüler können sie erfüllen. Diese erste Stufe im Budō ist die Basis jeder weiteren Entwicklung. Sie lehrt die «niederen Wege», auf denen der Mensch zuerst lernt zu dienen, zu opfern und zu dulden. Viele Schüler meiden diese Erfahrung und versuchen, die reine Technik ohne die rechte Haltung zu erlernen. Doch dadurch erziehen sie sich zur Schwäche, denn sie können sich nicht überwinden, sie können nicht geben und sind nicht belastbar. So scheitern sie am ersten Hindernis, das ihnen im Wege steht.

Die technischen Ansprüche dieser Stufe sind zwar umfangreich, doch qualitativ gering. In den Kampfkünsten nennt man das technische Niveau dieser Stufe deshalb *Omote*, das heißt fundamental, grundlegend oder die obere, offensichtliche Seite der Kampfkunst, die jeder ohne besonderes Wegbekenntnis lernen kann. Darin werden die Grundlagen der Bewegung und alle äußerlich sichtbaren Merkmale der Techniken bis ins kleinste Detail zerlegt und geübt. Auch die für den Wettbewerb notwendige Formroutine ist ein Teil davon. Omote zielt auf die Perfektion der Form ohne geistigen Inhalt. Für Omote ist eine Zeit von fünf bis sechs Jahren angesetzt, so lange wie ein Übender in den Kyū-Stufen verweilt.

Mit dem Eintritt in die erste Dan-Stufe folgt *Okuden*, die Stufe der technischen Verfeinerung. Diese hat wenig mit der Formroutine im Sport zu tun, denn ihre Grundlage ist die rechte innere Haltung, die eine geistige Erfahrung im Formtraining möglich macht. Im alten Bujutsu bezeichnete man mit Omote auch diejenigen Techniken eines Stils (Ryū), die allen Schülern gelehrt wurden. Die Okuden blieben den Fortgeschrittenen vorbehalten.

Aus der Sicht des Weges ist die Kyū-Stufe ein Test – ein Sieb, das im Laufe der Zeit die Spreu vom Weizen trennt. Die Psychologie des Unterrichts konfrontiert den Anfänger mit feststehenden Verhaltensregeln, die auf die eine oder andere Weise eine innere Auseinandersetzung auslösen. Der Lehrer steht im Hintergrund und schaut auf das dadurch sichtbar werdende Potential. Dieses muß sich in einem eigenen Kampf von den Fesseln des Ich befreien und Fähigkeiten wie Selbstüberwindung, Disziplin, Vertrauen ins Ideal, Achtung und Bescheidenheit entwickeln.

Häufig wird der Anfänger von Zweifeln ergriffen und durchlebt Zeiten der Entmutigung. Er glaubt, keine Fortschritte zu machen, oder daß die höher Graduierten ihn überfordern und ständig kritisieren. Diese Zustände sind normal und lassen sich nur durch erneute Hingabe überwinden. Sie dürfen nicht vermieden werden, denn gerade um die Übung im Umgang mit inneren Gefühlszuständen geht es. Diese kleinen Ansprüche des Ich, wie zum Beispiel der falsche Stolz, das ewige Beleidigtsein oder die Rechthaberei, gelten als elementare Prüfsteine in der Übung des Budō, stehen sie dem einzelnen doch nicht nur im Dōjō, sondern in jeder Situation des Alltags im Wege. Zu lernen, sie zu sehen und mit ihnen umzugehen, ist die erste Wegerfahrung.

Vollkommen falsch ist es, wenn Schüler sich einer negativen Gruppendynamik hingeben und gegen die Lehrer um ihre Rechte kämpfen, anstatt sich in der rechten Haltung zu üben. Solche Verhaltensweisen sind einfacher als die Überwindung, doch sie machen blind für die wahre Problematik und suchen den Ausweg. Nicht selten verlassen solche Menschen das Dōjō und wissen ihr ganzes Leben lang zu berichten, wie recht sie damit taten. Doch den Weg des Budō kann man auf diese Weise nicht verstehen. Man muß innere Stärke durch Selbstüberwindung entwickeln.

Das, was in der Kyū-Stufe geschieht, ist mit dem Besteigen

eines hohen, unwegsamen Berges zu vergleichen. Alle Schüler wollen schnell auf den Gipfel. Doch die Schwarzgurte, die bereits auf dem Gipfel sind, wissen, daß es nicht gut ist, den Untenstehenden den leichten Weg zu zeigen. Sie versperren die leichten Wege und lassen nur die schwierigen offen. Dies können die Schüler nicht verstehen. Sie beklagen sich über das ihnen widerfahrende Unrecht, und wenn ihnen das Vertrauen fehlt, gehen sie auf die Barrikaden. Doch die Fortgeschrittenen wissen, daß nicht der Gipfel, sondern die Wegerfahrung zum Gipfel das Entscheidende ist. Deswegen erlauben sie keine Abkürzungen. Die Anfänger müssen sich an ihre inneren Möglichkeiten wenden und ihren eigenen Weg suchen. Die Schwarzgurte helfen ihnen dabei nicht. Bestenfalls wachen sie darüber, daß keiner abstürzt.

Nur jene, die aus eigener Kraft auf den Gipfel kommen, wissen, daß es größere Dinge im Leben gibt als das Ich. Doch darüber können sie nur mit Menschen reden, die bereits auf dem Gipfel sind. Wenn sie nach unten schauen, sehen sie ihre Mitmenschen, die sich immer wieder um jene immer gleichen Dinge streiten, die sie bereits überwunden haben. Aber sie können nicht darüber reden, ohne mißverstanden zu werden. Sie können die Anfänger nur dazu ermutigen, den Weg zum Gipfel zu gehen. Doch sie können niemanden dahin bringen, der die Herausforderung nicht selbst sucht.

Neuerdings kann man in den Kampfkünsten den Gipfel auch anders erreichen. Große Kampfkunstorganisationen haben Fahrgelegenheiten gebaut und dort oben Verteilungsstellen für hohe Dan-Graduierungen errichtet. Sie machen die Übenden glauben, daß die Meisterschaft des Budō in der Kraft ihrer Urkunden liegt. Doch das ist nicht der rechte Weg, denn die Meisterschaft beweist sich selbst. Welchen Weg der Übende wählt, muß er selbst entscheiden.

Budō ist eine Kunst, die ein ganzes Leben lang geübt wird und die Selbstperfektion sucht. Wenn der Schüler dies zum ersten Mal richtig versteht und in seiner Haltung verdeutlicht, ist er dem Gipfel nahe. Erst dann ist er in der Lage, den echten vom falschen Meister zu unterscheiden. Doch solange er nur nach beglaubigten Urkunden strebt, kann er weder einen Weg noch einen Lehrer erkennen.

In der Kyū-Stufe spricht man von *Shōshin*, dem Geist des Anfängers. Der rechte Anfängergeist (die Vorstufe zu *Seishin*, dem Geist des Fortgeschrittenen) ist der Schlüssel zum Verständnis der Kampfkunst, und in den Kyū-Stufen geht es darum, ihn zu erreichen. Wenn ein unreifer Mensch auf einem Gebiet Wissen gewinnt (Wissen *und* Reife ist eine seltene Kombination), baut sein Geist Barrieren auf, denn er bildet Meinungen, Schlußfolgerungen und Vorurteile, welche wirkliches Erkennen verhindern. Fast alles, was auf der Welt geschieht, ist ein Beispiel dafür. Den Anfängergeist zu besitzen, bedeutet wahres Lernen zuzulassen, indem man Wissen *und* Erfahrung sucht. Der weiße Karategi ist ein Symbol für die Reinheit des Anfängergeistes: Er ist rein, einfach und leer. Er soll die Schüler daran erinnern, sich immer wieder neu zu bekennen und nicht im Gelernten stillzustehen. Viele Schüler wollen den Anfängergeist umgehen und bereits vorher wissen oder gelten. In ihrem Verhalten gibt es unzählige Momente, die einem erfahrenen Lehrer zeigen, ob sie den Anfängergeist besitzen. Die Fähigkeit zum Anfängergeist ist neben anderen eine der wichtigsten inneren Voraussetzungen, um die Stufe der Fortgeschrittenen zu erreichen.

Dieser Geist bleibt auch in den höchsten Stufen der Kampfkunst von außergewöhnlicher Bedeutung. Seishin, der Geist des Fortgeschrittenen, löst Shoshin nicht ab, sondern formt ihn aus. Verliert der Übende ihn, kann er nicht mehr lernen. Aus dem japanischen Sprichwort «Im Geist des Anfängers gibt es viele Möglichkeiten, im Geist des Experten gibt es nur sehr wenige», geht dies deutlich hervor.

## Yūdansha – Die Krieger

Das Erreichen der ersten Schwarzgurtstufe (*Shōdan*) darf nicht mit der Meisterschaft in der Kampfkunst verwechselt werden. Shōdan zeigt an, daß der Schüler die technischen Grundlagen gemeistert und sein inneres Potential so weit entwickelt hat, daß er in den kommenden Jahren über die Shu-Stufe hinausgehen und den Geist des Budō erfahren kann. Hier beginnt der Weg. Das Sprichwort «Karate beginnt erst dort, wo die Technik aufhört», deutet darauf hin.

*Dan* heißt soviel wie «Rang» oder «Stufe» und bezeichnet die Graduierungen der Budō-Meister. Während Kyū (oder *Mudansha*) die Vorstufe ist, auf der die grundlegende Wegmöglichkeit im Übenden festgestellt wird, beginnt mit Shōdan die erste Auseinandersetzung mit dem Weg. Die Dan-Grade unterteilen sich ihrerseits noch einmal in *Yūdansha* (Grade von 1 bis 4), die sogenannten «Kriegergrade», und *Kodansha* (Grade von 5 bis 10), die den gereiften Meistern zugesprochen werden.

---

*Die Dan-Grade*

■ YŪDANSHA
- ICHI (SHŌ) DAN — 1. Grad
- NIDAN — 2. Grad
- SADAN — 3. Grad
- YON (SHI) DAN — 4. Grad

■ KODANSHA
- GODAN — 5. Grad – RENSHI
- ROKKUDAN — 6. Grad – RENSHI (ab 35 Jahren)
- SHICHIDAN — 7. Grad – KYOSHI (ab 42 Jahren)
- HACHIDAN — 8. Grad – KYOSHI (ab 50 Jahren)
- KUDAN — 9. Grad – HANSHI (ab 60 Jahren)
- JUDAN — 10. Grad – HANSHI (ab 70 Jahren)

---

Im traditionellen Budō ist das Dan-System genau definiert, und jede Stufe hat eine über die Technik hinausgehende Bedeutung. Die Yūdansha, die sich zumindest in ihren höheren Niveaus auf der Ha-Stufe (Formfreiheit) des Weges befinden, lernen dieselben Techniken, die sie in den Kyū-Stufen formal gemeistert haben, nun von einem höheren Standpunkt (Okuden) aus zu verstehen. Zugleich befinden sie sich zum ersten Mal in einer echten Lehrer/Schüler-Beziehung (Shitei), in der sie eine verbindliche Herausforderung gegenüber der Weglehre annehmen müssen, um Fortschritte zu machen.

Die Kodansha sind keine Schüler, sondern selbständige Lehrer des Weges. Sie befinden sich ebenfalls in der Ha-Stufe, während die Hanshi-Grade die Ri-Stufe (Stufe der Transzendenz) erreicht haben. Auch bei ihnen gibt es mehrere Niveaus (Renshi, Kyōshi und Hanshi). Alle Kodansha sehen sich einer ständigen Herausforderung durch das höchstmögliche Ideal gegenüber und suchen die geistige Vervollkommnung. Ihr Wegverständnis übersteigt das Begriffliche. Sie können, wenn sie Schüler annehmen, Lehrer des Weges (Sensei) sein.

---

■ *Technische Meistergrade des Budō (YŪDANSHA)*

1. DAN – Grad des Suchenden nach dem Weg
2. DAN – Grad des Schülers am Anfang des Weges
3. DAN – Grad des anerkannten Schülers
4. DAN – Grad des technischen Experten

■ *Geistige Meistergrade des Budō (KODANSHA)*

5. DAN und 6. DAN (KOKORO) – Grade des Wissens
7. DAN bis 10. DAN (IRO KOKORO) – Grade der Reife

---

Die Yūdansha-Stufe umfaßt die Graduierungen vom ersten bis zum vierten Dan und entspricht in ihrer höchsten Graduierung der *Ha-Stufe* (Formfreiheit) des Weges. Man nennt sie auch die «Stufe der Krieger». Sie ist jener Abschnitt, in dem der Übende ein Experte in der Technik und im Kampf werden kann. Doch der Übende betritt erst dann die Ha-Stufe, wenn er auch die geistigen Voraussetzungen der Weglehre (Shin) zu erfüllen beginnt. Nur wenn er sich von Anfang an darum bemüht hat, wird der Meister ihn als angenommenen Wegschüler zu höheren Niveaus führen. Diese bedürfen als Voraussetzung der bereits perfektionierten Grundtechnik und der rechten inneren Haltung. Ohne die Perfektion der beiden können höhere Niveaus im Budō nicht erreicht werden. Übende, die nur aufgrund ihrer Technik in diese Stufe wollen, setzen sich selbst Grenzen, weil ihnen echte Budō-Erfahrungen nicht zugänglich sind.

Den technischen Bereich dieser Stufe nennt man *Okuden*. «Okuden» bedeutet «geheime Lehren» und bezieht sich auf jenen Teil der Übung, in dem die grobe Form der Technik bereits gemeistert ist. Nun beginnt der Übende die Feinheiten zu studieren, die ihn überhaupt erst in die Lage versetzen, die Kampfkunst vom physischen und psychischen Standpunkt aus zu verstehen. Diese Feinheiten nennt man auch die «innersten Geheimnisse» (Gokuhi) der Kampfkunst, die sich erst dann offenbaren, wenn sich der Übende auf dem Weg befindet und die Stufe der Formabhängigkeit überwunden hat.

Okuden ist eine Stufe der Übung, in der sich geistige Reife mit technischer Reife verbindet und als Verhaltensweise kundtut. Hier wird das Kihon (*Ki* = Energie, *Hon* = Grundlage) zur Wissenschaft. Okuden lebt nicht aus der reinen Formroutine, mit der im Wettkampf die Leistungen angestrebt werden. Der Fortschritt auf dieser Stufe entsteht erst durch das Bekenntnis zum Weg, aus dem innere Fähigkeiten erwachsen. Nachahmer können diese Stufe nicht erreichen.

Trotzdem bleibt der Übende Schüler und braucht dringend einen Meister. Doch sein Fortschritt ist von der Suche nach eigenem Verstehen mehr abhängig als vom objektiven Lernen. Der Meister lehrt daher nichts. Er lenkt nur das Suchen. Der Übende auf dieser Stufe ist in jeder Hinsicht selbst verantwortlich, gleich ob es um die rechte Lehrer/Schüler-Beziehung geht oder um den rechten Weg der Übung. Seine eigene Betrachtung ist gefragt, seine Verantwortung, seine Hingabe und sein Opfer. Die Anwesenheit des Meisters ist die Lehre.

Die stärkste Herausforderung des Schülers auf dieser Stufe besteht im unermüdlichen Kampf um die rechte Haltung. Im technischen Bereich verändert sich dadurch auch die Form. Jeder Handlung gegenüber muß er eine rechte und verantwortliche Haltung entwickeln, seine Fehler selbstkritisch betrachten und aus ihnen lernen. Im Dōjō hat keine Technik eine Fortschrittschance, keine Kata einen Sinn, wenn die Suche nach der Verhaltensperfektion ausbleibt. Durch diese Herausforderung entwickeln sich innere Fähigkeiten von hohem Wert. Hier wird aus Geist und Technik eine Einheit.

Auf dieser Stufe zeigt sich häufig die Tendenz, auszubrechen. Doch jeder Übende muß wissen, daß es nicht um seine Vorstellungen von Fortschritt geht, sondern um seine innere Haltung, die er ständig reinigen und pflegen muß. Sie ist die Grundvoraussetzung für alles weitere. Schwarzgurte mit einem nachlässigen Selbstumgang müssen unbedingt lernen, sich um ihre Haltung zu kümmern. Die rechte Haltung bedarf der täglichen Betrachtung und der Pflege im Alltag. Keineswegs kann man sie erreichen, wenn man die Gründe für Fehler, Konzentrationsmängel und falsches Denken in den äußeren Umständen sucht. Es ist der ständige Kampf um die rechte Haltung, die den Fortgeschrittenen vom Anfänger unterscheidet. Wenn dieser Kampf ausbleibt, ist jeder weitere Schritt vergeblich.

Der erste Dan-Grad im Budō (*Shōdan* oder Ichidan) berechtigt zum Tragen des schwarzen Gürtels und ist der erste Schülergrad auf dem Weg. Diese Graduierung entspricht nicht, wie häufig angenommen, der Meisterschaft in einer Budō-Disziplin, denn sie bezeugt keinen Wegfortschritt, sondern lediglich ein in der Haltung sichtbar werdendes inneres Potential, dank dem der Wegunterricht möglich wird. Der erste Dan sagt über einen Menschen, der ihn erreicht hat, daß er in der Lage ist, zu erkennen, daß hinter der körperlichen Übung ein Weg steht, dessen Meisterschaft zu Höherem befähigt als die bloße Technik. Die Möglichkeit, das zu erkennen, hat er sich in jahrelanger Suche nach Formperfektion in den Kyū-Stufen erworben. Nun liegt der Weg vor ihm. Doch er weiß nicht um das Wie dieses Weges, denn sein bisheriges Wissen ist nichts weiter als eine Vorahnung. Deshalb wird diese Stufe auch als «Grad des

Suchenden» bezeichnet. Noch ist kein Schritt getan, doch die Voraussetzung, daß das Fortschreiten auf dem Weg beginnen kann, ist jetzt gegeben.

Der zweite Dan-Grad im Budō heißt *Nidan*. Diese Graduierung erhält ein Übender der Kampfkünste, der «am Anfang des Weges» steht. Sie unterscheidet sich von der ersten Dan-Graduierung (Shōdan) dadurch, daß der Schüler nun die Bedingungen des Weges durch seine rechte Haltung verstanden hat und weiß, worauf es ankommt. Doch er hat sich noch nicht endgültig entschieden, den Weg mit allen Konsequenzen zu gehen. Er spürt die Anziehungskraft des Weges, doch die Hintertür zur Flucht ist noch offen. Er weiß noch nicht, ob er den Anforderungen des Weges wirklich gewachsen ist.

Der dritte Dan-Grad im Budō (*Sandan*) wird «Grad des anerkannten Wegschülers» genannt. Er steht für jene Fortschrittsstufe, auf der der Schüler unwiderruflich entschlossen ist, den Weg der Kampfkünste bis an sein Lebensende zu gehen. Während der Shōdan die Voraussetzung entwickelt, den Weg der Kampfkünste gehen zu können, und der Nidan darüber hinaus erfahren hat, welches der Weg der Kampfkünste ist, befindet sich der Sandan auf einer Stufe, auf der es kein Zurück mehr gibt. Sowohl beim Shōdan als auch beim Nidan besteht die Möglichkeit, daß er, aus welchen Gründen auch immer, den Weg der Kampfkunst irgendwann verlassen wird. Der Sandan hingegen ist dieser Gefahr nicht mehr ausgesetzt. Der Meister erkennt ihn nun als echten Wegschüler an.

Diese Entscheidung trifft der Schüler nicht mit dem Kopf, sondern mit dem Herzen und bekundet sie nicht durch Worte, sondern durch seine Haltung. Der Sandan ist weder ein Verdienst noch ein zu erreichendes Niveau, sondern eine seit jeher bestehende Berufung im Menschen, die durch die rechte Haltung sichtbar wird. Für den Sandan gibt es keine Hindernisse mehr, die ihm im Wege stehen. Auf dieser Stufe beginnt der Schüler seinen Inneren Meister zu spüren, er ruft ihn an und bringt ihn zum Vorschein. Er weiß, daß es sein eigener Innerer

Meister ist, der ihn zum Suchen veranlaßt, der ihn drängt und nie mehr losläßt. Hier erreicht der Übende eine gewisse Unabhängigkeit von allen äußeren Umständen. Die Kunst verändert sich, die Beziehung zum Leibhaftigen Meister wird freier und daher intensiver und reiner. Gesetze und Regeln verlieren ihre Macht und werden durch die rechte innere Haltung gegenüber allen Dingen ersetzt. Erst dieses Niveau erlaubt den Eintritt in die Ha-Stufe. Nicht durch den Verstand, sondern allein durch die Haltung hat der Sandan seine Wegrichtung entschieden.

Der *Yondan* ist die vierte Graduierung im Dan-System. Es ist die Stufe des Experten in der Technik, des vollendeten Kämpfers. Mit diesem Niveau ist die Grenze der rein körperlichen Technik erreicht. Der Yondan weiß, daß er von nun an neue Wege gehen muß, um sich weiter zu verbessern. Die Kampfkünste sind für ihn mittlerweile zu einer Religion geworden, mit der er sich völlig identifiziert. Er verinnerlicht die geistigen Aspekte der Kunst, indem er sie im Dōjō und im Alltag lebt. Auf dieser Stufe ist zum ersten Mal die Verbindung zwischen Kampfkunstphilosophie und Technik möglich. Der Yondan ist in der Lage, seinen Geist, seine Atmung und seinen Ki-Fluß bei der körperlichen Übung zu kontrollieren, mit der Technik zu verbinden und zu einer maximalen Wirkung zu entwickeln. Deshalb sucht er in allem, was er tut, weiterhin die innere Perfektion. Dort liegt der Schlüssel zur Meisterschaft.

Der Yondan weiß um die Bedeutung der inneren Vervollkommnung für den Fortschritt der äußeren Technik. Er hat jene Grenze erreicht, bis zu der technischer Fortschritt allein durch Körperübung möglich ist. Gleich ob er Kihon, Kata oder Kumite übt, er sucht immer eine innere Auseinandersetzung. Er sucht die Wahrheit in sich selbst.

Auf dieser Stufe ändert sich sehr viel. Das Denken erhält einen anderen Inhalt, der Selbstumgang wird bewußter und die Übung eine andere. Dadurch entsteht eine Verbindung zwischen innen und außen. Kihon, Kata und Kumite werden erst hier zur wahren Wegübung. Diese Art der Übung eröffnet neue Wege. Der Yondan ist die Vorstufe zur wahren Meisterschaft.

# Kodansha – Die Lehrer

Die *Kodansha*-Grade sind die eigentlichen Meistergrade im Budō. In der überlieferten Budō-Tradition berechtigen nur sie dazu, Schüler anzunehmen und zu unterrichten. Erst dieses Niveau ermöglicht es, einen Schüler über die rein formalen Aspekte der Technik hinauszuführen und ihn für die Wegübung vorzubereiten. Erst dieser Abschnitt erlaubt einen Blick in die Zusammenhänge der Weglehre – eine durch eigene Erfahrung erworbene Grundlage, die dazu befähigt, Schüler in die Geheimnisse des Weges einzuweihen.

Ihnen spricht man *Seishin*, das heißt geistige Reife, zu. Seishin – «Geist des Fortgeschrittenen» – ermöglicht dank seiner Unabhängigkeit vom Ich die persönliche Freiheit bei allen Entscheidungen und Handlungen und ist nur in diesen Wegstufen möglich. «Sei» bedeutet «Ruhe» oder «Gleichgewicht» und bezeichnet eine Geisteshaltung, die im Gegensatz zu den endlosen Aktivitäten ungeübter Menschen aus einer «aktiven Inaktivität» (Kū) besteht, durch die äußere Aktivität in die rechte Perspektive zur inneren Haltung gesetzt werden kann. Es ist dasselbe «Sei» wie in «Shisei» (Haltung), auf die in der Übung des Budō viel Wert gelegt wird. Dieser Begriff besteht aus «Shi» (Form) und «Sei» (geistige Kraft). Haltung ist nicht nur Form, sondern sie ist mit dem Element «Sei» verbunden, wodurch ihr Ausdruck von ruhiger Aktivität und innerer Stärke entsteht. Dies weist darauf hin, daß auf dieser Stufe Körper und Geist zur Einheit werden, was sich in der rechten Haltung gegenüber allen Dingen des Lebens ausdrückt.

Den ersten Abschnitt der Meistergrade nennt man *Kokoro*. Ihm spricht man ein in der generellen Haltung sichtbar gewordenes reifes Bewußtsein zu. Dieser Abschnitt besteht aus dem 5. und 6. Dan. Der erste Grad dieses Wegabschnitts kann frühestens im Alter von dreißig Jahren erreicht werden. Er setzt nicht nur eine konsequente Budō-Erfahrung, sondern auch Lebenserfahrung voraus. So kann ein Übender zwischen dem dreißigsten und dem zweiundvierzigsten Lebensjahr den 5. und

6. Dan erhalten, jeweils verbunden mit dem Titel *Renshi*. Die Renshi-Graduierungen sind selbständige Meistergrade, die die geistige Reife eines Menschen ausweisen. Sie bezeichnen die dafür notwendigen Formen der Selbstperfektion, vor allem die Überwindung der Selbstsucht.

Kokoro sind die Budō-Graduierungen der fortgeschrittenen Reife. Der «Mann mit Bewußtsein» (Kokoro) ist ein Teil jener Kunst geworden, die er übt. Durch die lange Zeit der Bemühungen hat er verstanden, daß er sich nun jeder Erfahrung öffnen und jedes ihm zur Verfügung stehende Mittel nützen muß, um die letzte Herausforderung bestehen zu können. Auf dieser Stufe gibt es kein Zögern, kein Selbstmitleid und kein Bedauern mehr. Sie besteht aus dem vollkommenen Opfer.

Darum wissend, opfert dieser Meister einen großen Teil seines Lebens dem Lehren. Dadurch erweitert er seine eigene Erfahrung. Er weiß, daß der Lohn für seine Bemühungen im selbstlosen Geben liegt und daß jeder weitere Fortschritt nur durch bedingungsloses Geben erreicht werden kann. Im Geben ohne Anspruch versucht er sich selbst zu ergründen. Das ist es, was er verstanden hat und was ihn vom Krieger unterscheidet.

Der Renshi hat Begriffe wie Kampf und Sieg überwunden. Er hat sie hinter sich gelassen und sucht nun die Überwindung der Illusion. Obwohl er ebenso wie der Yūdansha regelmäßig Technik übt, ist seine Welt eine andere. Der Yūdansha hängt noch am Kämpfen, er sucht den Sieg, den Fortschritt, den Vergleich. Noch kann er nicht verstehen, daß erst dahinter die Welt des Budō liegt. Auf seiner Stufe braucht er das Ich, um durch es zu wachsen. Erst wenn die Erfahrung reift, kann er es loslassen.

Obwohl der Renshi kein Krieger mehr ist und dem unermüdlichen Aktivititätsdrang des Yūdansha eine Haltung der Nichtaktivität (Kū) entgegensetzt, spürt der Krieger in jeder Begegnung mit dem Renshi dessen Überlegenheit. Er kann dieser Nichtaktivität nicht standhalten, so sehr er auch sein eigenes Wollen stärkt. Doch ebensowenig kann er auf sein Wollen verzichten, da dieses der Antrieb für sein Streben, für die unermüdliche Arbeit an der Technik und für die gesamte Übungsmotivation in der Sturm- und Drangperiode ist. Daher ist es für den Yūdansha wichtig, ständig an seinem starken Willen zu arbeiten. Doch es gibt ein Niveau, das über dem aktiven Wollen liegt und das der Krieger durch bloßes Wollen nicht verstehen kann. Allein die Zeit und das Vertrauen können die Hürde des Wollens überspringen und die Stufe der Renshi im eigenen Geist sichtbar machen.

Wenn der Krieger die langen Jahre der Sturm- und Drangzeit so verbringt, daß er auf der einen Seite die Herausforderung in seiner Technik sucht, während er sich auf der anderen Seite für die Ratschläge der Renshi offenhält, kann er vielleicht die Abhängigkeit vom wollenden Ich überwinden. Sucht er nur die Technik, wird sein Weg mit dem Überschreiten der körperlichen Grenze beendet sein. Durch die Hingabe an die Technik allein kann er die höhere Stufe nicht erreichen. Die alleinige Übung der Technik auf diesem Niveau führt ins Abseits. Wenn sich der Krieger nur auf seine Technik verläßt und die Übung der rechten Haltung vergißt, verfällt er in Ignoranz gegenüber der Weglehre. Um diesen Fehler zu vermeiden, ist es wichtig, das Wegideal zu suchen und jenen zu vertrauen, die darum wissen. Um die Stufe der Renshi zu erreichen, bedarf es einer vollkommenen Identifikation mit der Weglehre und einer vom Ich vollkommen befreiten Beziehung zum Lehrer. In einem Leitsatz der Budō-Philosophie heißt es: «Wenn der Renshi dein Meister sein soll, muß er vorher dein Freund sein. Wenn er dir die Wahrheit sagen kann, ohne daß du dich verletzt fühlst, wenn du das in deinem Herzen möglich machst, dann hast du einen wirklichen Lehrer.»

In der Tat ist dies das Geheimnis dieser Stufe. Es gibt viele, die sie anstreben, viele, die sich anmaßen, sie erreicht zu haben, doch nur selten einen, der sie in Wirklichkeit gemeistert hat. Wirkliche Renshi sind selten und suchen nicht die Öffentlichkeit. Ihr Blick richtet sich nach innen, ihr Streben dient dem Opfer.

Die höchsten Meistergrade im Budō nennt man *Iro kokoro*. Sie sind die Grade der Reife, verbunden mit den Titeln *Kyōshi* (7. und 8. Dan) beziehungsweise *Hanshi* (9. und 10. Dan). Zwischen dem zweiundvierzigsten und dem fünfzigsten Lebensjahr ist der Titel Kyōshi möglich. Ab dem sechzigsten Lebensjahr ist der 9. und ab dem siebzigsten Lebensjahr der 10. Dan möglich, denen man den Titel *Hanshi* (Shihan) zuspricht.

Dies sind die höchsten Graduierungen des Budō, und nur sehr wenige Menschen haben sie je erreicht. Sie entsprechen der endgültigen Meisterschaft (*Ri* = Transzendenz im Wesen). Der 11. und der 12. Dan sind Grade, die erst nach dem Tod verliehen werden können. Sie stehen symbolisch für die absolute Vollkommenheit (Ewiger Meister), die zu Lebzeiten von keinem Menschen erreicht werden kann.

Der *Hanshi* lebt in vollkommenem Einklang zwischen innen und außen. All seine Gesten und Handlungen sind Ausdruck dieser Art zu sein. Er hat jeden nur erdenklichen inneren Zustand (Satori) gemeistert, nicht nur die Abhängigkeit von Besitz und Prestige, sondern auch die Angst vor dem Tod überwunden. Er lebt in vollkommener Freiheit, sein physischer Ausdruck ist rein, weil sein Geist rein ist. Er weiß um diese hohe Perfektion, und ehe sein Weg beendet ist, bemüht er sich darum, jemanden zu finden, der sein Nachfolger werden kann.

Während der Renshi und der Kyōshi an der Spitze der Lehrpyramide stehen, befindet sich der Hanshi außerhalb der Pyramide. Seine Aufgabe ist es nicht, die Schülergruppen zu unterrichten, sondern den bereits Erfahrenen zum letzten Schritt zu initiieren. Er öffnet das Tor zum Geheimen für all jene, die über die bloße Technik hinausgewachsen sind.

Doch kein Mann der Reife läßt je den Umfang seiner Erfahrungen sichtbar werden oder stellt seine Fähigkeiten zur Schau. Sein Sehen ist jenseits von all dem, was weniger Erfahrenen wichtig erscheint. In diesem Bereich, zu dem nur er Zugang hat, kennt er jede Tür, hinter der die Wahrheit liegt. Doch nie öffnet er sie vor anderen, nie stellt er etwas richtig, nie belehrt er. Seine Aufgabe besteht darin, zu warten, bis der Schüler reif ist, den Hanshi erkennen zu können. Ohne vollkommene Überwindung des Ich ist dies jedoch unmöglich. Die unbekümmerte Heiterkeit des Hanshi, seine vollkommene Bescheidenheit und Demut, täuschen den Selbstgefälligen über die eigentliche Wahrheit hinweg. Die Fähigkeit, zu erkennen, daß der Hanshi die höchstmögliche Stufe des Weges erreicht hat, ist nicht jedem Menschen gegeben.

Der Hanshi wendet sich nicht an die Schüler, um zu unterrichten oder zu verbessern. Er beobachtet, doch er sagt nichts. Nur derjenige, der gelernt hat, zu sehen und der sich von seiner Unbekümmertheit nicht täuschen läßt, kann sich an ihn wenden. Erst wenn er ein Niveau erreicht hat, das ihm den Zugang zum Hanshi ermöglicht, kann er ihn verstehen. Durch diese Verbindungen wurden seit jeher in den Kampfkünsten die Kettenglieder der Überlieferung ineinandergefügt. Diese Überlieferung geschieht von «Herz zu Herz» (Ishin-denshin) und unterscheidet sich in nichts von der Überlieferung aller anderen geistigen Wege des Buddhismus.

Der Hanshi lebt seine Lehre in vollkommenem Einklang mit dem Ewigen Meister. So wie für den normalen Menschen schwarz und weiß ein unverwechselbarer Kontrast sind, ist für ihn die Erkenntnis über innen und außen unverwechselbar. Schüler, die dies noch nicht unterscheiden können, laufen Gefahr, den Hanshi zu verkennen. Seine perfekte Demut wird von ihnen oft mit Schwäche verwechselt. Sie können seinen Rang und seine Stufe nicht erkennen. Hätten sie Augen, zu sehen, und Ohren, zu hören, dann wären sie selbst Meister. Der Hanshi weiß um diese menschliche Schwäche und hat daher nur ein freundliches Lächeln für den ewigen Kampf des kleinen Mannes um Erfolg und Prestige.

# 7 DŌJŌ – DER ORT DER WEGÜBUNG

*Dōjō* (*Dō* = Weg, *Jō* = Ort) heißt soviel wie «der Ort, an dem der Weg geübt wird». Die Übung des Weges gewinnt an Inhalt und Klarheit, wenn es eine ehrliche Verbundenheit zwischen Wegschüler und Dōjō gibt. Deshalb ist in der Weglehre das Dōjō kein Trainingsraum, sondern ein heiliger Ort, den man auch «Raum der Erleuchtung» nennt. Die Bezeichnung Dōjō bezieht sich auf den Raum, in dem die Übung stattfindet, doch sie steht symbolisch für die Tiefe der Beziehung, die ein Übender zu seiner Kunst unterhält.

Ursprünglich stammt der Begriff Dōjō aus dem Buddhismus und bezeichnete einen Ort der Selbstfindung und der Meditation. Später veränderte er seine Bedeutung, und man verstand darunter den Ort, an dem die Kampfkünste geübt werden. Der eigentliche Sinn jedoch blieb derselbe. Für jeden ernsthaft Übenden ist das Dōjō auch heute eine Stätte der Meditation und Konzentration, ein geehrter Ort des Lernens, der Brüderlichkeit, der Freundschaft und des gegenseitigen Respekts. Es ist mehr als nur ein Begriff – es steht symbolisch für den Weg der Kampfkunst.

Im philosophischen Verständnis kann sich der Begriff Dōjō auf jeden Ort beziehen, an dem ein Mensch im Sinne des Budō seinen Geist und Körper in der Wegübung konzentriert. Darüber hinaus jedoch kennzeichnet die Art der Beziehung, die ein Übender zu seinem eigenen Dōjō unterhält, seine Bemühung um rechten Fortschritt. Die rechte Dōjō-Beziehung ist ein Teil der Wegübung selbst. Sie besteht aus dem Streben, durch selbstlose Hingabe dem Geist des Budō zu dienen und den persönlichen Fortschritt, den ein Übender einem Dōjō verdankt, durch ehrliche Wertbezeugung seinerseits wieder auszugleichen.

Für den echten Wegschüler ist sein Dōjō ein zweites Zuhause. Durch eine richtige Dōjō-Beziehung entsteht ein wechselseitiger Wertaustausch, bei dem der einzelne reifen und der Budō-Geist in der Gemeinschaft gedeihen kann. Egoistische Menschen, die ein Dōjō nur als Trainingsraum nutzen, können daran nicht teilhaben. Ein Dōjō lebt durch die Zugeständnisse seiner Übenden an das Ideal der Kampfkunst. Nur auf diese Weise findet ein Übender den Zugang zum Weg.

Wenn ein wirklicher Schüler des Budō in ein Dōjō geht, läßt er die Probleme des Alltags vor der Tür zurück. Es ist unachtsam, das Dōjō mit ihnen zu betreten. Das Dōjō ist eine Stätte der Meditation, der Konzentration auf sich selbst. Es ist das Gegenteil von all dem, was im Alltag passiert. Wenn man es als solches versteht und die rechte Haltung in sich sucht, kann man in ihm wachsen. Doch wenn man vergißt, den Geist zu reinigen, ist die Übung im Dōjō nichts weiter als Sport.

Das Dōjō ist für einen Übenden in jeder Hinsicht notwendig. Ohne Dōjō gibt es keine Übung. Kein Mensch ist in der Lage, allein mit sich selbst, ohne Dōjō, die Kampfkünste zu meistern. So sehr er sich auch bemüht, irgendwann wird er scheitern. In einem echten Dōjō liegt nicht nur die Quelle aller zu machenden Erfahrungen und die Möglichkeit der Teilnahme an seinen verinnerlichten Werten, sondern auch der Ursprung der eigenen Kraft, die den Übenden auf dem Weg hält. Ein Dōjō als eine Gegebenheit anzunehmen, ohne die von innen heraus fühlbare Verpflichtung zum ständigen Wertausgleich, ist eine negative Haltung. Sie verhindert den Wegfortschritt. Man muß verstehen, daß man das Ideal des Dōjō in der eigenen Haltung begründen und erhalten muß. Wenn ein Schüler dies wirklich tut, kann er in einem Dōjō viele Grenzen überschreiten.

In jedem Dōjō gibt es einen Sensei und mehrere Fortgeschrittene, von denen manche selbst Meister sein können. Die Schüler des Budō, die die Kampfkünste lernen wollen, zählen erst dann zu diesem Kreis, wenn sie die tiefe Bedeutung der Dōjō-Beziehung verstehen und achten. Es gibt keine Fortgeschrittenen, die von einem Dōjō mehr nehmen, als sie geben, weil das Dōjō für sie kein Raum, sondern das Abbild ihrer eigenen Haltung ist. In diesem Punkt unterscheiden sich die

Dōjō des Weges von den Sporthallen. Die körperliche Übung kann dieselbe sein, doch erst der Kampf um die Haltung ermöglicht den Fortschritt auf dem Weg.

Jedes Dōjō des Weges erfüllt einen traditionellen Standard von Einfachheit und Schönheit. Es ist nach Möglichkeit geräumig, jedenfalls stets makellos sauber. Dadurch symbolisiert es den Geist der Übenden, die in ihm wachsen. In manchen Dōjō gibt es Kunstgegenstände, die von Schülern des Dōjō gefertigt wurden und die der Atmosphäre von Würde, die dieser Raum ausstrahlt, entsprechen. Diese Atmosphäre ist das Abbild all jener, die in ihm üben. Wirkliche Schüler der Kampfkünste pflegen diese Atmosphäre mit Hingabe und Liebe. Dadurch pflegen sie ihren Geist. Diese Übung ist ebenso wichtig wie die Übung der Technik.

Fortgeschrittene wissen, daß in dieser Haltung das Geheimnis der Kampfkünste liegt. Wenn man beladen mit den alltäglichen Sorgen in ein Dōjō geht, ist die Übung vergeblich. Im Bekenntnis zu den scheinbar kleinen Dingen verändert sich der Geist, und die Haltung erhält Schönheit und Würde. Erst jetzt kann man eine innere Herausforderung annehmen. Wenn man jedoch denkt, es gäbe wichtigere Dinge, zum Beispiel das Üben der Techniken, entsteht ein falsches Streben. Alle Handlungen entstehen aus der rechten Haltung.

Die moderne Gewohnheit, die alltäglichen Aktivitäten des Geistes mit ins Dōjō zu tragen, ist unzulässig und falsch. Sie verführt dazu, sich ständig mit der Lösung von Problemen zu beschäftigen. Wenn Menschen mit dieser Haltung in ein Dōjō gehen, kommen sie müde und unausgeglichen wieder heraus. Wenn man gedenkt, an einer Übungsstunde teilzunehmen, muß man vorher den Geist reinigen. Man muß den Aktivitätsdrang bremsen und Stille zulassen. Wenn das geschieht, entsteht die rechte Haltung. Man vergißt den Alltag und erreicht einen reinen Zustand. Dadurch ist der Geist in der Lage, eine neue Dimension zu sehen, in der vieles anders ist. Der unüberwundene Alltagsgeist jedoch bleibt auch im Dōjō ständig damit beschäftigt, zu planen, zu bewerten, zu überlegen und zu unterscheiden. Er hält zum Beispiel die Übung der Technik für wichtiger als die Pflege des Dōjō. Er wählt und überbewertet das objektiv Sichtbare und kann wichtige Zusammenhänge nicht erkennen. So verdirbt er die rechte Haltung, und die Übung der Kampfkünste wird ebenso zum Streß wie all seine Aktivitäten im alltäglichen Leben.

In den alten Dōjō befindet sich an der vorderen Wand ein Schrein, der symbolisiert, daß das Dōjō den höheren Werten und Tugenden des Weges gewidmet ist und nicht allein der körperlichen Übung. Die vordere Wand des Dōjō nennt man *Shōmen* (vordere Seite), und dies ist der Ort der Ehre. In vielen traditionellen Dōjō hängt dort ein Bild des Stilgründers. Im Shintoismus ist Shōmen eine Art Altar, den man «Shinzen» (Ort Gottes) oder «Kamiza» (Sitz der Götter) nennt. Die Lehrer sitzen im Dōjō immer auf der linken Seite des Shōmen (*Jōseki*, obere Seite), während die Schüler in absteigender Rangordnung auf der entgegengesetzten Seite (*Shimoseki*, untere Seite) sitzen. Die dem Shōmen gegenüberliegende Seite nennt man *Shimosa* (Eingangsseite des Dōjō).

Das optische Erscheinungsbild eines Dōjō spiegelt die Qualität der Übung wider, die in ihm betrieben wird. Deshalb gehört das Reinigen des Dōjō (Sōji) nach alter Tradition zur Budō-Etikette und ist eine wichtige Pflicht für alle Übenden. Es stammt aus dem Zen, in dem die körperliche Arbeit (Samu) der Mönche eine Übung zur rechten Haltung war. Dabei war es wichtig, selbst die kleinsten alltäglichen Pflichten mit konzentrierter Aufmerksamkeit zu verrichten. In demselben Sinn wird es in den Kampfkünsten verwendet. Der Übende, der sich mit Hingabe der Pflege seines Dōjō widmet, reinigt auch seinen Geist. Es ist eine Übung der Achtung, des Respekts und der Demut und als solche keine Arbeit, sondern eine geistige Disziplin.

In einem traditionellen Dōjō sind die Verhaltens- und Umgangsformen aller Übenden in einem System geregelt, das aus der Dōjōkun abgeleitet ist. In einem guten Dōjō entsprechen die Regeln der Dōjōkun immer den Lernmaßstäben und Prinzipien des Weges. Ein fortgeschrittener Schüler der Kampfkünste unterscheidet sich von einem Anfänger dadurch, daß er den

Sinn dieser Regeln wirklich verstanden hat, während der Anfänger dazu angehalten werden muß, sie einfach zu befolgen.

## Der weiße Gi

In den meisten Budō-Künsten ist es üblich, in einer speziell dafür gedachten Kleidung (Kimono) zu üben. Diese besteht aus einer Jacke (Uwagi) und Hosen (Zubon), die aus weißer Baumwolle gefertigt sind, sowie einem Gürtel (Obi), dessen Farbe den Fortschrittsgrad des Übenden kennzeichnet.

Auf Okinawa, dem Ursprungsland des Karate, trug man zur Übung eine spezielle, einem Hosenrock vergleichbare Form des Kimonos, um größere Bewegungsfreiheit zu haben. Diese Kleidung ist von dem japanischen Hakama zu unterscheiden, der auf Okinawa nie getragen wurde, aber noch heute in vielen japanischen Budō-Künsten (Kendō, Aikidō, Kyūdō usw.) üblich ist.

Im mittelalterlichen Japan bestand die Gesellschaft aus verschiedenen Klassen, die sich entsprechend ihrem Status kleideten. Den höchsten Rang besaßen die Samurai (Shi), gefolgt von den Bauern (Nō), den Handwerkern (Kō) und schließlich den Kaufleuten (Shō). Als Meister Funakoshi von Okinawa nach Japan kam, war eine seiner ersten Maßnahmen die Abschaffung der Klassenunterschiede im Dōjō. Unabhängig von ihrem jeweiligen sozialen Rang sollte es in der Übung für alle Menschen gleiche Voraussetzungen geben. Deshalb entwarf er ein Kleidungsstück, das eine Kombination aus dem bereits bekannten Jūdōgi und dem traditionellen japanischen Hakama war und das im Karate auch heute noch getragen wird. Damit hob er die bislang streng beachteten Grenzen zwischen den sozialen Schichten Japans auf und etablierte durch das Gürtelrangsystem (Kyūdan) mehrere auf Fortschritt in den Kampfkünsten abgestimmte Niveaus.

In Japan und in China sollen sich die früheren Mönche, die die Kampfkünste übten, zu diesem Zweck immer bis auf das Untergewand ausgezogen haben. Keiner von ihnen sollte sich durch seine Kleidung vom anderen unterscheiden. Nur das Verhalten und die Techniken der Übenden sind in den Kampfkünsten maßgebend für den Unterschied zwischen den einzelnen.

Die weiße Farbe des Karategi ist auch heute noch ein Symbol für Reinheit (Makoto) und hat deshalb eine besondere Bedeutung. In einem Dōjō sind alle Menschen gleich, unabhängig von ihrer gesellschaftlichen Stellung. Jeder bemüht sich darum, die rechte Haltung zu erreichen und durch sie Fortschritte zu machen. Daher sollte ein Karategi nicht durch alle möglichen Abzeichen und Aufnäher verunstaltet werden.

Das Gürtelrangsystem (Kyūdan) wurde von dem früheren Rangsystem der Mönche abgeleitet, das diese durch das Kesa (Schärpe) kennzeichnete, das sie um den Hals trugen. Es ist in zwei Stufen aufgeteilt: in die Stufe der Schüler (Mudansha), deren Gürtel entsprechend ihrem Rang (Kyū) farbig sind, und die Stufe der Meister (Yūdansha und Kodansha), die den schwarzen Gürtel (Dan) tragen.

Im Kobudō ist – wenigstens im Rahmen eines Dōjō – die Trainingskleidung die gleiche wie im Karate. Die Hose ist weiß, die Jacke kann jedoch auch schwarz sein, was der traditionellen okinawanischen Kleidung entspricht. Die Kampfkünste mit Ursprung auf Okinawa (Karate und Kobudō) übt man nicht im traditionellen japanischen Hakama, der ursprünglich ein Kleidungsstück der Samurai war und systematisch an die rein japanischen Kampfkünste angepaßt wurde.

## Reigi-Sahō – Die Etikette des Grußes

Der Begriff «Rei» leitet sich von «Keirei» (Gruß, Verbeugung) und «Reigi» (Etikette, Höflichkeit, Verhalten) ab und ist in allen Budō-Künsten von erstrangiger Bedeutung. Rei ist ein Ausdruck der Höflichkeit, des Respekts und der Aufrichtigkeit. «Ohne Höflichkeit geht der Wert des Karate verloren», sagte Meister Funakoshi.

Es gibt mehrere Arten des Grußes. Allgemein unterscheidet

man zwischen dem Gruß im Stehen (Ritsu-rei) und dem Gruß im Sitzen (Za-rei). Je nachdem, welchem Zweck der Gruß dient, gibt es folgende Arten:

*Formen des Grußes*

- SHŌMEN NI REI – Verbeugung zur Vorderseite
- SENSEI NI REI – Verbeugung zum Meister
- SHIHAN NI REI – Verbeugung zum Großmeister
- OTAGAI NI REI – Verbeugung zueinander
- SEMPAI NI REI – Verbeugung zum Senior (Älteren)
- ZA-REI – Gruß im Sitzen
- RITSU-REI – Gruß im Stehen

Der traditionelle Gruß im Budō beruht auf dem Respekt vor den Vorfahren (Yamato-damashi) und den Göttern (Kami). Der Krieger, der sich vor Kamiza (Altar) verbeugte, übte sich in der Achtung gegenüber etwas, das höher war als er selbst. Dieselbe Bedeutung hat der Gruß am Anfang und am Ende jeder Kata. Diese Unterordnung unter das Höhere ist wichtig für den Geist des Budō. Sie entwickelt die Demut in der generellen Haltung gegenüber dem Leben. Es ist der erste Schritt auf dem Weg zur Geistigkeit des Budō: Der erste Kampf, den es zu gewinnen gilt, ist der gegen sich selbst.

Deshalb muß man sich immer verbeugen, wenn man das Dōjō betritt oder verläßt. Man muß sein Ich vor der Tür zurücklassen. In einer solchen Atmosphäre kann man am besten lernen. Mit jener Haltung, mit der man heute in einen Verein geht und Sport treibt, kann man das nicht verstehen. Dies tut man, um sich zu entspannen, den Körper zu ertüchtigen oder Menschen kennenzulernen. Dort überspielt man die Probleme des Alltags. In einem Dōjō sieht man ihnen ins Gesicht, man lernt, sie anzunehmen und mit ihnen umzugehen. Das, was man in einem Dōjō lernt, hilft, den Alltag zu bewältigen.

Das Wort ist in der Welt ein Instrument der gegenseitigen Verständigung. Im Dōjō jedoch muß man darauf verzichten.

Man kommuniziert durch die Haltung. In konzentrierter Stille vermittelt der Lehrer sein Wissen. Dies nimmt der gute Schüler mit einer Verbeugung an. Er versucht, durch die Haltung zu verstehen. Sein Geist muß dabei ruhig und konzentriert bleiben. Die vollkommene Stille läßt ein Verstehen zu, das das Verstehen des Intellekts übersteigt. Sie verändert den Geist, das Verhalten, die Aufnahmefähigkeit und die Konzentration. Sie überwindet die Hektik, den Streß, die endlose Aktivität und macht den Menschen ruhig, offen für Empfindungen und zugänglich für Erfahrungen. Dieser Geist liegt in jedem Menschen und kann durch Bekenntnis geweckt werden. Der Gruß ist dazu ein gutes Mittel.

Im Dōjō muß man seine eigene innere Stille finden und sollte aufhören, über das Warum und das Wie nachzudenken. Wenn sich solche selbstbezogenen Gedanken in die Übung einmischen, verderben sie die innere Haltung. Das Dōjō ist ein Ort der Selbstperfektion. Der wichtigste Kampf, der in ihm stattfindet, ist der gegen das eigene Ich. Erst danach kann ein Schüler verstehen, welches der Weg des Budō ist.

Ein japanischer Meister, der nach dem Unterschied zwischen dem traditionellen und dem europäischen Unterricht gefragt wurde, antwortete: «Wenn ich zu einem Schüler in Japan sage: ‹Tu›, dann tut er. Wenn ich im Westen zu einem Schüler sage: ‹Tu›, dann fragt er: ‹Warum›?»

Eine unumgängliche Übung in den Kampfkünsten ist *Mokusō*, die schweigende Meditation, die zu Beginn und zu Ende jeder Übungsstunde stattfindet. Nachdem sich alle Übenden in Reihen aufgestellt haben, gibt der Lehrer das Kommando *Seiza*, und alle setzen sich hin zur stillen Meditation. Es ist von größter Bedeutung, daß die Meditation so lange dauert, bis die Schüler der Kampfkünste sich durch ihre Konzentration auf die Atmung in Einklang miteinander gebracht haben.

Die Meditation am Anfang und am Ende jeder Übungsstunde ist ein entscheidender Faktor im Fortschritt der Übenden auf dem Weg.

Der Begriff Mokusō ist abgeleitet von «Mokushō-Zen»,

was wörtlich «das Zen der schweigenden Erleuchtung» heißt. Der Ausdruck wurde von dem chinesischen Zen-Meister Hung-chih Cheng-chüeh (jap. Wanshi Shōgaku, 1091–1157) geprägt, um die in der Sōtō-Schule bevorzugte Weise der meditativen Praxis vom «Zen der Betrachtung der Worte» (Kanna-Zen) zu unterscheiden, das in der Rinzai-Schule geübt wird. Im Mokushō-Zen gibt es keine Hilfsmittel, sondern nur das schweigende Sitzen.

Mit Seiza bezeichnet man die Form des Sitzens auf den Fersen zum Zwecke der Meditation. Seiza, neben dem Lotos-Sitz, dem halben Lotos-Sitz und Agura, die wichtigste und verbreitetste Form des Sitzens im Zazen, wurde von dem japanischen Meister Okada Torajiro in den ersten zwei Jahrzehnten unseres Jahrhunderts entwickelt und gelehrt:

> Ein Wissen vom Wesen der Welt kann nicht durch schlußfolgerndes Nachdenken gewonnen werden. Wenn man in jener wahren Erkenntnis zu «schauen» vermag, die aus der Mitte aufsteigt, dann wird man verstehen, welchen Sinn letztlich alle Erscheinungen der Welt haben. Heutzutage ist der Weg der Erziehung wie der Weg des Lernens falsch. Das Geschriebene ist nicht die wahre Erkenntnis. Bücher sind immer «Übersetzungen». Das Original ist das aus seiner Natur heraus Seiende.
>
> Nie habe ich darüber nachgedacht, im Kopf zu behalten, was ich gelesen. Wenn ich die Bibel oder buddhistische Bücher und Gebete nur «lese», so finde ich nur Dinge, die mit meinen *Gedanken* übereinstimmen. Wenn du lernst und blaß aussiehst und nicht anfängst, etwas gern zu essen, was du zuvor nicht mochtest, dann ist das Lernen nutzlos gewesen. So ein Lernen ist gut zum Sterben, aber nicht zum Leben. Eigne dir ein wahres Lernen an, und du lebst fortan glücklich.
>
> Sieh zu, so wenig wie möglich belehrt zu werden. Wenn du «sitzest», wirst du ganz von alleine verstehen
>
> (Okada Torajiro).

In Seiza sitzt man auf den Fersen (man kann auch eine Sitzbank oder ein Sitzkissen verwenden), die Knie sind auf eine natürliche Weise geöffnet, so daß sie ein Dreieck bilden. Zu weit geöffnete Knie erzeugen zu großen Druck auf die Stützflächen und gelten außerdem als schlechte Etikette. Zu enge Knie verringern die Sitzfestigkeit.

Für die Hände gibt es mehrere Haltungen. Im Zen sollten sie sich in «Hōin» befinden, die Hände liegen, die Handflächen nach oben, ineinander, und die Daumenspitzen berühren sich. In den Kampfkünsten kann man die Hände zu Fäusten ballen und sie mit der Fausthammerseite auf die Oberschenkel legen oder geöffnet auf den Oberschenkeln ruhen lassen.

Beim Sitzen wird das Körpergewicht am besten durch ein Dreieck als Basis getragen. Aus dieser Basis heraus erwächst der obere Körper aufrecht, völlig entspannt und in vollkommenem Gleichgewicht. Dazu muß der Übende seine Wirbelsäule korrekt ausrichten, denn eine gerade Haltung ist die Voraussetzung für eine gute Atmung.

Gerade Haltung bedeutet nicht «Rücken gerade, Brust, raus». Man muß der Wirbelsäule erlauben, sich in einer natürlichen Position zu strecken, so daß es nirgendwo einen Druck, eine Verspannung oder einen Zwang gibt. Jedes Rückgrat hat seine eigene natürliche Form, und diese sollte der Übende bei sich selbst finden. Eine erzwungene Haltung erlaubt weder einen guten Atemfluß noch einen guten Energiefluß.

Das Becken sollte leicht nach vorn geneigt sein. Wenn die Basishaltung stimmt, kommt es im menschlichen Körper zu zwei wichtigen Vorgängen:

- Die Wirbel richten sich von selbst, einer nach dem anderen, bis nach oben hin aus, vorausgesetzt es gibt keine angeborenen Verkrümmungen.
- Die inneren Organe nehmen ihren natürlichen Platz ein und bringen sich selbst in die richtige Lage. Durch diese rechte innere Anordnung erst ist der Übende fähig, richtig zu atmen.

Im Zen sagen die Meister oft «Chin-in». Das bedeutet, daß die Schüler ihr Kinn ein wenig anziehen und sich vorstellen sollen, daß sie die Decke des Raumes mit der Oberseite des Kopfes stützen. Wenn man dies übt, hat man den Eindruck, daß sich das Rückgrat nach oben verlängert. Meister Kanazawa empfiehlt diese Zen-Praktik bei der Ausführung jeder Karate-Technik. Diese Haltung erlaubt die völlige Befreiung von allen inneren Energieblockaden und wirkt sich positiv aus auf die Stimulation der Vitalpunkte.

Das einfache Sitzen in Zazen kann einem Anfänger sehr schwerfallen. Manche Schüler können sich nicht gerade machen, andere können sich nicht entspannen, und wieder andere können die Schultern nicht parallel halten. Unzählige Probleme können auftauchen. Der Übende kann seinen Körper nicht vom Einfluß des bewußten Denkens befreien, das ihn total verspannt, und je mehr er es versucht, um so schlimmer wird es. Es dauert eine ganze Weile, bis ein Anfänger es lernt, überhaupt nur «einfach und gerade dazusitzen». Es gibt heute so gut wie keinen ungeübten Menschen, der das auf Anhieb kann. Verspannungen tauchen auf, der Atem stockt, und es scheint unmöglich, in dieser Position länger zu verharren. Das einfache Sitzen macht Probleme unseres streßerfüllten Alltags deutlich.

Für Ungeübte ist es schwierig, zehn Minuten lang in Mokusō zu sitzen. Die Knie und die Fußgelenke beginnen zu schmerzen, und der Beckenbereich wird sich verspannen. Es ist jedoch nicht nötig, unbedingt die Seiza-Position zu wählen. Man kann in allen anderen Stellungen, wenn man die Prinzipien der Haltung, der Spannung und der Atmung beachtet, ebensogut sitzen. Kampfkunstübende, die es gewohnt sind, in Seiza zu sitzen, können dazu eine Seiza-Bank oder die Kombination von Zabuton (Sitzdecke) und Zafu (Sitzkissen) benutzen. Dies macht nicht nur das Sitzen angenehmer, sondern erhöht den Körper etwas und verringert dadurch den Druck auf die Knie, wodurch die Lendenwirbelgegend nicht so leicht zusammensackt.

Durch die Meditation verändert sich alles. Der Geist gewöhnt sich an einen normalen ruhigen Zustand, die Gestik verliert an Hektik, und alle Gebärden erhalten einen anderen Ausdruck. Der Übende gewinnt zunehmend auch in der alltäglichen Haltung an ruhiger, gelassener Ausstrahlung. Doch das Entscheidende dabei ist, daß von innen heraus neue Kräfte wachsen. Ungeübte Menschen können keinen Augenblick vollkommen still dasitzen. Der Blick ist unruhig, die Hände bewegen sich ständig, die Beine suchen andauernd nach einer anderen Position. Der Körper lehnt sich mal nach links, dann nach rechts, sie rutschen auf dem Stuhl nach vorn, dann nach hinten und können sich aus eigener Kraft nicht aufrecht halten. Sie vergeuden ihre gesamte Vitalität in ununterbrochener Bewegung, die nichts weiter ist als ein Ausdruck ihrer inneren Unruhe. Die Art, wie sie dasitzen, sich bewegen oder sprechen, macht das deutlich. Wenn man in einem ganz normalen Gespräch einfach nur versucht, sich auf die aufrechte Haltung des Oberkörpers zu konzentrieren, gleichmäßig zu atmen und die Hände entspannt ruhig zu halten, entdeckt man schnell den Unterschied. Durch die Rastlosigkeit des Geistes gibt man sich preis und verliert alle Kraft, während durch die Konzentration nach innen Vitalität entsteht.

Man sollte täglich üben, wenn auch nur wenige Minuten. Mit der Zeit entdeckt man ganz von selbst alle weiteren Schritte, die zu unternehmen sind. Anfänger sollten in völliger Stille üben. Fortgeschrittene können zur Meditation eine leise, beruhigende Musik verwenden (am besten mit Shakuhachi, der japanischen Holzflöte). Es ist gut, wenn man in einem Dōjō übt, da ein Dōjō eine gemäßigte und ruhige Atmosphäre besitzt. Vor und nach der Meditation soll man sich verbeugen. Orte, die eine negative Ausstrahlung besitzen, sollte man für die Meditation meiden.

*Shōmen ni rei* wird zu Anfang und zu Ende der Übungsstunde ausgeführt. Dabei grüßen Lehrer und Schüler nach der Meditation in Seiza zur vorderen Wand des Dōjō (Shōmen) hin. Die Bedeutung dieser Grußform besteht in dem philosophischen Prinzip, daß der Mensch, ehe er sich den weltlichen Dingen widmet, sich etwas zuwenden muß, das größer und bedeutender ist als er. Im Falle des Budō ist es das Ideal, das in der Beziehung zum Dōjō, zum Ewigen Meister und zur Kunst besteht. Aus diesem Grund befindet sich an der Shōmen-Seite des Dōjō zumeist das Bild eines früheren Großmeisters.

Sich etwas hinzugeben und es als größer anzuerkennen als das eigene Ich, erzieht zu der für die Kampfkünste wichtigen rechten Haltung gegenüber dem Leben. Dabei ist es nicht von Bedeutung, ob dies das Ideal, das Universum oder ein Gott ist. Das erste Geheimnis des Budō besteht im Glauben an irgend etwas, das dem Ich seine Grenzen aufzeigt und den Weg zur Reife öffnet. In jeder anderen Absicht ist die Übung der Kampfkünste menschenunwürdig und wirkt dem Leben entgegen.

*Sensei ni rei* bezeichnet den Gruß zum Meister hin, zu dem, der das Bindeglied ist in der Kette der Überlieferungen. Die Bezeichnung Sensei steht nicht automatisch jedem, der die Kampfkünste unterrichtet, zu. Sie gebührt nur einem Menschen, der sein Leben ohne Rückhalt der Suche nach dem Weg gewidmet hat. Der Schüler grüßt ihn jedoch nicht als den Menschen, der er ist, sondern als Prinzip des Ewigen Meisters. Auch dieser Gruß ist Teil der Unterwerfung unter das Ideal. Der Sensei steht als Mensch nicht höher als der Schüler. Doch als Träger des Ideals, als Mittler zwischen Himmel und Erde, grüßt der Schüler ihn im Zeichen seines Respekts vor dem Höheren. Er unterwirft sich dem Ideal und erlaubt durch seine Demut seinem eigenen Inneren Meister zu wachsen.

Dieselbe Bedeutung haben die Grußformen *Sempai ni rei* und *Shihan ni rei*. Sempai ni rei ist der Gruß zum Älteren, der die Schüler in demselben Auftrag unterrichtet wie der Sensei. Auch er wird als Prinzip geachtet, als Bindeglied zum Höheren. Keinem Niederen ist es gestattet, die persönliche Meinung über die Unterwerfung unter das Ideal zu stellen. Auf dem gleichen Prinzip beruht der Gruß des Niedergraduierten gegenüber jedem Höhergraduierten.

Shihan (oder Hanshi) hingegen bezeichnet eine Budō-Graduierung aus der Ri-Stufe des Weges. Diese hoch verehrten Meister stehen außerhalb der Unterrichtspyramide und befinden sich nur zu besonderen Anlässen zusammen mit den Schülern in einem Dōjō. Nur sehr selten hat ein Dōjō die Ehre, einen wirklichen Shihan begrüßen zu dürfen.

*Otagai ni rei* ist der dritte Gruß, den man im Training verwendet. Er wird im Stehen (Ritsu-rei) ausgeführt und nicht immer mit der vollständigen Bezeichnung angesagt. Otagai symbolisiert die Einheit, das Ganze und bezieht sich auf das intakte Miteinander, das nötig ist, um die Harmonie des Ganzen aufrechtzuerhalten. Daher bezeichnet Otagai ni rei den Gruß der Übenden untereinander und drückt den grundlegenden Respekt aus, den ein Mensch dem anderen schuldet. Er wird als dritter Gruß zu Anfang des Trainings verwendet, vor und nach den Kombinations- und Partnerübungen, als Dank für die Hilfe eines Mitübenden oder zur höflichen Begrüßung von Gästen, die im hauseigenen Dōjō üben.

In den Kampfkünsten bildet Rei den Mittelpunkt der Verhaltensetikette. Rei bekundet den Willen zum Erreichen einer Harmonie, die auf gegenseitigem Vertrauen, Respekt und Loyalität beruht. Gleichzeitig bedeutet Rei das Versprechen, seine eigenen inneren Probleme zu überwinden, die Gegenseitigkeit verhindern. Dieses Versprechen wird durch die Silbe «Osu» (Oss) unterstrichen, die manchmal zusammen mit Rei verwendet wird.

In den traditionellen Weglehren wurde früher einem Anfänger ein solches Versprechen als Gelübde abverlangt, da die Lehrer wußten, daß der Fortschritt des Übenden an mangelnder innerer Kontrolle scheitern kann. Dieses Versprechen bezog sich auf die sogenannten «weltlichen Sorgen» (Bonnō), die jeder Mensch mit sich herumträgt. Gemeint waren damit die Begierden, die unzähligen Formen des Egoismus und die psychischen Probleme, die im Innern eines Ungeübten existieren und den Anspruch auf Unantastbarkeit erheben. Bonnō entsteht, wenn ein Mensch seinen inneren Problemen zum Opfer fällt und sich durch Selbstsucht, Egoismus oder Beleidigtsein den Weg zum Fortschritt verbaut. Rei und Osu sollen an dieses Versprechen erinnern und dem Übenden helfen, solche Barrikaden zu überwinden.

*Reigi-sahō* ist der Kodex des Rei. Es ist die Art und Weise, wie die Philosophie des Rei in den alltäglichen Situationen angewendet wird. Reigi-sahō umfaßt alle Aspekte des alltäglichen Miteinander-Umgehens und wurzelt in der Verhaltensübung im Dōjō. Diese Etikette ist ein Anlaß zum Nachdenken für jeden Übenden, wie er sich im alltäglichen Leben anderen Menschen und Situationen gegenüber verhalten sollte, und nicht bloß ein formelles Ritual. Sie ist die Seele der Kampfkunst, und wenn sie verlorengeht, geht auch der Wert der Kampfkunst verloren.

Was Reigi-sahō fürs Leben bedeutet, kann nicht beschrieben werden, da es dabei um das persönliche Verhalten eines Menschen in den verschiedensten Situationen geht. In einem Dōjō gibt es nur einige wenige Grundsätze, die als Anregungen zum Nachdenken dienen. So zum Beispiel ist zu bedenken, daß ein Dōjō nur durch die Achtung seiner Übenden zu einem besonderen Ort wird. Das Dōjō selbst ist ohne diese Achtung ein Raum wie jeder andere. Erst durch den Geist der Schüler, die in ihm üben, wird es zu etwas Besonderem. Deshalb muß jeder zu dieser Atmosphäre beitragen und sollte nicht erwarten, daß dies nur die anderen tun. Allein schon durch diese egoistische Denkweise verletzt er die Dōjō-Atmosphäre und die ehrliche Beziehung zu seinen Mitübenden. Alle Schüler bezahlen in einem modernen Dōjō Beiträge, doch damit kann ein Dōjō des Weges nicht existieren. Eine wahre Dōjō-Beziehung verpflichtet jeden Übenden zur gemeinsamen Verantwortung, denn es ist ein Ort der Selbstperfektion und nicht bloß ein Übungsraum.

Eine weitere wichtige Regel der Dōjō-Verhaltensetikette ist, daß sich alle Übenden an den Säuberungsaktionen im Dōjō beteiligen. Ein solcher Ort kann von niemandem außer von den Übenden selbst gereinigt werden. Dabei wird keine Ausnahme gemacht. Dies ist ein Ausdruck von Reigi-sahō, der verdeutlicht, daß ein Kampfkunstübender sein Ich besiegen und sich in den Dienst eines Höheren stellen kann. Egal, was der Übende «draußen» tut – ob er hohe Ämter oder Funktionen innehat –, in seinem Dōjō reinigt er zusammen mit allen anderen den Raum. Das ist Reigi-sahō und gleichzeitig jenes Phänomen, das die Kampfkünste von der isolierenden und entfremdenden Atmosphäre des gesellschaftlichen Lebens unterscheidet.

In jedem Dōjō gibt es Graduierungen, die den Fortschritt eines Übenden anzeigen. Dies ist jedoch kein stellvertretendes Kastensystem, sondern einfach nur ein äußerer Ausdruck einer bereits gemachten Erfahrung in der Übung. Der Respekt und die Höflichkeit gegenüber Höhergraduierten sind keine Unterwerfung, sondern ein freiwilliges Zugeständnis an einen Menschen, den man um Hilfe bei der Verwirklichung der eigenen Ziele bittet. Dieses Zugeständnis basiert auf dem Respekt, den man sich selbst schuldet. Übende, die nicht in der Lage sind, solche Hilfe mit Dank anzunehmen und mit Achtung auszugleichen, verlieren ihren Anspruch auf Unterricht und gehören nicht in ein Dōjō. Sie glauben, daß Fortgeschrittene für sie da sein müssen, und vergessen die Regeln des «Bitte» und «Danke». Ohne diese Regeln sind die menschlichen Beziehungen in einem Dōjō jedoch zerrissen, unehrlich und einseitig. Anfänger werden sich für die Hilfe der Fortgeschrittenen immer dankbar erweisen müssen, und wenn sie es vergessen, werden sie keinen Fortschritt erleben. Überheblichkeit verhindert jede ehrliche Beziehung, jede Möglichkeit zu einer offenen Kommunikation und am Ende jeden Fortschritt.

Nicht zuletzt ist Reigi-sahō ein Anlaß zum Überdenken aller alltäglichen Handlungen. Menschen ohne Sahō folgen ihren Launen und schädigen durch die scheinbar harmlose, ständige Erfüllung ihrer anspruchsvollen Wünsche die Lebensgrundlagen auf der Welt. Nicht nur Egoismus, sondern auch gedankenloses Handeln bedingt diese Zustände. Sahō zwingt zum Nachdenken, zum Überlegen, ob das von der Welt Geforderte im rechten Verhältnis zum Leben steht.

Beim Grüßen im Dōjō ist es wichtig, daß man seinen Geist

konzentriert und sich frei macht von negativen Gedanken. Sich beim Gruß überhaupt nichts zu denken, ist ebenso falsch wie nicht zu grüßen. Hier geht es nicht um die Form, sondern um ein Zeugnis ehrlichen Respekts vor sich selbst, vor dem anderen und vor der Kunst. Unkonzentriert zu grüßen, ist eine Verletzung der Dōjō-Etikette. Die rechte Konzentration beim Grüßen hilft beim Nachdenken über die rechte Haltung.

Den richtigen Gruß in den Kampfkünsten zu lernen, trägt viel dazu bei, den Übenden in seiner alltäglichen Haltung freier und achtungsvoller zu machen. Dies ist einer der Gründe, warum die Dōjō-Etikette so wichtig ist. Wir leben in einem Zeitalter des Mißbrauchs von Macht, von Überfluß und Reichtum. Dies verdirbt Menschen und macht sie überheblich, manche oberflächlich und größenwahnsinnig. Das führt dazu, daß viele Menschen seelisch leiden und sich aus Verblendung selbst zerstören. In unserer Zeit sind viele jener Tugenden, die den Menschen zum Menschen machen, vergessen und durch legale Unarten ersetzt worden. Menschen, die das Leben auf diese Weise verstehen, können nicht in einem Dōjō üben. Die Grundlagen jeder Dōjō-Kunst sind Besinnung, Genügsamkeit und Demut.

Um das zu verstehen, reicht es nicht, die Kampfkunstphilosophie zu studieren. Der Weg des Budō besteht darin, sie zu üben. Wenn sich ein Anfänger vor einem Fortgeschrittenen verbeugt, lernt er, sein Ego zu kontrollieren. Dieses Ich, dem die meisten Menschen dienen, besteht aus Wünschen, Vorstellungen und Eindrücken, die in die Abhängigkeit führen. Indem man sich stillschweigend verbeugt, muß man sie überwinden. In den Kampfkünsten kann man durch wahre Selbsterkenntnis ein anderes Ich finden lernen. Das Dōjō ist ein Ort, wo sich Menschen treffen, die dasselbe wollen. Deshalb ist die Atmosphäre in ihm so wichtig. Wird sie durch Unachtsamkeit verletzt, wird der Geist des Budō in ihm nicht leben können.

Die früheren Meister wußten, daß ein Mensch sein Wesen nicht allein dadurch verändert, daß er ein Dōjō betritt. Deshalb lehrten sie nicht nur Technik, sondern setzten die Kampfkunstetikette an die erste Stelle. Mit ihr und durch die jahrelange Wiederholung der Grundlagen lernten die Schüler bescheiden zu sein und ihr Streben auszurichten. Die Haltung der Schüler und die Atmosphäre im Dōjō ist das gleiche. Sie ist vom Lehrer geprägt und wird von den Schülern getragen. Ein Dōjō zieht nur solche Menschen an, die zu ihm passen. Wenn der Lehrer keinen Charakter hat, haben auch seine Schüler keinen Charakter.

Der Geist des Budō entsteht nicht von selbst. Er wird durch die Haltung des Lehrers begründet und im ständigen Kampf der Schüler erhalten. Die Fortgeschrittenen eines Dōjō tragen hierfür die größte Verantwortung. Ihre alltägliche Haltung ist das Beispiel, an dem sich alle Anfänger orientieren. Wenn ein Fortgeschrittener nicht auf seine Haltung achtet, wird er zur Gefahr für die ganze Gemeinschaft. Das negative Beispiel eines Fortgeschrittenen kann in den Anfängergruppen schlimme Folgen haben. Es gibt eine Geschichte, die dies verdeutlicht:

«Warum hast du einen so wackligen Gang?» fragte die Krabbe ihren Sohn. «Du mußt lernen, gerade zu gehen.»
«Zeig mir den festen Gang, Mutter», antwortete der Sohn. «Wenn ich ihn sehe, kann ich ihn lernen.»

Das Beispiel für die rechte Haltung, das die Fortgeschrittenen den Anfängern geben, ist besser als die Regel. Anfänger können die Regel achten, doch verstehen werden sie sie erst durch das Beispiel. Der Weg des Budō wird immer ein Abbild dieses Beispiels sein und sein Wert so groß, wie der der Menschen, die ihm folgen.

# III  DIE ÜBUNGSINHALTE DES BUDŌ

# 8 BUDŌ – BEGRIFF UND BEDEUTUNG

> Studierende und Studierte aller Art und jeden Alters gehen in der Regel nur auf KUNDE aus und nicht auf EINSICHT. Sie setzen ihre Ehre daran, von allem Kunde zu haben, von allen Steinen oder Pflanzen, oder Bataillen oder Krankheiten, samt und sonders von allen Büchern. Daß die KUNDE ein bloßes MITTEL zur EINSICHT ist, fällt ihnen nicht ein, ist hingegen die Denkungsart, die den philosophischen Kopf unterscheidet und charakterisiert.
>
> *Arthur Schopenhauer*

Budō ist ein Oberbegriff für die Kampfkunstmethoden, die unter dem Aspekt des Weges (Dō) aus dem Bujutsu (Technik des Kriegers) hervorgegangen sind. Als tödliche Kampfmethoden haben sich die Techniken des Bujutsu über Jahrhunderte hinweg entwickelt, doch erst durch ihre Verbindung zur Zen-Philosophie (Anfang des 17. Jahrhunderts) erhielten sie einen ethischen Gehalt und konnten so zum Budō («Weg des Kriegers») werden.

Die Übung des Weges bringt zwei dem menschlichen Leben innewohnende Tendenzen ans Licht: den aus der Bewußtwerdung resultierenden Drang zur individuellen Entwicklung einerseits und die im Wesen des Menschen angelegte Aufforderung zur Anpassung und Unterordnung unter die natürlichen Mächte andererseits. Die Disharmonie dieser Extreme bedeutet eine existentielle Bedrohung. Die Übung des Weges schafft die innere Voraussetzung für eine Verfassung, die Leben in Harmonie mit beiden Aspekten ermöglicht. Sie verdeutlicht und löst die in den Mittelpunkt des modernen Lebens rückenden überlebensbedrohenden Probleme des individualistisch nur in eine Richtung wachsenden Menschen. Sie läßt den einzelnen durch Selbstbetrachtung die beiden Extreme seiner Bestimmung erkennen, zwischen denen sein Leben sich abspielt: *Streben* und *Achten*.

Die Existenz dieser Pole im Menschen war den alten Meistern bewußt, deren Ziel es war, sich durch die Übung der Kampfkünste von der grundlegenden *Angst vor dem Tod* zu befreien. Sie erkannten auch, daß das Töten, wie es im alten Bujutsu gelehrt wurde, dieses Problem nicht zu lösen vermochte, und so fanden sie in der angewandten Philosophie des *Zen* das Mittel, ihr Ziel zu erreichen. Sie beendeten den Kampf gegen ihre Gegner und richteten ihn gegen das eigene Ich. Dadurch schafften sie den Ausgleich zwischen individuellem Lebensanspruch und natürlicher Lebensbedingung. Darin besteht auch heute noch der große Wert des Budō.

Indem die Meister dieselben Methoden, die sie gegen ihre Gegner anwendeten, gegen sich selbst richteten, entstand aus einer tödlichen Kampfkunst eine Kunst des Lebens. Die harte Übung wurde zum Mittel, die körperlichen und geistigen Grenzen herauszufinden und das im Menschen angelegte Streben auf die Vervollkommnung seiner inneren Fähigkeiten zu richten. Die Übung des Budō kann unter Aufsicht eines Meisters und unter Beachtung der entsprechenden Gesetzmäßigkeiten den Menschen in Harmonie mit sich selbst und der Welt bringen. Durch die Überwindung des Ich, die als die wichtigste Voraussetzung für den Weg gilt, kann er in der Übung lernen, sich selbst zu erkennen und als Mensch zu verwirklichen. Lehnt der Übende diese Bedingung jedoch ab und sucht statt dessen die bloße Formperfektion, wird er den Weg nicht erkennen.

Disziplinierte Arbeit an sich selbst muß von einem Lehrer gelenkt werden und darf nicht der Beurteilung des Übenden überlassen sein, weil der Schüler durch sein Ich denkt. Nur unter der Anleitung eines Meisters kann er den Weg finden, nur im Vertrauen zu ihm kann er wachsen. Den Weg des Budō zu suchen bedeutet, eine neue Erfahrung in sich zuzulassen, die mit dem logischen Verstand nicht zu fassen ist.

Ein europäischer Universitätsprofessor bat einen japanischen Meister, ihm etwas über die Weglehre zu vermitteln. Der Meister empfing den Professor und bot ihm eine Tasse Tee an. Er goß die Tasse seines Besuchers voll und hörte nicht auf, weiterzugießen. Der Professor beobachtete das Überlaufen der Tasse eine Weile, doch dann, empört über das Verhalten seines Gastgebers, rief er: «Die Tasse ist voll! Es geht nichts mehr hinein!»
Der Meister hörte auf zu gießen und sprach: «Wie diese Tasse sind Ihre Gedanken voll von Vorstellungen, von Meinungen und von Wissen. Wie wollen Sie den Weg verstehen, bevor Sie Ihre Tasse geleert haben?»

Der Budō-Wege gibt es viele in Asien, doch sie haben alle das gleiche Ziel: Sie lehren den Menschen, seine eigenen inneren Zusammenhänge zu verstehen und sich durch Übung zu vervollkommnen. Jeder einzelne dieser Wege hat seine eigene Technik (Waza) entwickelt und hält den Menschen dazu an, seinen Geist (Shin) und seine vitale Kraft (Ki) zu entwickeln. Die Übung in diesem Sinne nennt man Geiko. In einer solchen Übung gibt es drei wichtige Komponenten, die nur im Gleichgewicht zueinander Fortschritt gewähren: *Waza*, die Übung der Form, *Shin*, die Übung des Geistes, und *Ki*, die Übung der vitalen Energie.

Doch das Ziel jeder Wegübung ist immer der ganze Mensch. Daher wird jede Wegübung von einer Wegphilosophie begleitet, die weniger zum intellektuellen Studium als zur Verhaltensübung gedacht ist. Sie liegt dem Fortschritt auf dem Weg zugrunde und wird, je weiter der Übende vorankommt, in seinem Verhalten sichtbar. Die Wegphilosophie umfaßt *Dōjōkun* (Verhaltensregeln), *Shitei* (Lehrer/Schüler-Beziehung) und *Shu Ha Ri* (Fortschrittsabschnitte des Weges).

# 9 GEIKO – DIE ÜBUNG DES BUDŌ

«Geiko» (Keiko) bedeutet wörtlich übersetzt «nachdenken», «die Handlungen überdenken» und ist der japanische Begriff für «Übung». Doch Geiko bezieht sich nicht auf eine Übung, die auf technische Fertigkeiten zielt, sondern auf eine Übung, die das Ganzwerden des Menschen bezweckt. Ohne Nachdenken ist ein Mensch nicht in der Lage, das zu erkennen. Das, was Geiko besagt, wirklich zu verstehen und in einem ständigen Kampf um das Rechte in sich selbst zu vollziehen, ist eine der Grundlagen, auf denen in den Budō-Künsten die Entwicklung des Geistes (Shin) und die Kontrolle der Energie (Ki) aufgebaut werden können.

Im Gegensatz zu Geiko steht der Begriff «Renshū», den man im Budō mehr im Sinne von «Training» gebraucht. Renshū ist das Training der rein körperlichen Technik (Waza). In der Weglehre, die den Übenden dazu anhält, einen inneren Zustand von Gleichgewicht und Harmonie (Aiki) zu erreichen, durch den er Zugang zur vitalen Energie (Ki) erhält, wird dieser Begriff nicht gebraucht.

Geiko umfaßt daher alle Übungskomponenten der Weglehre: *Waza* (Technik), *Ki* (Energie) und *Shin* (Geist). Das Ziel dieser Übung ist es, Waza, Ki und Shin zur Einheit werden zu lassen, um die *rechte Handlung* zu verstehen. Das Ergebnis einer solchen Übung ist nicht nur das Beherrschen der körperlichen Kampfkunst, sondern vielmehr das ehrliche Nachdenken über die eigene Befindlichkeit im Leben. Ohne das Erreichen dieses Zustands der inneren Harmonie sind höhere Fortschrittsstufen im Budō nicht möglich. Der Weg des Budō besteht daher nicht nur aus der körperlichen Übung im Dōjō, sondern aus einem Kampf um die rechte Haltung.

Die Übung einer Form enthält die Möglichkeit verschiedener Wege und Ziele. Doch letztendlich wird ihr Inhalt immer von der inneren Haltung dessen bestimmt, der sie ausführt. Keine Form, auch nicht die Kampfkunst, hat einen Wert an sich, sondern ihr Wert hängt vom Geist dessen ab, der sie übt. Diese Überlegung ist eine Grundvoraussetzung zum Verständnis aller Übungsformen, die den Weg meinen.

Deshalb kann man nicht vom Sinn einer Übung sprechen, wenn man nur die Form betrachtet. Alles, was den Wert einer Form ausmacht, liegt im Menschen. Wird die Form mit humanen Inhalten gefüllt, entstehen Werte. Übung im Sinne des Budō heißt, nicht die Form, sondern den Menschen zu verwirklichen.

So erfüllt die Übung des Budō ihren Sinn nur in der Verbindung von technischer Perfektion und geistigem Fortschritt. Die Übung der Technik allein hat über die Körperertüchtigung hinaus keinen Wert, wenn der Weg fehlt. Budō ist kein Sport, in dem es darum geht, erreichte Fertigkeiten im Wettkampf zu messen, sondern es ist ein Weg der Besinnung auf menschliche Werte. Auf einem solchen Weg erfordert jeder technische Fortschritt ein Gegengewicht an menschlicher Vervollkommnung. Ein wirklicher Budōka nimmt diese Herausforderung an und sucht den Weg. Eine Übung, die den Weg verfehlt, verfehlt auch den Sinn des Lebens.

Denn gleich wie harmlos sie ist, sie lehnt die Verantwortung gegenüber dem Leben ab und fordert Freiheit ohne Maß. Dadurch beeinflußt sie das Gleichgewicht der übergeordneten Lebenszusammenhänge negativ und verhindert das zum Frieden und Überleben notwendige Bewußtsein. Übung – wertvolle Übung – will keine Rekorde, sondern den Menschen, der zur Vollkommenheit strebt. Ihr Sinn liegt nicht im Äußeren, sondern in der Bewußtwerdung des Menschen zum Leben – zu jenem Leben, in dem Bewußtsein als Aufgabe verankert ist und zum Wachsen strebt.

Wenn man über den Wert einer Übung spricht, kann man deshalb nicht die Form betrachten. Man muß über den Menschen sprechen, über seinen Standpunkt in der Welt, über sein Denken und Fühlen, über *seinen* Wert. Er allein ist der Mittelpunkt, denn mit der Perfektion seiner Form muß er wachsen und reifen. Wie er sich zwischen Verantwortung und Freiheit im Leben verwirklicht – davon hängt sein Wert ab und nicht vom Üben einer Form. Erst wenn er sich dieser Verantwortung bewußt wird und erkennt, daß er durch Übung ein Bewußtsein entwickeln muß, das das Gleichgewicht des Lebens erhält, hat er den Sinn der Übung verstanden. Gleich welche Form er übt, sie erfordert immer einen Sinn in der Welt, denn ohne Sinn in der Welt gibt es auch keinen Sinn in der Übung.

Um diesen Weg gehen zu können, reicht es nicht aus, ins Dōjō zu gehen und Techniken zu üben. Die Übung der Technik ist Sport, das Lernen der Systeme ist Wissen, und die philosophischen Diskussionen sind ein unverbindlicher Austausch von Weltanschauungen. Auf dem Weg der Übung geht es darum, die Hintergründe des Budō mit dem Wesen zu verstehen und im Verhalten zu leben. Erst dadurch werden Waza, Shin und Ki zur Einheit. So sind der Wegübung Maßstäbe inhärent, die den Fortschritt des Übenden anzeigen, herausfordern und zugleich lenken. Nicht die Technik ist dieser Maßstab, obwohl es in den Prüfungsordnungen der Budō-Graduierungen um die Technik geht. Ihr zugrunde liegt der Weg, dessen Hintergründe im nächsten Kapitel beschrieben werden.

# 10 WAZA – DIE TECHNIK

In allen Künsten des Budō ist *Waza* (Technik) ein wichtiges Element der Übung. Bis zum Erreichen des ersten Schwarzgurtes (Shōdan) steht sie für jeden Übenden der Kampfkünste als formales System im Vordergrund. Es gibt keine Möglichkeit, über sie hinauszugehen, weil der Geist des Anfängers untrennbar an ihr haftet und eine Befreiung in den Ha-Abschnitt des Weges nicht zuläßt. Die erste Phase der technischen Kampfkunstübung (Omote) umfaßt deshalb ausschließlich das Erlernen spielraumloser Grundformen, die als Voraussetzung für jeden weiteren Fortschritt gelten.

Um Zugang zum Weg des Budō zu finden, muß der Übende jedoch letztendlich das elementare Formsystem überschreiten, denn das ausschließliche Befassen mit der Formenvielfalt hält ewig gefangen im System (Shu). Die heutzutage häufige Vorstellung, daß die Jagd nach ständig neuen Formen im Shu-Abschnitt Fortschritt gewährt, ist grundlegend falsch. Die früheren Meister beschränkten sich auf wenige Formen und gingen in die Tiefe. Die Intensivierung der Formenvielfalt für Fortschritt zu halten, ist vergleichbar mit der Vorstellung, daß das Werk eines Dichters besser wird, wenn dieser mehrere Sprachen lernt.

Alles Wertvolle, das je von Menschen erschaffen wurde, mußte immer den Weg über ein Formsystem gehen. Vor dem Können kommt das Lernen. Die danach in allen Bereichen entwickelbare «Übertechnik» (Okuden) entsteht nicht aus der erlernten Form (Omote) selbst, sondern vielmehr dank der erlernten Form aus dem Menschen. Das Ziel des Dichters liegt nicht darin, die Vielfalt der Sprachen zu studieren, sondern sich durch die Sprache auszudrücken.

Dasselbe gilt auch für die Kampfkünste, in denen die Technik vergleichbar ist mit der Sprache. Der Übende muß sie lernen, doch ihr Sinn ist nicht die Vervielfältigung ins Unendliche, sondern ein Ziel im Menschen selbst. Nicht in der Beherrschung der äußeren Form liegen Sinn und Zweck – ebensowenig wie der Wert eines Dichters an seiner Rechtschreibung gemessen wird, sondern an seiner individuellen künstlerischen Ausdruckskraft. Der Meister der Kampfkünste befreit sich daher aus seiner Abhängigkeit von der Formschablone (Shu) und schafft jede Technik hier und jetzt aufs neue (Ha). Er ruft sie nicht aus dem erlernten System ab, sondern aus einer durch sie begründeten kreativen Fähigkeit, ähnlich dem Dichter, der die Sprache einsetzt, um sein inneres Erleben auszudrücken. Der Meister ist nicht abhängig vom System – er hat es überschritten –, selbst wenn er es aufs genaueste beachtet. Der Schüler jedoch muß das System lernen, weil ihm jede darüber hinausgehende Möglichkeit fehlt.

Für den Meister besteht die Übung nicht aus dem Nachahmen vorgegebener Formaspekte, ebensowenig wie der Dichter es als seine Aufgabe betrachtet, fremde Gedichte abzuschreiben. Der Meister des Weges übt die Technik als Mittel zum eigenen Sinn. Diese Technik hat über die zu erlernende Form hinaus einen Übungsinhalt, der nach innen zielt. Darin besteht der Unterschied zwischen der bereits «vollendeten Technik» (Okuden) und der nur «gekonnten Technik» (Omote). Die wahre Technik des Budō muß nicht schneller, höher, stärker, besser usw. als eine andere sein, sondern sie muß richtig sein. Um richtig sein zu können, reicht die Formperfektion nicht aus.

Deshalb ist Waza im Budō nicht dasselbe wie Technik im Sport. In den Kampfkünsten ist Waza ein *Mittel*, im Sport ist es ein *Ziel*. Der Unterschied liegt nicht in der Form selbst, sondern im Sinn, den der Mensch sich selbst gibt.

## Die Entwicklung der Ganzkörperbewegung

Die Übung der Technik im Budō beinhaltet als eines ihrer wichtigsten Ziele die Entwicklung der *Ganzkörperbewegung*. Das Verständnis solcher Bewegungen entsteht jedoch nicht durch die geistlose Muskelarbeit im Formtraining, sondern indem der Lehrer das Bewußtsein des Übenden zu den richtigen Inhalten und Zielen führt.

Die Ganzkörperbewegung hat ihren Ursprung in der rechten Haltung (Shisei). Ihre Entwicklung im Bewegungsbild eines Menschen hängt vom psychischen Standpunkt gegenüber dem Leben in einem weit höheren Maß ab als vom rein äußerlichen Formtalent. Um sie im Training des Budō zu verwirklichen, ist es notwendig, daß das Bewußtsein des Übenden auf jene Punkte gelenkt wird, die die Grundvoraussetzungen dieser Entwicklung bilden.

Die rein motorische Übung der Formen führt nicht zu jener Technik, die im Budō gemeint ist. In der Technik des Budō geht es nicht nur um die Leistung, sondern vor allem um die richtige Haltung. Hier spricht man von der *inneren Haltung* (Ki-gamae) und der *äußeren Haltung* (Mi-gamae). Jede ausgeführte Handlung hat einen äußeren Aspekt und einen inneren Ursprung. Ganzkörperbewegung entsteht nur im Ausgleich der beiden, das heißt im ausgewogenen Verhältnis von Mi-gamae (körperlicher Form) und Ki-gamae (innerer Haltung). Im harmonischen Gleichgewicht der beiden lernt der Mensch, sich *in* seiner Umwelt zu befinden (anzupassen) und sich *mit* ihr auseinanderzusetzen (zu wirken). Die rein motorische Technik berücksichtigt nur den zweiten Punkt. Der Situation gegenüber unangepaßt, rückt sie das Nichtpassende durch ein Übermaß an Kraft zurecht, um auf diese Weise ihr Ziel zu erreichen.

Deshalb ist in der technischen Übung des Budō noch vor der Leistung die aus der rechten Haltung entstehende Ganzkörperbewegung das wichtigste Ziel. Sie ist das Zentrum der physischen Übung, denn durch sie entsteht die Verbindung zum Geist, wodurch letztendlich anpassungsfähiges Verhalten ermöglicht wird. Die Ganzkörperbewegung ist der Ausdruck eines von innen heraus gereiften Zustandes der Einheit zwischen Körper und Geist. Diese Einheit ist gefährdet, wenn die Technik nur auf den motorischen Fähigkeiten des Körpers (Schnelligkeit, Ausdauer, Kraft) aufgebaut und die Perfektion der Haltung mißachtet wird. Die Entwicklung zum Ganzen hängt von der Perfektion der idealen Grundschule (Kihon) ab, weswegen in den Künsten des Budō die Genauigkeit der Form vor der Leistung kommt.

Der Weg zum Verständnis der Ganzkörperbewegung ist in der Übung der Technik nicht automatisch enthalten. Der Schüler strebt in der Ausführung der Technik nach der Wirkung und benutzt dazu die ihm eigenen Bewegungsgewohnheiten. Diese jedoch lassen die Entwicklung der Ganzkörperbewegung nicht zu. Der Lehrer muß das Bewußtsein des Schülers von der Wirkung weg- und auf die Grundlagen der natürlichen Bewegung (Haltung, Spannung, Atmung) hinlenken. Dies geschieht, indem er auf äußerst genauer Ausführung der Grundschultechniken besteht. Der Schüler kann darin wegen seines anfänglich rein leistungsorientierten Wollens keinen Sinn erkennen, mit der Zeit wird er dadurch jedoch ein vollkommen neues Bewegungsbewußtsein entwickeln.

Nach Horst Tiwald, der sich in seinen sportwissenschaftlichen Werken eingehend mit der Ganzkörperbewegung befaßt hat, hängt die Fähigkeit des Menschen zur Ganzkörperlichkeit vom harmonischen Zusammenspiel zwischen *Geschicklichkeitsbewegung* und *Gewandtheitsbewegung* ab. Mit Geschicklichkeit bezeichnet er die arbeitverrichtenden Bewegungen der Extremitäten, während Gewandtheit die vom Rumpf ausgehende Schwerkraftüberwindung und Gleichgewichtserhaltung in der Bewegung ist.

Durch die Harmonie zwischen Geschicklichkeit und Gewandtheit entsteht die Ganzkörperbewegung. Um diese in der Übung zu vermitteln, muß die Aufmerksamkeit des Schülers auf die richtigen Schwerpunkte in der Technik gelenkt werden. Dies erfordert die Umstellung herkömmlicher Denkgewohnheiten und Zweckvorstellungen, die unter anderem auch das Bewegungsbild im Menschen beeinflussen und es in einer für ihn typischen Weise stabilisieren. Jedem erfahrenen Lehrer ist dies bekannt. Er kennt den Bewegungsausdruck des aktiv Wollenden beziehungsweise des passiv Duldenden, er weiß um den Bewegungsunterschied zwischen verschiedenen Mentalitäten oder Berufsgruppen. Der Sport fordert in all seinen Formen eine meßbare Leistung, und dort, wo die Basis gestört ist, führt Leistung zur Krankheit. Im Budō kann dies nicht geschehen. Denn vor einer Steigerung der Leistung wird hier die Bewegungsgrundlage korrigiert und dadurch die Harmonie zwischen Geist und Körper hergestellt. Erst auf dieser Basis kann im Budō «Leistung» (Ki) entstehen.

Die Fähigkeit zur Leistung ist über den Weg des Sports schneller zu erreichen als über den Weg des Budō, da der Sport die Technik im konditionellen Routinetraining wettbewerbsfähig macht. Auf dem Weg jedoch ist die schnelle Leistung vollkommen unwichtig. Dem Sport ist jede Haltung recht, im Budō jedoch wird in einem langjährigen Grundschultraining unter Beachtung der Haltungsprinzipien erst einmal eine gesunde Bewegungsbasis angestrebt. Sie ist wichtig, da sie die Verbindung zwischen Technik und Weg schafft.

Erst wenn diese Grundvoraussetzung im Übenden existiert, erwächst daraus die wahre Technik. Dieser Technik sind keine Grenzen gesetzt, sie verfeinert sich bis ins hohe Alter. Im Sport ist die Grenze der Technik in der motorischen Höchstleistung erreicht – sie erlaubt älteren oder schwächeren Menschen kein Wachsen. Dagegen liegt ein weiterer großer Wert der Budō-Übung gerade darin, daß die auf der Basis der natürlichen Bewegungsprinzipien aufgebaute Technik die Gesundheit des Körpers und die Vitalität des Geistes fördert und von jedem Menschen ausgeführt werden kann. Die korrekte Budō-Technik enthält in ihren Bewegungsstrukturen Stimulationen der verschiedenen Vitalpunkte, Formen der Massage der inneren Organe und Wirkungen auf den Geist. Nicht durch die Leistungstechnik des Sportes, sondern durch die wohlverstandene Technik des Budō ist die Gesundheit von Körper und Geist zu erhalten.

Die Erklärung für die im Laufe der Zeit erkrankte Bewegungsauffassung des Menschen liegt in seiner Evolution: Infolge der Entwicklung des logischen Denkens begann der Mensch, die *Geschicklichkeitsbewegung* (machen, gestalten, verändern) gegenüber der Gewandtheitsbewegung (lassen, dulden, bewahren) zu überakzentuieren. Durch das logische Denken, verbunden mit der Geschicklichkeit seiner Extremitäten, erleichterte er sein Leben und begann eine seinen Zielen und Vorstellungen entsprechende Welt aufzubauen, durch die er in Widerspruch zur Anpassung fordernden Natur geriet. Das sich durch Bewußtsein verwirklichende Leben begann in einem immer größeren Maße von der logischen Beurteilung einer Situation abzuhängen. Überhaupt bedingen diese im Geschicklichkeitstun verflochtenen Prozesse des Erkennens, der Analyse und nutzbringenden Arbeit das Werden jenes Lebens, das sich vom duldenden, der Natur unterworfenen unterscheidet. Doch dies ist nur der vom Bewußtsein erkannte Auftrag des Lebens, sich durch Strebsamkeit gegen die Natur durchzusetzen, sich durch Arbeit zu verwirklichen und die Welt im Werk zu gestalten. Dieser Sinn ist es, dem der Anfänger ausschließlich gehorcht, wenn er ein Dōjō betritt.

Das logische Denken ist eng mit der arbeitverrichtenden Extremitätenbewegung verbunden und erkennt als einziges Ziel die Leistung. Im logischen Denken ist daher jede Übung eine Übung zu einem Zweck, das heißt eine Übung zur Steigerung eines erkennbaren Formwertes. Die Motivation eines in der Logik gefangenen Menschen zu einer Handlung wird genährt durch die Hoffnung, eine objektive Wertsteigerung zu erreichen. Das logische Denken kann eine Übung als Selbstzweck weder verstehen noch akzeptieren. Daher werden die eigentlichen Werte der Budō-Übung zumeist schon im Ansatz verkannt, wenn nur die Ratio verstehen will.

Der Antrieb zu jeder Zweckübung ist die Konzentration der logischen Aufmerksamkeit auf die in der Geschicklichkeitsbewegung erreichbare Leistung, und dies ist der hauptsächliche Motor für jeden Schritt, den ein Anfänger in einem Dōjō tut. Mit anderen Worten, der Anfänger konzentriert sein Wollen auf die Bewegung seiner Extremitäten und interessiert sich in erster Linie für den unmittelbaren Erfolg seiner Handlung. Durch diese Denk- und Bewegungsgewohnheit jedoch kann er den Weg des Budō nicht verstehen.

Die *Gewandtheit* hingegen bezeichnet die Bewegung des Rumpfes, des tragenden Teils jeder extremen Beweglichkeit. Während die Geschicklichkeit von der Logik gesteuert wird und vor allem vom visuellen Erkennen des Raumes abhängt, ist die Gewandtheit die Parallele zum Urzustand des an die Natur angepaßten Lebens und vorwiegend verbunden mit dem *intuitiven Empfinden* der Umgebung. Die Überwindung der Schwerkraft und die Erhaltung des Gleichgewichts werden von ihr gesteuert. Man «sieht um sich» und «hört in sich hinein». Ersteres ist ein Ausdruck der Gestaltung, der Aktivität, der Auflehnung; letzteres ein Ausdruck der Bewahrung, der Passivität, der Anpassung.

Die Bewegung der Gewandtheit ist zu verstehen als Sinnbild für das angepaßte Sich-Befinden *in* der Welt. Die Gewandtheit unterliegt hauptsächlich der Intuition und entwickelt einen ausgeprägten Sinn für inneres und äußeres Gleichgewicht, für die Orientierung in der Umgebung und den Umgang mit sich selbst. Als fundamentale Form der Bewegung hat sie eine intensive Verbindung zu den tiefsten Schichten der Seele, deren Eigenschaften sie in demselben Maße beeinflußt, wie der Mensch es vermag, Bewegung zuzulassen, statt zu machen, das heißt Vertrauen in seinen natürlichen Ursprung zu finden.

Dies steht im Gegensatz zu dem Auftrag an das bewußte Leben, sich gegenüber der Natur zu behaupten. Es ist die tragende und zugleich grundlegende Seite des Lebens, die für den Menschen ebenso wichtige, ohne die er nicht existieren kann. Es ist der Auftrag, in allem Streben die Achtung vor dem Urgrund zu erhalten, in jedem Anspruch das Gleichgewicht zu wahren und in jedem Gestalten dem Sinn des natürlichen Lebens zu gehorchen. In dem Maße, in dem der Mensch die Welt durch dieses Bewußtsein erkennt, lebt er im Gleichgewicht seiner beiden Bestimmungspole. Er kann sich anpassen, und er kann wirken. Dieses Bewußtsein wird im Budō durch die Übung der korrekten Technik vermittelt.

Leistung (Geschicklichkeit) und Reife (Gewandtheit) stehen sich in jeder Wegübung gleichberechtigt gegenüber. Der Sinn der Übung liegt in der Verbindung der beiden und führt den Menschen auf jenen Weg (Dō), auf dem er beide gleichermaßen verwirklicht: Er erfüllt seinen Auftrag zur gestaltenden Leistung und gehorcht dennoch dem Aufruf der Natur zu Anpassung und Unterwerfung. Erst damit rechtfertigt er seine Existenz und vermag das volle Ausmaß seiner Bewußtwerdung zu verstehen: die Welt zu gestalten *und* zu erhalten. Zwischen diesem philosophischen Prinzip und der Übung der Technik gibt es eine intensive Beziehung, die durch den nach Selbsterkenntnis strebenden Geist hergestellt wird. Um sie zu erkennen, muß der Mensch sein Denken zurechtrücken, seine Ansprüche ausgleichen, sein Streben lenken und seinen Zielen den rechten Sinn geben.

Jede Übung ist neutral und hat nur so viel Sinn, wie der Mensch ihr zu geben vermag. Der Sinn des alten Budō läßt sich auf einen Menschen nur dann übertragen, wenn er zum eigenen Sinn fähig ist. Nur die objektive Form wurde überliefert, ihr Sinn muß von jedem Menschen neu entdeckt werden. Im sinnlosen Üben von Kampftechniken liegt kein Wert.

In der praktischen Übung des Budō wird daher der Schwerpunkt von der Extremitätenbewegung weg- und hin zum Empfinden des Rumpfes gelenkt. Das bedeutet: Der Lehrer wacht darüber, daß der Übende den Sinn der Technik nicht in der Leistung sucht, sondern im intuitiven Empfinden seiner aufrechten Gestalt (Haltung), im Umgang mit seinen Spannungsveränderungen und in der Harmonie zwischen Bewegung und Atmung. Das Üben ohne Nützlichkeitsdenken (Mushotoku), der Geist ohne Zielvorstellungen (Hishiryō) führen auf den Weg. Die Leere (Kū) selbst ist der Weg.

In der Übung des Karate-dō steht die virtuose Extremitätenbewegung erst an zweiter Stelle. Vorher muß der Übende lernen, korrekt mit der *Schwerkraft* seines Körpers umzugehen, in allen Situationen das *Gleichgewicht* des Körpers zu erhalten, seine körperlichen *Grundspannungen* zu korrigieren und richtig zu *atmen*. Ausgehend von diesen Prinzipien (zusammengefaßt unter Haltung, Spannung, Atmung), kann er die Techniken der Extremitäten entwickeln und diese über die Atmung in ein harmonisches Verhältnis zu seinem Geist versetzen.

Man kann dies als Grundsatz für jedes sinnvolle Üben im Budō betrachten. Die traditionelle Lehre, daß jede Handlung sich immer einer zentralen Mitte (Hara) im Menschen bedient, aus der heraus sie entsteht, gesteuert und kontrolliert wird, ist für jeden wirklichen Lehrer des Budō *der* Leitgedanke bei all seinen Anweisungen. Die Auffassung von der einzig und allein zweckorientierten Technik, die viele Lehrer des Sport-Budō vertreten, ist nicht nur falsch, sondern verletzt die elementaren Grundregeln des Weges. Eine Technik mit verspannten Schultern und verkrümmtem Oberkörper ist im wollenden Ich gefangen und bewirkt, wenn sie durch Routineübung zur Leistung gebracht wird, ein dem Budō entgegengesetztes Bewußtsein. All ihre Wirkungen dienen dem Ego und verhindern den Weg, da sie im Menschen eine falsche Haltung, einen falschen Geist und ein falsches Ziel begründen.

Die Art und Weise, wie ein Mensch seinen Körper hält, spannt und bewegt, ist kein Zufall, sondern wird von inneren Prinzipien bestimmt. Man kann das beobachten, wenn man den körperlichen Ausdruck verschieden gepolter Menschen vergleicht (z. B. Rocker und Priester). Die Übung der Mitte (Hara gei) ist keine wirklichkeitsfremde Theorie. Sie muß von den Lehrern der Kampfkünste beachtet werden, denn das Lehren allein zweckorientierter Techniken führt in eine Sackgasse. Die rechte Übung des Budō beginnt immer im Zentrum einer natürlichen Lebensauffassung und erweitert sich erst von dort aus in ihre praktische Zweckerfüllung. Will Formvollendung ihren Sinn behalten, muß das Leben ihr Maßstab sein. Jedes andere Ziel, das sie verfolgt, und jeder andere Sinn, den der Mensch ihr gibt, sind letztendlich gegen das Leben. Auch die sportlichen Systeme müssen sich daran messen. Ihr Wert ist genauso groß wie der Wert der von ihnen ausgebildeten Menschen.

Deshalb ist es wichtig, daß sich im Übenden von Anfang an das Verständnis für die Mitte einstellt, denn ohne sie ist die

Gefahr groß, daß er dem Geschicklichkeitsrausch der Formen verfällt. Wird seine Übung von einem wirklichen Meister gelenkt, kann er ein Grundverständnis für seinen *ganzen* Körper entwickeln. Nur auf diese Weise hat er die Chance, jemals die wirkliche Technik des Budō zu verstehen.

In der traditionellen Übungsauffassung, die die Mitte (Hara) als Ausgangspunkt jeder Bewegung betrachtet, ist die Einheit zwischen Körper und Geist entscheidend. Die korrekt ausgeführte Technik besitzt eine starke Verbindung zur inneren Haltung und bewirkt so das physische und psychische Gleichgewicht. Die aus dem Hara heraus gesteuerte Bewegung ist der Schlüssel zum Verständnis des Budō als Kunst und die Basis jener Verfassung, aus der heraus der Übende eigenständig in die Tiefe forscht und Oberflächliches ablehnt. Nicht durch Leistungstechnik, sondern durch den Weg des Budō ist Persönlichkeitsbildung durch Bewegung möglich.

Ein guter Lehrer lenkt die Aufmerksamkeit seiner Schüler auf die Prinzipien der natürlichen Bewegung (Haltung, Spannung, Atmung). Von dort ausgehend, kann der Übende Technik mit einem vollkommen neuen Bewußtsein verstehen. Durch die rechte Orientierung des Geistes in der Technik lernt ein Mensch, den Weg zu sehen. Der Übende muß wissen, daß es das Problem der Formgefangenheit durch den Wettbewerb gibt und daß das Überschreiten dieser Grenze vom Geist abhängt. Deshalb muß die Übung der Technik und des Geistes durch einen Lehrer angeleitet und gelenkt werden. Geschieht dies nicht, treibt die Kampfkunst den Unerfahrenen in den Leistungsrausch der Formen, indem er den Sinn seiner Übung im Gewinnen sucht – mit schrägem Oberkörper und verspannten Schultern.

# 11 SHIN – DER GEIST

Vorab ist es wichtig festzuhalten, daß mit dem Begriff «Shin» (Geist) nicht das rationale Verstehen, sondern die Geistesbildung gemeint ist. «Moderne» esoterische Wegphilosophien, die auf den Intellekt abheben, gehen damit an der eigentlichen Sache vorbei. Der Weg braucht den Blick nach innen, die Herausforderung an das eigene Denken und daher auch einen konkreten Bestand an Erfahrung im Umgang mit sich selbst. Manche Menschen berufen sich auf ein Wissen aus Büchern und glauben, daß dies bereits Bildung sei. Doch dieses Wissen ist nur für seinen Begründer legitim und wird zum Mißverständnis, wenn es von einem anderen bloß nachgeahmt wird. Bildung entsteht, wenn das erlernte Wissen als Beispiel und Anleitung für eine Übung im Selbst verwendet wird, aus der *Eigenes* erwächst.

Die tiefsitzende Tendenz im Menschen, der unüberprüfbaren Theorie zu vertrauen, ist nur durch einen persönlichen Kampf um Erkenntnis zu überwinden. Das Eigene zugunsten substanzloser Wahrheiten aufzugeben ist eine jener menschlichen Schwächen, die Bildung und Individualität verhindern. Wahre Bildung muß den Intellekt überschreiten und sich als eigenständiger Wert konstituieren, durch den wirkliches Verstehen möglich wird.

Wohl nährt sich der Verstand aus überliefertem Wissen, doch Bildung vollzieht sich erst im Suchen nach Wahrheit und bekundet sich im Verhalten. Sie ist durch theoretisches Betrachten und intellektuelles Verstehen nicht zu erreichen. Deshalb greift die Lehre des Budō überall dort ein, wo der Intellekt allein das Wissen sucht und das Eigene vermeidet.

Daher hat der Geist des Weges nur wenig mit der theoretischen Philosophie zu tun. Er bedarf des Antriebs zum inneren Kampf um legitimes Denken und Erkennen. Dabei gibt es kein Ziel im Wissen, sondern ein ewiges Verändern im Werden. Der

Weg besteht aus der ständigen Suche nach Wahrheit und nicht aus dem Nachahmen von vorgedachtem Wissen. Wahrheit ist kein Fakt, sondern eine Relation. Der Weg zu ihr ist ein Werden, nicht ein Erreichen.

Die Philosophie des Budō hat deshalb nicht im Verstehen, sondern nur im Erüben einer ihr angepaßten inneren Haltung eine Bedeutung. Zum Erüben dieser Haltung dient die *Dōjōkun*. Erst der Ausdruck der philosophischen Inhalte im Erscheinungsbild des Menschen zeugt nach den Gesetzen des Budō von einer echten Geistesbildung.

Die Leitsätze der Dōjōkun bezeichnen daher keine zu verstehende Philosophie, sondern eine zu verinnerlichende Grundverfassung und umfassen fünf Punkte: *Charakter, Aufrichtigkeit, Streben, Höflichkeit* und *Selbstkontrolle*. Ihre Übung hilft, die inneren Probleme zu überwinden und durch wahres Erkennen den Geist zu bilden. Die körperliche Übung strebt ohne diese Bemühung zu einem falschen Ziel. Technik allein ist kein Weg, denn ohne Geist erzeugt sie gerade jene Gesinnung, die zu überwinden es in den Kampfkünsten gilt. Meister Funakoshi sagte in Anbetracht der japanischen Tendenzen, starke Wettkämpfer auszubilden: «Von welchem Wert ist ein Mensch, der stark ist, jedoch keine Philosophie besitzt?»

Die Voraussetzung für die Bildung des Budō-Geistes ist die Verwirklichung der Budō-Philosophie im eigenen Wesen und ihr Durchscheinen im Verhalten. Auf dem Weg bekommt Bildung erst dann einen Wert, wenn sie über die Selbsterkenntnis gewonnen wurde. Hier unterscheidet sich der Budō-Geist vom reinen Intellekt. Wenn zum Beispiel ein Universitätsprofessor über den Egoismus referiert, kann er dessen Ursachen ergründen, ein philosophisches Gebäude errichten und Schlüsse ziehen. Seine Aussagen können als faktisches Wissen gelernt und gelehrt werden, doch für den Weg sind sie ohne Bedeutung. Auf dem Weg ist der Geist keine eigenständige Größe, sondern ein Teil der menschlichen Ganzheit und kann sich nur als Gebärde äußern. Deshalb spricht man von Bildung erst dort, wo die Philosophie zur Übung im eigenen Selbst wird und sich im Verhalten bekundet.

Als der japanische Zenmeister Hakuin von einem Samurai aufgefordert wurde, die Existenz der Hölle und des Paradieses zu beweisen, fragte er ihn: «Wer bist du?»
«Ich bin ein Krieger», antwortete der Samurai.
«Du, ein Krieger?» lachte Hakuin. «Wer will dich wohl zur Schildwache haben? Dein Gesicht sieht aus wie das eines Bettlers!»
Der Samurai wurde wütend und zog sein Schwert.
«Hier öffnet sich das Tor zur Hölle!» sagte Hakuin.
Der Samurai verstand und verneigte sich zum Dank für diese Belehrung.
«Hier öffnet sich das Tor zum Paradies», sagte Hakuin.

Soll das philosophische Denken dem Budō-Geist dienen, muß es das Verstehen in der Übung suchen. Es darf nicht um oberflächliche Theorien kreisen, sondern muß sich mit dem Sinn der Welt verbinden. Der Budō-Philosophie kann man daher nicht mit dem bloßen Intellekt begegnen, sondern nur mit einem Bewußtsein, das den Übenden als Ganzes begreift.

Diese Art von Bildung ist von den unmittelbaren Alltagshandlungen nicht getrennt, sondern beweist sich in ihnen. Die Perfektion einer Form ohne sie wird daher auf die eine oder andere Weise immer zum Verhängnis. Parteien und Institutionen liefern das beste Beispiel dafür. Geistige Bildung steht höher als jede Form, da sie Unheil verhindert.

Geistige Bildung ermöglicht ein Leben im Gleichgewicht, mit Maß und Sinn. Nichtbildung besteht aus oberflächlichem Denken, nicht überwundenem Egoismus und Größenwahn. Sie führt zu falschem Handeln und verwendet ein Übermaß an Technik. Auch die Kampfkünste sind ohne den Budō-Geist ein Ausdruck der Nichtbildung und im kleinen so gefährlich wie Raketen und Kanonen im großen. Ohne Geist werden sie zur Waffe, menschenunwürdig und bedrohlich.

Im mittelalterlichen Japan war es üblich, daß umherziehende Mönche in den Tempeln um Übernachtung und Unterkunft baten, indem sie mit einem der Insassen eine Diskussion über den Buddhismus führten, in der sie ihre Überlegenheit beweisen konnten. So kam ein wandernder Mönch an einem Anwesen vorbei, in dem zwei Mönchsbrüder lebten. Der ältere Bruder war erfahren und weise, der jüngere befaßte sich mit den buddhistischen Schriften und hatte nur ein Auge. «Geh und bitte den Herausforderer, daß die Diskussion schweigend geführt wird», riet der Ältere dem Jüngeren, wohl wissend um dessen Abhängigkeit vom intellektuellen Verstehen.

So begaben sich die beiden zum Schrein, um ihre schweigende Diskussion zu beginnen. Bald darauf jedoch erschien der Reisende beim älteren Bruder und erklärte: «Ich kann Ihre Gastfreundschaft nicht in Anspruch nehmen. Ihr jüngerer Bruder ist sehr weise und hat mich besiegt. Ich hielt einen Finger hoch, womit ich auf Buddha hinweisen wollte. Daraufhin hielt er zwei Finger hoch, um mir zu sagen, daß Buddha und seine Lehre gleichermaßen wichtig seien. Nun hielt ich drei Finger hoch, um auszudrücken, daß Buddha, seine Lehre und seine Anhänger in Harmonie miteinander vereint sind. Doch Ihr Bruder stieß mir seine geballte Faust ins Gesicht, womit er darauf hinwies, daß Buddha, seine Lehre und seine Anhänger dasselbe sind. Ich habe die Debatte verloren und kann nicht bleiben.» Daraufhin entfernte er sich.

Nun kam der jüngere Bruder ganz außer Atem und aufgeregt herbeigerannt und rief: «Wo ist der Kerl? Ich will ihn verprügeln!» Er berichtete folgenden Verlauf der Diskussion: «Der Fremde hob einen Finger, um anzudeuten, daß ich nur ein Auge habe. Da ich höflich sein wollte, hob ich zwei Finger, um ihn zu beglückwünschen, daß er zwei Augen hat. Daraufhin beleidigte er mich aufs neue und hob drei Finger, womit er andeuten wollte, daß er und ich zusammen nur drei Augen haben. Da wurde ich wütend und stieß ihm meine Faust ins Gesicht, doch er rannte davon, und ich konnte ihn nicht mehr finden.»

# Die Meditation

Die Kampfkünste und das Zen sind seit jeher eng miteinander verbunden. Die Technik des Zen nennt man Zazen (Sitzen). Zazen übt man auch in den Kampfkünsten vor und nach jeder Übungsstunde. Hier bezeichnet man die sitzende Meditation als *Mokusō*. Der Begriff leitet sich von «Mokushō-Zen» ab, was «Zen der schweigenden Erleuchtung» bedeutet und überwiegend in den Sōtō-Schulen des Zen geübt wird.

Das stille Sitzen in Seiza (die gebräuchlichste Sitzposition für Zazen) sammelt, beruhigt und klärt den Geist. Zu Beginn der Trainingsstunde sitzen daher alle Übenden in Seiza und üben Zazen. Dadurch stimmt sich das Bewußtsein auf die rechte Dōjō-Atmosphäre ein, die Übenden erreichen einen harmonischen Gleichklang untereinander und entwickeln eine ruhige konzentrierte Aufmerksamkeit.

In den fortgeschrittenen Stufen nähern sich die Übungsinhalte des Budō dem Zen stark an. Der historische Ursprung beider ist derselbe. Auch im Zen gibt es die Meditation in der Bewegung, die man Kinhin nennt. Kinhin betrachtet man dort als eine Verbindung zwischen dem (passiven) Zen im Sitzen und dem (aktiven) Zen im Gehen, das man zum Beispiel in den Kata praktiziert.

Wenn ein Mensch Zazen übt, erreicht er eine Haltung, die ihm erlaubt, auf eine vollkommen natürliche Weise zu atmen und sein Ki zu kontrollieren. Gelingt ihm das, kann er seine gesamte physische und psychische Energie auch in der Bewegung befreien. Daher gibt es eine natürliche Verbindung zwischen Zazen und Kata.

Das höhere Ziel der Kampfkünste ist ebenso wie das der Meditation das Verwirklichen einer transzendentalen Erfahrung, das heißt die Verwandlung des Menschen hin zu seinem im Wesen angelegten Selbst. Doch zugleich ist dieses Ziel auch ein Ärgernis für jene, die in der reinen Technik gefangen sind und daher das Tor zur initiatorischen Übung nicht öffnen können. Ihr Anspruch auf Fortschritt beschränkt sich auf das, was die Technik ihnen zu sehen erlaubt, und geht daher am eigentlichen Weg vorbei. Doch der Weg der Kampfkünste ist ein Initiations-Weg. Seine Werte liegen jenseits der reinen Technik und sind nur jenen zugänglich, die jenseits des Rationalen sehen lernen.

Der Weg erfordert ein eigens dafür entwickeltes Erkenntnisorgan. «Sehen, ohne zu sehen, hören, ohne zu hören», sagt man in den Künsten des Weges. Doch nicht etwa nur die Schärfung der Sinne ist damit gemeint (obwohl die Wachheit der Sinne eine Grundvoraussetzung dafür ist), sondern die Übung geht weit darüber hinaus. Die Sinne als ein Mittel zur transzendentalen Erfahrung zu verwenden (Furyū) ist in den Wegkünsten schon lange üblich. Die Tiefe der Farben, der Klänge, Symbole, Gerüche usw. kann als natürliches Erleben erfahren werden oder auch als übersinnliche Sinnlichkeit. Die Begegnung eines sich auf dem Weg befindlichen Menschen mit jeder Art von Kunst unterscheidet sich daher sehr von jener Empfindungsqualität, die ein Nichtgeübter entwickelt. Den Weg der Sinne als tiefes Erleben in der Meditation zu suchen ist die Voraussetzung dafür, im Übersinnlichen zu wachsen. Die gewöhnliche Sinnlichkeit jedoch steht in Verbindung mit dem rationalen Geist und verhindert so den Schritt ins Übersinnliche.

Zu Beginn jeder initiatischen Übung steht daher die meditative Erziehung der Sinnesempfindungen durch die Künste. Wo die Reize des Erlebens nur der Befriedigung der Sinne dienen, wird diese jedoch verhindert. Auf dem Weg zu sein bedeutet, in den Bereich einer Sinnesempfindung vorzustoßen, die die reine Sinnbefriedigung überschreitet. Die Achtsamkeit gegenüber den kleinen Dingen (Wabi) und die vertiefte sinnliche Wahrnehmung aller Ausdrucksformen einer Kunst (Yūgen) können zur Berührung des übersinnlichen Seins und somit zum Geist des Budō führen.

Der darin Erfahrene unterscheidet sich vom Nichterfahrenen durch ein der Seinserfassung näherstehendes Bewußtsein. Dieses erlebt die Wirklichkeit in einer anderen Dimension. Es erweitert das Wahrnehmen dessen, was ist, über das rational Erkennbare hinaus in ein intuitives Erspüren von Realitätszusammenhängen (Yomi), die dem normalen Bewußtsein nicht zugänglich sind. Der Fortgeschrittene kann «Sehen, ohne zu sehen, und hören, ohne zu hören». Durch eine übersensible Sinnesempfindung, die nicht den Sinnen selbst, sondern einem über die Sinne aktivierten inneren Organ zuzuschreiben ist, erfühlt er alles ihn Umgebende intensiver als jener, der mit gegenständlichem Bewußtsein betrachtet.

Innerhalb dieses Konzeptes definiert sich auch der Begriff *Kufū*, eine besondere Wahrnehmungsform des geübten Kampfkunstgeistes. Kufū bedeutet konzentrierte Aufmerksamkeit oder reflektierende Konzentration und meint die Fähigkeit des Experten, seine Aufmerksamkeit auf einen Sinnesreiz zu beschränken und die für die Handlung unwichtigen Reize so weit in den Hintergrund treten zu lassen, daß sie nicht mehr stören.

Die Entwicklung dieses sensiblen Bewußtseins ist ein Auftrag für den sich auf dem Weg Übenden. Nicht jedoch, wie man meinen könnte, weil es die Fähigkeit zum Kämpfen steigert (obwohl es das tut), sondern weil es das «Organ» zum wahren Erkennen ist und darüber hinaus den ganzen Menschen hin zu einer übersinnlichen Erfahrung seines eigenen Wesens verändert. Diese Veränderung vom rationalen Fixieren zum qualitativen Wahrnehmen ist eine der Grundvoraussetzungen zur ganzheitlichen Entwicklung in der transzendentalen Wegerfahrung.

Ein solcher Weg hat zur Voraussetzung, daß der Übende entschlossen ist, das ewige «Stirb und Werde» seines Ich zu akzeptieren und in die jenseitige Dimension vorzudringen. Kein anderer Beweggrund kann diese Hürde überspringen. Der Weg besteht aus einer fortwährenden Erprobung dieser Fähigkeit. Doch sie bekundet sich nicht im Anspruch auf irgend etwas, sondern vielmehr im Aufgeben des eigenen Ichstandes. Vorausgesetzt, daß echte Bereitschaft zum Weg vorhanden ist, kann durch die Verbindung zwischen Rei und ständigem Streben eine innere Kraft (Ki) geweckt werden, die das Ichwollen übersteigt.

Wie sehr auch immer die Entwicklung des Übenden auf

dem Weg vom Meister abhängt, wächst diese Kraft dennoch erst dann, wenn die Überwachung der inneren Grundhaltung einer autonomen Disziplin im Übenden entspringt. Kein Übender kann auf dem Weg wachsen, wenn er sich ständig auf fremde Werte beruft. Fortschritt auf dem Weg entsteht nur im Eigenen, doch er wächst durch die Verbeugung vor dem Höheren. Dies zu verstehen ist die seltene Kunst des Schülerseins.

## Die Psychologie der Kampfkünste

Die Budō-Psychologie zielt, nachdem mehrere Bewußtseinsebenen durchschritten wurden, letztendlich auf ihre höchste Herausforderung ab: auf das Akzeptieren der Unvermeidlichkeit des eigenen Todes. Die jahrelange praktische Auseinandersetzung mit diesem Thema und den damit zusammenhängenden Problemen bewirkt im Übenden einen ausgeprägten Sinn für Realitäten im gegenwärtigen alltäglichen Leben und verändert seine Haltung in bezug auf sich selbst, auf den anderen und das Leben.

Die Illusion von der totalen Unabhängigkeit, die den modernen Menschen mehr und mehr beherrscht, beruht weitgehend auf der peinlich vermiedenen Auseinandersetzung mit diesem Thema. Auch die Übung der modernen Kampfkünste umgeht diesen wichtigen Aspekt und erschöpft sich daher in bindungslosen Formwerten. Die unzähligen Mißverständnisse, die in den heutigen Dōjō immer mehr zunehmen, haben darin ihren Ursprung. Die Übung der Kampfkünste erfordert sowohl auf emotionaler als auch auf philosophischer Ebene die Auseinandersetzung mit dem Tod, um über sein Verständnis ein höheres Bewußtsein zu erreichen. Da die meisten Schüler jedoch eine tiefergreifende Psychologie ablehnen und sie durch theoretisches Philosophieren ersetzen, können sie der Kampfkunstübung kaum einen aufs Leben übertragbaren Wert abgewinnen.

In allen traditionellen Kampfkünsten stand eine innere Haltung, die in der Lage war, den Tod zu akzeptieren, im Vordergrund. Es ist eine große Illusion zu glauben, daß der Wettkampf irgend etwas mit dieser Fähigkeit zu tun hätte. Kentsu Yabu, ein okinawanischer Karatelehrer der alten Schule, sagte einmal: «Karate ist ein Weg zu leben. Als solches bildet es einen Charakter, der ein vollkommen anderer ist als der, der im Sport entsteht. Karate übt man weder zum Spaß noch für einen Preis.»

Zu einer Zeit, als das Beherrschen einer Kampfkunst für die Krieger notwendig war um zu Überleben, lag jeder Übung die Auseinandersetzung mit dem Tod zugrunde. Sie zwang zur Realität und ließ in allen Situationen ein wirklichkeitsnahes Bewußtsein entstehen. Darin lag eine große Bedeutung. In unserer Zeit jedoch leben viele Menschen außerhalb der Wirklichkeit. Mit intellektueller Spitzfindigkeit konstruieren sie eigene Realitäten, die der Wirklichkeit nicht entsprechen. Da sie sich darin zurechtfinden, halten sie ihre Perspektive auf die eine oder andere Weise für ausreichend. Als Krieger hätten sie mit dieser Haltung jedoch nicht überlebt.

Oberflächlich betrachtet sind die Kampfkünste ein Mittel, andere zu besiegen, doch dahinter steht ein viel größeres Ziel. Durch das Beherrschen der Angst kann der Geübte den Kampf durchdringen und einen Zustand erreichen, in dem es kein Kämpfen mehr geben muß. Unterhalb dieser Grenze (im Spiel des Ich ums Gewinnen) werden die Menschen immer miteinander kämpfen, weil sie die Illusion vom Sieg nicht überwinden können. Es gibt keinen anderen Weg, die menschliche Bereitschaft zum Kämpfen abzuschalten, als den der vollkommenen Bewußtheit über die Vergänglichkeit aller Dinge.

Die Unfähigkeit der Menschen zu diesem Denken führte in allen Kulturen der Welt zu einer Psychologie des bedingungslosen Siegens. Dies ließ den Wahn vom ständigen Wachstum entstehen, erzeugte die Meinung, daß der Zweck die Mittel heilige, und führte zu der Vorstellung, daß das Leben wichtiger sei als der Tod. Das daraus resultierende Lebensbewußtsein wird immer anspruchsvoller, reagiert allergisch auf jedes Dulden und Leiden und lehnt die Wirklichkeit des Todes ab. In diesem Denken werden die Siege des Ich überbewertet. Doch sie verderben den Menschen und formen eine realitätsentwurzelte Persönlichkeit, der jedes Mittel recht ist, das ständig bedrohte Ich zu schützen.

In der Illusion der Ichsiege wurde im Unterbewußtsein der Tod vom Leben isoliert und als unerträglich angesehen. Die Angst vor dem Tod treibt den in dieser Angst gefangenen Menschen gegen alles auf die Barrikaden, was seinen Vorstellungen von Leben entgegensteht. Die im Unterbewußten existierende Todesangst erzeugt jedoch eine Vielzahl von anderen Ängsten wie Existenzsorgen, Furcht vor Prestigeverlust, Angst vor dem Altwerden, vor Krankheiten, vor Verlusten usw. Sie bewirkt eine ewige Spannung in der Lebensbewältigung, durch die sich dieser Mensch in einem ständigen inneren Kriegszustand befindet. Allem äußeren Wohlergehen zum Trotz siecht das Leben dahin, und es entsteht ein Zustand ewiger Halbkrankheit.

Auf der Grundlage des Ich gibt es keine Angstüberwindung. Der mit dem Ich verbundene Intellekt schafft die angstfreie Lebensbewältigung nur dort, wo im voraus erkennbare Sicherheiten existieren. Doch diese sind im Vergleich zum Unbekannten verschwindend gering. Versicherungsgesellschaften aller Art leben gut vom Spiel mit der Angst. Sie können das Sicherheitsdenken ihrer Kunden bedienen, doch nicht deren unterschwellige Angst beseitigen. Das Mittel dazu liegt in jedem selbst. Dort, wo ein Mensch durch Übung lernt, sich voll Vertrauen dem tragenden Grund des Lebens hinzugeben, entsteht ein natürlicher Zustand, und die Angst verfliegt. Doch sowie er sich daraus entfernt und voller Sorge sein Schicksal zu programmieren versucht, entsteht die Angst aufs neue.

Nur in der Seele liegt das Mittel zur Angstüberwindung. In einem Kampf auf Leben und Tod, in dem es keine Sicherheiten gibt, steigert sich die Angst durch ihre Bewußtwerdung und verringert die Überlebenschancen. Das gleiche gilt für die intellektuelle Betrachtung der Zukunft. Erst der Glaube an die Tragfähigkeit des Lebens befreit von der Angst und macht es möglich, unbeeinflußt von inneren Zuständen zu handeln. Die Möglichkeit, den Tod «vernünftig» zu betrachten und dennoch unbeeinflußt von der Angst zu reagieren, gibt es nicht. Der Tod muß als Teil des Lebens durch eine Glaubensübung angenommen werden, wenn er dem gegenwärtigen Leben nicht im Wege stehen soll. Wenn dies nicht geschieht, bleibt der Mensch unkontrollierbaren Emotionen unterworfen und außerhalb der gegebenen Sicherheiten handlungsunfähig.

Das uneingeschränkte Bekenntnis zum Denken kann die Realität des Todes nicht akzeptieren und erzeugt jene Angst, die dem modernen Menschen unter unzähligen Aspekten bekannt ist. Die Psychologen versuchen eine Menge, um ihre Patienten davon zu befreien. Doch das grundlegende Problem bleibt zumeist unangetastet. In der Theorie oder in gespielten Realitäten sind viele Selbsttäuschungen möglich, doch in der Wirklichkeit des Lebens, in der jeder Mensch mit sich allein ist, gelten sie nicht. Wenn er die Bühne verläßt, auf der er seine tägliche Rolle spielt, bleibt die Angst.

Wie weit die Selbsttäuschung führen kann, wird besonders in den Kampfkünsten deutlich. Kein alter Krieger übte die Kampfkünste, ohne sich bewußt zu sein, daß ihre Anwendung ein Spiel mit dem Tod ist. Heute sind sie ein Spiel mit dem Ich in einer improvisierten Wirklichkeit. In dieser Scheinrealität, in der es keine Feinde gibt, möchte man als Sieger gelten. Das übersteigerte Selbstgefühl jedoch schwächt den Geist und läßt die Kraft erlahmen. Diese Haltung gefährdet den Frieden unter den Menschen, da die eigentliche Wirklichkeit zum Spiel des Ich wird. Die einzige Wirklichkeit ist jedoch die Realität des Todes. Wenn sie verstanden wird, entsteht Frieden in der Seele – die Vorbedingung zum Frieden unter den Menschen. Im Zen heißt es, «man muß in seinen Sarg steigen können».

Die Samurai wußten, daß es unmöglich war, den Tod durch das Ich anzunehmen. Daher umgingen sie das Denken und appellierten an die Intuition. Ein Mensch, der versuchen würde, per Willensanstrengung Wasser im Mund zu sammeln, wird es nicht schaffen. Stellt er sich jedoch vor, er beiße gerade in eine Zitrone, geschieht alles wie von selbst. Die Intuition ist stärker als der Intellekt, da sie ihre Kraft aus den Zusammenhängen unterbewußter vergangener Erfahrungen bezieht.

Durch das Beherrschen dieser inneren Verlagerung kann der Geist neu strukturiert werden. Er kann dort, wo er frei sein muß, dem Einfluß des Denkens entzogen und der Intuition unterstellt werden. Die wichtigste Übung dazu ist die Meditation. Der durch sie erzeugte Geist ist in der Lage, die Angst in der rechten Weise zu betrachten, indem er sie vom Ich trennt und als etwas Nützliches ansieht. Dadurch kann eine innere Haltung entstehen, in der ein Mensch Ungeheures ertragen und dennoch frei sein kann. Bleibt die Angst dem Ich überlassen, wird sie unkontrollierbar groß.

Kämpfe auf Leben und Tod, ebenso wie die Selbstverteidigung im Ernstfall, sind Spiele mit der Angst. Der Kampfkunstexperte weiß darum und hat durch Übung gelernt, seine Angst zu kontrollieren, bis der Gegner von ihr ergriffen wird. Unkontrollierte Angst lähmt das Erkennen, das Entscheiden und das Reagieren und macht jede noch so gute Technik wirkungslos. Doch nicht nur im Kampf, sondern in allen alltäglichen Situationen gibt es die Auseinandersetzung mit inneren Ängsten. In jeder Lebenslage, in der ein Mensch den festen Boden seiner Gewohnheiten verläßt und in unberechenbare Situationen gerät, wird im Kleinen wie im Großen dieses Spiel gespielt. Um es beherrschen zu lernen, reicht es nicht, nur Fertigkeiten zu üben.

Die Psychologie der Kampfkünste dient der Beherrschung der Angst. Doch die meisten Schüler geben bereits auf, wenn der Meister zur elementaren Ichüberwindung auffordert. Egal, was sie dabei denken, sie bleiben schwach und unfähig. Die Selbsttäuschung steht überall im Wege, und es ist einfacher, sich im Gefühl des Rechthabens zu bewahren, als sich zu überwinden. Doch in dieser Haltung kann man die Angst nicht besiegen und keinen wirklichen Kampf gewinnen. Überall im alltäglichen Leben spielen sich solche Situationen ab. In der Wirklichkeitssicht des Ich ist es leicht, recht zu haben, beleidigt zu sein oder jemandem die Meinung zu sagen. Doch wenn man einen Schritt in die Realität des Lebens tut, kann man leicht erkennen, wie lächerlich diese Haltungen sind.

Die Budō-Übungen zur Angstüberwindung sind für das in

der Gegenwart empfindende Ich nicht angenehm. Die zuerst entstehende Emotion wird am stärksten empfunden und hat immer den Vorrang vor der unterschwelligen Angst. Da das heutige Leben von direkten Gefahren weitgehend befreit ist, tritt das ewig beleidigte und um sich selbst besorgte Ich in den Vordergrund. Wenn es nicht kontrolliert wird, treibt es den Menschen in immer neue Emotionen und stört ständig sein Lebensgleichgewicht. Aber die tief in der Seele empfundene Wirklichkeit des Lebens holt den Menschen überall ein.

Denn die letztendlich stärkste Emotion ist die Angst vor dem Tod. Doch der Mensch verdrängt sie und setzt Hoffnung und Vertrauen in das kleine Ich. Dieses jedoch fürchtet sich nach wie vor vor dem Tod, denn dieser bedroht die Identität, den Besitz, den Körper usw. Ohne Vertrauen ins Leben wächst und wächst das Ich und splittert die nie überwundene Todesangst in viele unbewußte Lebensängste auf. Dort, wo die Wirklichkeit des Lebens den Menschen wieder einholt (z. B. kurz vor dem Tod), versagt das Ich, und die verdrängte Todesangst wird wieder bewußt. Menschen, die im Ichstand alt werden, tragen sie sichtbar mit sich herum. Deshalb gilt die Überwindung des Ich als grundlegende Voraussetzung zur Lebensreife überhaupt und ist eine Vorbedingung für die Psychologie der Kampfkünste.

Die Ichüberwindung ermöglicht einen Geisteszustand, den man in den Kampfkünsten *Kufū* nennt. Doch erst auf den darauffolgenden, durch Übung zu erreichenden Stufen kann die Todesangst ein Angriffsziel werden. Zunächst bezeichnet Kufū eine in der Haltung zu realisierende konzentrierte Aufmerksamkeit gegenüber allen Dingen und umfaßt auch jene inneren Zustände, die im Budō *Zanshin* (Geistesgegenwart) und *Yomi* (Wahrnehmungsvermögen) genannt werden. In der Praxis des Budō besteht Kufū aus der Fähigkeit, die Aufmerksamkeit intuitiv und spontan auf jene Sinnesreize zu konzentrieren, die im «Hier und Jetzt» von Bedeutung sind. «Erkennen mit einem Schlag» nennt man dies in den Kampfkünsten. Dabei gibt es keine Trübung durch Emotionen, keine Ablenkung durch das Ich und daher auch keinen Irrtum. Durch die Spontanität werden der Geist und der Körper zur Einheit, das heißt, zwischen Erkennen und Handeln gibt es keinen zeitlichen Unterschied mehr. Die zur Übung werdende Psychologie der Kampfkünste entwickelt in dieser Hinsicht immer höhere Stufen – ohne Ende.

Kampfkunstübende, die ihr Potential nicht über die Ichüberwindung hinaus steigern können, kommen über die intellektuelle Barriere der Todesbetrachtung nicht hinaus und verharren in der Mittelmäßigkeit. Das, was das Ichbewußtsein im Leben als wichtig betrachtet, ist für die Meisterschaft in den Kampfkünsten bedeutungslos. Dem Geist des Budō wirkt es sogar entgegen, da es an dem festhält, was der Mensch ist, statt an dem, was er werden kann. Da es sich ständig davor fürchtet, Gegenwärtiges zu verlieren und in die Nichtidentität abzugleiten, sind seine Grenzen zu eng, um den Tod zu verstehen, die Angst zu überwinden oder die Gefühle zu beherrschen. Erst die Übersteigung des Ich formt den Geist, den man in den Kampfkünsten *Mushin* (absichtsloser Geist) nennt. Um ihn zu erreichen, muß das Ich zurücktreten und Demut, Vertrauen und Liebe entwickeln. In demselben Maß, in dem diese wachsen, verringert sich die Angst.

In den Kampfkünsten werden deshalb Wege gegangen, die mit dem Intellekt nicht zu verstehen sind und sich, ähnlich wie in den Religionen, nur dem Glauben erschließen. Grundsätzlich appellieren diese Methoden an dasselbe innere Potential, aus dem in den Religionen Frömmigkeit und Bekenntnis erwachsen. «Du sollst dir kein Bild von Gott machen» heißt es im Alten Testament. Doch weil vergleichbare Aufforderungen in den Kampfkünsten auf starken Widerstand im Denken stoßen, dauert der Weg zur Meisterschaft so lange. Selbst wenn die Psychologie der Kampfkünste intellektuell verstanden wird, ist es unmöglich, sie ohne Glauben zuzulassen. Sind die Erfahrungen nicht in der inneren Haltung gereift, greift der analytische Verstand jedesmal ein und erzeugt dort, wo seine Grenzen sind, eine kritische Gegenreaktion. Die nur vom Intellekt verstandene Budō-Psychologie kreist ständig um das kleine Ich. Manche Schüler üben ihr ganzes Leben lang und können dieses Hindernis nicht überwinden. Nicht mit Anspruch, sondern mit Demut muß man ihm begegnen.

Erst die Demut ist in der Lage, den Kreis um das Ich zu öffnen und ein wahres Lebensbewußtsein zuzulassen. Dieses ermöglicht den Blick auf den Ursprung der tiefen Ängste. Doch nicht die Demut, die der Intellekt versteht, sondern die Demut als innerer Zustand ist hier gemeint. Nicht die Demut, die als Folge eines intellektuellen Denkprozesses als richtig empfunden und je nach Situation entwickelt wird, ist erforderlich, sondern die Demut, die einer Glaubensübung entspringt und keine Bedingungen stellt. Alles, was der Intellekt entscheidet, ist keine Demut. Die wahre Demut ist ein grundlegender verinnerlichter Zustand ohne Bedingungen. Deshalb steht in den Kampfkünsten das rechte Verhalten vor der Entscheidung von richtig oder falsch. Das Rei kommt vor dem Anspruch.

Erst wenn das verstanden und als Zustand verwirklicht wurde, kann es eine Überwindung der Angst geben. Vorher besteht keine Möglichkeit dazu, da der Anspruch des Intellekts auf Verstehen als unüberbrückbares Hindernis im Wege steht. Doch jedesmal, wenn der Intellekt in diesen Bereich vorstößt, werden die Gefahren für das Ich sichtbar und erzeugen überdimensionale Angst. Erst dann, wenn es für das Ich nichts mehr zu verlieren gibt, kommt das natürliche Vertrauen und trägt den Menschen von selbst. In diesem Zustand kann er seine Angst betrachten. In keinem anderen Zustand ist dies möglich. Richard Kim erzählt in diesem Zusammenhang folgende Begebenheit aus seiner Schülerzeit in Japan:

> Alles hatte an jenem regnerischen kalten Oktobermorgen begonnen. Der Sensei testete uns mit einem wirklichen Schwert. Wir waren zu fünft. Alle standen dem Sensei gegenüber, und er kam auf uns zu wie ein Wirbelsturm – so schien es mir jedenfalls –, denn der Regen strömte nur so vom Himmel herab, und der Wind pfiff uns um die Ohren. Das Ziel war, nicht mit den Augen zu zwinkern, wenn der Sensei mit der Klinge stieß. Er stoppte das Schwert jedesmal zwei Zentimeter vor den Augen. Ich mußte immer blinzeln.

Den anderen ging es genauso. Wir konnten nichts dagegen tun. Es lag an der Art, wie der Sensei auf uns zukam. Ein unwillkürlicher Reflex ließ uns die Augen schließen, wenn das Schwert wie ein Blitz auf uns zuschoß. Die einzige Ausnahme war Sato – er stand einfach nur da.

«Sensei», fragte einer der Schüler, «warum zwinkern wir? Ganz egal, wie sehr wir auch versuchen, es nicht zu tun, wir müssen immer die Augen schließen.»

Der Sensei antwortete: «Ihr habt noch nicht den Zustand erreicht, den man *Iwao no mi* nennt. Wenn die Klinge auf eure Augen zukommt, verteidigt ihr euch unbewußt, weil ihr erkennt und fürchtet, daß ihr erblinden könntet. Ihr braucht euch deswegen nicht zu schämen. Man benötigt viel Training, um einen Zustand zu erreichen, der dem Geist erlaubt, immer der gleiche zu bleiben, egal ob im Dōjō, im Wettkampf oder im Ernstfall.

Wenn ihr zum Beispiel Kata in der Gruppe übt, seid ihr unbeteiligt und ruhig, doch wenn ihr sie alleine vorführen sollt, seid ihr nervös, angespannt und bewegt euch anders. Das Ziel der Übung jedoch ist es, in allen Situationen den gleichen Geist zu bewahren, ganz egal, was passiert. Auch wenn das Leben in Gefahr ist, muß der Geist ruhig und gelassen bleiben. Wenn ihr die Fähigkeit erreicht, das Vertrauen, das aus der Tiefe der Seele kommt, zu behalten und nicht zu zwinkern, wenn die scharfe Klinge auf eure Augen zustößt, dann seid ihr bereit für den letzten Test. Dann, und nur dann könnt ihr sagen, daß ihr verstanden habt, was mit Iwao no mi gemeint ist.»

Wir alle wußten, daß derjenige, der den letzten Test bestehen konnte, eines Tages das Menkyō-kaiden vom Sensei erhalten würde. Sato erklärte, daß er dazu bereit sei – nicht durch Worte, sondern durch sein Verhalten. Draußen regnete es. Der Sensei ließ uns ein Brett nehmen, 10 Meter lang und 10 Zentimeter breit. Wir legten es auf den Boden. Dann hieß er Sato, auf dem Brett zu gehen. Sato tat es mit Leichtigkeit. Wir blickten einander an und hatten alle denselben Gedanken: «Was ist das für ein Test?» Doch dann zogen wir los.

Als wir die Spitze der Klippen erreicht hatten, hielt der Sensei an. Wir standen am Rande einer 1600 Meter tiefen und etwa 8 Meter breiten Schlucht. Darüber lag der Stamm eines gefällten Baumes. Der Sensei forderte Sato auf, über den Baumstamm auf die andere Seite zu gehen. Der Regen fiel hernieder, und Sato zitterte. Wir konnten es ihm nicht verdenken, daß er stehenblieb. Wie könnte überhaupt jemand über diesen Stamm gehen?

«Er ist fünf Zentimeter breiter und zwei Meter kürzer als das Brett auf dem Boden», sagte der Sensei. «Was ist es, das dich daran hindert hinüberzugehen?» Und er lief einfach zur anderen Seite und kam wieder zurück. Keiner von uns konnte sich bewegen.

Langsam gingen wir nach Hause. Sato hatte aufgehört zu lachen. Wir verstanden, daß Iwao no mi – unbewegt wie ein Fels – nichts mit Angeberei oder falschem Mut zu tun hatte. Es ist ein Zustand des Geistes, der sich, egal unter welchen Umständen, nie von äußeren Faktoren beeinflussen läßt.

Die Angst vor dem Sterben ist für Mensch und Tier gleichermaßen existent. Doch der Mensch ist aufgrund seines Intellekts imstande, um die Angst zu wissen, was ihn zur Flucht vor dem Unbekannten treibt und auf diese Weise die Qualität seines Handelns mindert. Zwischen der instinktiven Angst und der im Ichbewußtsein existierenden Angst besteht ein wesentlicher Unterschied. Die uns Menschen bewußt werdende Angst vor dem Tod ist es, die uns lähmt, und nicht der Tod selbst.

Die Methoden des Budō rekonstruieren einfach nur die Art und Weise, die Angst zu betrachten – sie verändern die innere Position, aus der heraus ein Mensch dem Unglück begegnet. Sie öffnen die Seele dem Vertrauen und nehmen alles Negative an, selbst den Tod. Dadurch kann der Mensch das Wissen um die Angst von der instinktiven Angst trennen und wird unabhängig und frei. Er vertraut dem Leben und begegnet einer Situation neutral, ohne die dauernde Besorgtheit des kleinen Ich. Diesem Menschen ist es egal, ob er auf dem Baumstamm die Schlucht überquert oder ob er über das Brett auf dem Boden geht. Doch mit dem Wissen um das, was passieren könnte, vermag er nicht die Schlucht zu überqueren, und wenn er es dennoch tut, wird er abstürzen. Die Vielzahl der aus dem Wissen um den Tod resultierenden Lebensängste beeinträchtigt das Handeln im Hier und Jetzt. Den meisten Menschen ist es nicht bewußt, daß die vielen lebendigen Ängste und Nöte auf ihr übertriebenes Sicherheitsdenken zurückzuführen sind.

Auf Ichüberwindung, Vertrauen und Liebe basiert die Psychologie der Kampfkünste. In ihr ist die Glaubensfähigkeit die Quelle der wahren Kraft, während der Verstand, auf dem der Schüler seine Ichhaltung aufbaut, eine Nebensache ist. Den Intellekt braucht er, um das Formsystem zu verstehen, doch die Überwindung des Ich ist notwendig, um das Potential zu entwickeln, das ihn über alle Abhängigkeiten hinaus zur Meisterschaft führt.

# 12 KI – DIE ENERGIE

Ki ist die dritte große Übungskomponente im Budō. Damit ist jedoch nicht die Steigerung der physischen Kraft, sondern der Zugang zu den dem Menschen innewohnenden Lebensenergien gemeint, welcher unter den Voraussetzungen des rechten Übens gewährleistet ist. Ki ist seinem chinesischen Ursprung nach der Urimpuls des Lebens, die Kraft, die Leben gibt, am Leben erhält und sich im Leben bewährt. In allen Kulturen der Erde ist diese Kraft unter verschiedenen Begriffen bekannt (im westlichen Gedankengut trifft «Pneuma» am ehesten, was gemeint ist). Die Chinesen jedoch haben von allen Völkern der Erde den Zugang zu dieser Lebensquelle in den taoistischen Praktiken des Ch'i-kung am besten gemeistert. Bereits um die Zeitwende waren Übungen, diese Kraft im Menschen kontrollieren und lenken zu lernen, in der taoistischen Meditation, der Bewegungs- und der Atemlehre bekannt. Diese Übungen wurden im Laufe der Jahrhunderte unter den verschiedensten Aspekten ausgebaut; auch die Kampfkünste gehören dazu.

Die Methoden, mit denen diese Kraft im Menschen entwickelt und kontrolliert wurde, änderten sich im Laufe der Zeit. Der Initialgedanke geht jedoch auf die Lehren des I-Ging zurück, von denen später die philosophischen Ideen des Taoismus, Konfuzianismus und Buddhismus abgeleitet oder beeinflußt wurden. Allen Übungspraktiken dieser Philosophien zugrunde lag die Atmung (chin. «Ch'i ch'i-kung»), von der man seit alters wußte, daß sie eine intensive Beziehung zu inneren Bewußtseinsstrukturen besitzt. Der erste Impuls zu solchen Übungen kam aus dem religiösen Taoismus: Mittels Atemkontrolle wollte man Unsterblichkeit erlangen. Erst Jahrhunderte später entdeckte man die dadurch möglich gewordene Beeinflussung der vitalen Energie (Ch'i), und es entwickelte sich eine ganze Reihe von Ch'i-kung-Übungen, die die Kultivierung dieser Energie zum Ziel hatten. Aus den Bewegungsübungen des Ch'i-kung entstanden später die Kampfkunstsysteme, die man entsprechend ihren philosophischen Hintergründen in «innere Systeme» (die taoistischen Lehren des Hsing-I, Pa-kua und T'ai-chi-ch'uan) und «äußere Systeme» (die buddhistischen Auffassungen des Shaolin Kung-fu) aufteilte.

Beide Systeme suchten Mittel und Wege, sich Zugang zu den vitalen Kräften des Lebens zu verschaffen, die durch bloße Willensanstrengung nicht abrufbar waren. Aus überlieferten Erfahrungen wußte man, daß diese vitalen Kräfte, die man Ch'i nannte, jenseits jener Grenze liegen, die durch rein physisches Training erreicht werden kann. So war es zum Beispiel das Ziel der buddhistischen Richtungen (die Parallele zum Taoismus), Erleuchtung (Satori), einen Zustand höchster Selbsterkenntnis und Bewußtheit, zu erlangen. Die zur Erleuchtung führende Übung begann daher mit der selbstsuggerierten Vorstellung von einem körperlichen und geistigen Persönlichkeitszentrum (jap. Hara), dem man nach und nach vertrauensvoll die Bewegungskoordination übertrug, die dem rationalen Willen entzogen wurde. Man vermutete, daß der Mensch im Vertrauen auf diese Mitte über die elementar-vitalen Kräfte (Ch'i) seines Lebens verfügen kann, und zu diesem Zweck entwickelte man im Shaolin-Kloster eine Körperschule, in der man die Bewegungssteuerung der intuitiven Automatik der Persönlichkeitsmitte übertrug. Seit wann diese Bewegungen als Kampftechniken verwendet wurden, ist nicht genau bekannt. In den taoistischen Richtungen, die ähnliche Übungspraktiken sehr viel früher kannten, liegt der kämpferische Anfang wahrscheinlich im Hsing-I, während die buddhistischen Kampftechniken vermutlich im Shaolin-Tempel begannen.

Sicher ist, daß man in China bereits vorher wußte, daß der Zugang zur inneren vitalen Kraft nicht möglich ist, indem man sich *bewußt* darum bemüht. Der Geist muß sich erweitern und durch Übung lernen, im Zusammenhang zu denken. Der Weg zu den natürlichen Vitalanlagen des Lebens, den jedes Tier versteht, ist beim Menschen durch den Anspruch seines rationalen Denkens auf Vorrangigkeit verbaut. Man muß sich also von den ständig falschen Schlüssen und störenden Einflüssen, die das lineare Denken auf das Erkennen der Zusammenhänge ausübt, befreien (Mushotoku – ohne Nützlichkeitsdenken), um die Kraft des Ursprungs intuitiv zu erspüren. Auf der Basis der chinesischen Philosophien des I-Ging und des Tao-te ching beobachtete man das Verhalten verschiedener Tiere und ahmte in der Übung deren Bewegungen nach, um aufgrund der dadurch erreichten, von innen heraus gesteuerten Bewegungsautomatik den Weg zu dieser Kraft zu finden. Die Bewegungssysteme des Hsing-I bestehen ausschließlich aus diesen Praktiken. Dadurch beeinflußt, sind die meisten heute existierenden Kampfkunst-Kata abgeleitete Tierbewegungen.

Die Konturen des Weges (taoistisch «Tao», buddhistisch «Dō») begannen sich abzuzeichnen. Man brauchte die Technik (Waza) als Mittel zur Übung, doch man mußte auch den Geist (Shin) vervollkommnen, denn durch falsches Denken verbaute er den Zugang zu Ki (Energie) und somit auch die Möglichkeit jeder erweiterten Erkenntnis. Aus diesem Grund enthalten alle Wegübungen die *Technik* (Waza), den *Geist* (Shin) und die *Energie* (Ki) als zentrale Momente ihrer Übung.

Sowohl in den inneren wie auch in den äußeren Systemen ist der Schlüssel zum Zugang zu Ki nicht das Trainieren des Körpers, wie es im Sport versucht wird, sondern die in die praktische Übung umgesetzte Philosophie des Weges, gleich ob sie den taoistischen Vorstellungen vom Universum oder dem buddhistischen Gedankengut entspricht. Jeder Fortschritt, der sich auf der Grundlage der inneren vitalen Kräfte vollziehen soll, benötigt eine perfekte Assoziation mit jenen inneren Verfassungen (Vertrauen, Demut, Glauben, Achtung, usw.), die vom rationalen Bewußtsein, das ein objektiv sichtbares Ziel erreichen will, als passiv und daher als weniger wichtig angesehen werden. Weil die Ratio nur das «Wollen» und nicht das «Lassen» kennt, kann der Mensch den Weg nicht verstehen. Deshalb bedeutet Shin (Geist) in den Kampfkünsten etwas anderes als die Erweiterung des Bewußtseins durch Lernen. Ohne das wahre Verständnis der Kampfkunstphilosophie ist der Zugang zu Ki (Energie) nicht möglich, und es bleibt nur die Form (Waza).

# Ursprung in China

Unter Ch'i (jap. «Ki») versteht man in China Verschiedenes: Luft, Hauch, Dampf, Äther, Energie, Temperament, Kraft, Atmosphäre und anderes mehr. Nach der taoistischen Auffassung ist Ch'i die vitale Energie, die Lebenskraft, der kosmische Geist, der alle Dinge durchdringt und belebt. In diesem Fall ist es identisch mit der *Urenergie* (Yüan-ch'i) des Alls, die auch im Körper des Menschen in der Nähe des Nabels (Ch'i-hai, jap. «Kikai-tanden» und «Hara») als *Nei-ch'i* (inneres Ch'i) akkumuliert werden kann. Dieses Ch'i kann man durch Übung kontrollieren lernen.

Die beste Übung, um das Ch'i zu kontrollieren, ist die Atemübung (Ch'i ch'i-kung), durch die man sein Ch'i um ein Vielfaches vermehren kann. Das Üben dieser Formen ermöglicht dem Forgeschrittenen die Selbstperfektion – die Grundlage zu jedem weiteren Verstehen. In vielen Experimenten entwickelten die Chinesen eine ganze Reihe solcher Übungen, in denen über die Kontrolle des Atems das Ch'i im ganzen Körper gelenkt wurde. Letztendlich gelang es, diese Energie auch zu praktischen Zwecken zu nutzen. Durch die Konzentration des Ch'i konnte man Krankheiten heilen, innere Zustände verändern oder äußere Leistungen vollbringen.

Über Jahrtausende hinweg wurde die Übung des Ch'i (Ch'i-kung) in vielen Formen weitergegeben, unter anderem auch über die taoistischen (Hsing-I, Pa-kua, Tai-chi) und buddhistischen Kampfkunstsysteme (Shaolin Kung-fu, Karate), und erfährt heute weltweit eine immer größere Resonanz. Ein über die Technik hinausreichendes Verständnis ist jedoch nicht möglich, wenn man diese nicht im Kontext ihrer Entwicklung innerhalb der chinesischen Kultur betrachtet. Heute übt man sich in den Kampfkünsten, betreibt Atemübungen zum Zwecke der Selbstfindung, wendet chinesische Medizin an usw. – doch im Grunde haben alle diese Methoden einen gemeinsamen Ursprung, der in der chinesischen Vorstellung von der Welt (Tao und Yin/Yang) und der Rolle des Menschen in ihr wurzelt. Entscheidend dabei ist die Vorstellung der Chinesen, durch Übung einen Teil der universellen Kraft (Ch'i) in sich selbst zu entdecken und kontrollieren zu lernen. Unter diesem Aspekt sahen sie Atemübungen, Meditation und Bewegung. Zu all diesen Techniken gehören jedoch Kenntnisse und Bemühungen um die Hintergründe, wenn sie nicht in sinnlosen Formen verflachen sollen.

Die chinesischen Kampfkünste sind Bewegungsübungen innerhalb des äußeren Ch'i-kung (Wai-chia). Sie wurden irgendwann als tödliche Kampfkunst perfektioniert, doch ihr Wesen blieb mit dem Initialgedanken der chinesischen Vorstellung von Tao, Yin/Yang und Ch'i verbunden. Sie können nicht ohne weiteres allein von ihrer Form her imitiert werden und dennoch ihre eigentliche Wirkung behalten. Aus demselben Grund wird ihr Einfluß auf das okinawanische Tōde (Karate) heute nur bedingt akzeptiert. Sie lieferten dem Karate zwar einen enormen Bestand an technischem Wissen und Methode, doch ihr zutiefst verinnerlichtes Wesen konnten sie nicht übertragen, weil die Okinawaner in einer anderen Mentalität und Tradition verankert waren, die ihnen verwehrte, die feinen und subtilen Inhalte der chinesischen Kata zu verstehen. Sie übernahmen die Form und mußten diese mit eigenen Werten füllen. Es dauerte lange, bis das okinawanische Tōde dem chinesischen Ch'üan-fa geistig ebenbürtig wurde. Die Einführung der asiatischen Kampfkünste in Europa und den USA weist ähnliche Merkmale auf. Aus diesem Grund spricht man heute von einem inneren und von einem äußeren Aspekt der Kampfkunst.

Über die allseits bekannte Interpretation der Kampfkunst hinaus hat ihre Übung viel tiefergreifende Inhalte. Der äußeren Bewegung zugrunde liegt eine innere Bewegung der Atmung, des Geistes und des Ki (Ch'i), die nur aus bestimmten Geisteshaltungen heraus möglich ist. Hauptsächlich darin besteht der Sinn der langsamen Bewegungen in den Kata. Sie dienen dazu, die Energiezentren wieder aufzuladen sowie die Harmonie des Ki-Flusses zu stabilisieren, und fördern auf diese Weise die Gesundheit des Körpers und des Geistes.

Die Koordination von Atemfluß, Geist und Energiefluß bewirkt im Übenden harmonische Stärke in jeder Hinsicht – Gesundheit, Vitalität, Denk- und Handlungsvermögen profitieren davon. Durch die rechte Übung bewirkt die Atmung in Verbindung mit verschiedenen Spannungsmomenten eine Massage der inneren Organe, eine ausreichende Sauerstoffversorgung des Gehirns und eine gute Blutzirkulation. Verschiedene Bewegungen sind in Verbindung mit Atmung, Geist und Energie dazu gedacht, physische und psychische Vitalzentren zu stimulieren und haben darüber hinaus genau abgestimmte Wirkungen auf die geistige Haltung. In einer Kata ist die gesamte Weisheit der alten Chinesen enthalten. Doch ohne Geist wird nur ihre Form sichtbar.

## Ki in Japan

Wie bereits erläutert entwickelte sich die ursprüngliche Idee des Ch'i als metaphysisches Prinzip in einigen chinesischen Geistesschulen mit taoistischen Wurzeln (Tao-chia). Dort war Ch'i die Quelle der Aktivitäten, die vitale Fülle des Lebens (Huai-nan-tzu), die aus der Moral entstehende Tapferkeit (nach Menzius) oder die göttliche Kraft aller Dinge (nach Kuan-tzu). Unter Ch'i verstand man jene Wirklichkeit der Natur, die den Rhythmus der natürlichen Veränderungen bestimmt und dennoch selbst nicht erkennbar ist.

In dem Werk von Lao-tzu (Tao-te ching) wird Ch'i mit einer aktiven «Leere» oder dem «Nichts» (jap. Kū) gleichgesetzt, Chuang-tzu bezeichnet es als die «bildende Energie», die aus dem Chaos entsteht. Manche chinesischen Philosophen betrachten es als ein dualistisches Prinzip (Yin/Yang), welches das gesamte Universum beherrscht. Der positive (lichte) Aspekt des Ch'i wurde zum Himmel, und das himmlische Ch'i wurde zur Sonne. Der negative (dunkle) Aspekt des Ch'i versammelte sich und wurde zur Erde, und das irdische Ch'i wurde zum Wasser. Dieser aus dem Wirken des Ch'i entstandene Dualismus, den man als Yin und Yang, als Licht und Dunkel, als hart und weich usw. bezeichnete, führte im chinesischen Denken zur Theorie der «Fünf Elemente» und zu den Weissagungen im «Buch der Wandlungen» (I-Ging). Diese metaphysische Interpretation des Ch'i, die in den Bewegungslehren Chinas im Hsing-I enthalten ist, war entscheidend für seine Überlieferung nach Japan.

In der Theorie der Fünf Elemente gehören Holz und Feuer zum lichten Prinzip des Ch'i, Metall und Wasser zum dunklen Prinzip, und die Erde ist zwischen den beiden zu finden. Klimatische Veränderungen und menschliche Schicksale konnten anhand von Ebbe und Flut vorausgesagt werden, dem harmonischen und antagonistischen Wirken der Fünf Elemente.

Im I-Ging symbolisiert die ungebrochene Linie (–) das Yang und die gebrochene Linie (– –) das Yin. Ihre verschiedenen Kombinationen brachten die acht Trigramme hervor, auf denen das Pa-kua basiert. Diese konnte man zum Zwecke der Weissagung und Vorhersage befragen.

Dieses in erster Linie metaphysische Prinzip des Ch'i aus dem I-Ging wurde bereits in der Nara-Zeit (710–794) und in der Heian-Zeit (794–1185) in Japan durch die buddhistischen Mikkyō-Sekten (Tendai und Shingon) eingeführt. Dort wurde es zunächst mit den einheimischen Ansichten (Shintō) über die Natur verbunden und auf eigene Weise interpretiert. Man hielt es für eine Kraft, die verantwortlich ist für den zyklischen Prozeß des Werdens, Wachsens, Blühens und Sterbens in der Natur. Man begann diese Kraft zu systematisieren und ihrer Wirkung entsprechend einzuteilen. So entstanden bereits zu jener Zeit Begriffe wie *Yō-ki* (Kultivieren von Energie), *Kai-ki* (Leben erneuern), *Sei-ki* (geistige Energie), usw.

In manchen buddhistischen Sekten fing man an, diese Kraft mit einem dämonischen Agens zu identifizieren, das in der Lage ist, in den zwischenemenschlichen Beziehungen zum Beispiel Liebe und Haß zu bewirken. Die gesamte Philosophie vom Tao, Yin/Yang und Ch'i wurde zu jener Zeit in Japan zu einem mystisch-religiösen Kult. Man nutzte die Theorie der Fünf Elemente zu Weissagungen und Vorhersagen, was in literarischen Werken der Heian-Zeit oft erwähnt wird (z. B. in der Geschichte der Genji – «Genji no heihō»).

| Name und Form der Trigramme | HR | Beziehung zur Natur | | Beschaffenheit Polarität | Verwandtschaft |
|---|---|---|---|---|---|
| KIÄN | S | Himmel | + | Unbesiegbarkeit, Kraft, Macht, Aufstieg | Vater |
| TUI | SO | Stille Gewässer (See, Graben, Sumpf, Teich) | − | Vergnügen, Fröhlichkeit, Freude | jüngste Tochter |
| LI | O | Feuer | − | Schönheit, Eleganz, Klarheit des Verstandes | jüngere Tochter |
| TSHEN | NO | Blitz | + | Erregende Macht, bewegende Kraft | ältester Sohn |
| SUN | SW | Wind (Holz) | − | Biegsamkeit, Gehorsam, Unterwürfigkeit | älteste Tochter |
| KHAN | W | Fließende Gewässer, (Wolken, Quelle, Fluß, Strom) | + | Gefahr, Schwierigkeit | jüngerer Sohn |
| KEN | NW | Gebirge | + | Ruhe, Gefängnis | jüngster Sohn |
| KHUÄN | N | Erde | − | Völlige Unterwerfung | Mutter |

Die dramatischsten Veränderungen in der Interpretation des japanischen Ki fanden zu Ende der Heian-Periode, mit dem

Aufstieg der Samurai-Klasse statt. Dieser Veränderungsprozeß setzte sich durch die ganze Kamakura-Zeit (1185–1336), die Muromachi-Periode (1336–1573) und durch das folgende Jahrhundert der Bürgerkriege bis zur Azuchi-Momoyama-Periode (1568–1603) fort und errreichte seinen Höhepunkt in der frühen Tokugawa-Zeit (1603–1868). Die Samurai, die im Zeitalter der Kriege ständig dem Tod ins Auge sehen mußten, versuchten, das Ki praktisch zu nutzen, und faßten es in folgende Begriffe:

*Formen des Ki*

- Shiki — Mut
- Iki — Willenskraft
- Genki — Lebenskraft
- Yuki — Tapferkeit
- Heiki — Gleichmut
- Shuki — Energielenkung
- Kisoku — Atemkraft
- Yoki — Kultivieren von Energie
- Kaiki — Leben erneuern
- Seiki — geistige Energie

In der Tokugawa-Zeit bestand in Japan ein fast dreihundert Jahre währender Frieden. Dies führte zu großen Debatten über das Bushidō und zum Verfall vieler seiner traditionellen und ethischen Werte. Es gab Tendenzen, das Kriegerhandwerk (Bujutsu) philosophisch zu interpertieren, und gleichzeitig anhaltende Bemühungen einiger Schwertmeister, das Bujutsu vor seiner vollständigen Degeneration zu retten. Diese Entwicklungen führten zu einer neuen Betrachtung des Ki, die vor allem an die philosophischen und geistigen Möglichkeiten der Samurai appellierte und den ursprünglichen chinesischen Gedanken des Ch'i-kung und Shaolin-Ch'an (Zen) sehr nahekam. Zu jener Zeit wurde der Grundstein für die Veränderung des Bujutsu (Technik des Kriegers) in das Budō (Weg des Kriegers) gelegt.

Einer der Wegebereiter dieser Veränderungen war der Zen-Mönch Takuan, dessen Weglehren viele Meister der japanischen Kampfkünste folgten. Nachstehender Auszug aus einem alten Text (Densho-chūshaku) über das klassische Jūjutsu der Kitō-Schule verdeutlicht die Konzentration der Kampfkunstübungen auf das Ki:

«Kitō» bedeutet «Steigen und Fallen». Steigen ist die Form des Yang, und Fallen ist die Form des Yin. Man siegt im Rückgriff auf das Yang und siegt im Rückgriff auf das Yin...
Wenn der Feind Yin zeigt, siegt man durch Yang. Wenn der Feind Yang ist, siegt man durch Yin... Man muß den Geist kraftvoll machen, indem man den Rhythmus zwischen Stärke und Nachgiebigkeit in der Technik verwendet. Dies zeigt Meisterschaft. Es geht, indem man die eigene Stärke mißachtet und die Kraft des Gegners verwendet. Dies liegt an der Art, wie in unserer Schule das Ki gelehrt wird. Wenn man Stärke nicht beachtet, kehrt man zum fundamentalen Prinzip zurück. Wenn man sich nicht auf Stärke verläßt, wird die Kraft des Gegners zurückprallen, und er wird sich selbst zu Fall bringen. Das heißt zu siegen, indem man die Kraft des Gegners verwendet. Ihr solltet diese Sache gut bedenken. Kurz gesagt, das Schwache besiegt das Starke.

Aus anderen Schulen der Schwertkunst (Heihō Kadensho und Tengū Geijutsu-ron) stammen ähnliche Aussagen:

Die Gelegenheit zum Sieg hängt vom Ki ab. Wenn man das Ki des Gegners sorgfältig beobachtet und sich in Übereinstimmung damit bewegt, so nennt man das «sich die Gelegenheit für den Sieg vorbehalten». Im Zen spricht man von der «Gelegenheit Zen zu manifestieren» und bezieht sich dabei auf die gleiche Sache. Das versteckte und nicht enthüllte Ki ist die Gelegenheit für den Sieg.
In allen mit einer Kunst, einschließlich der Kampfkunst, verbundenen Angelegenheiten wird technische Überlegen-

heit durch Training bestimmt, doch wahre Meisterschaft ist abhängig von Ki. Die Größe von Himmel und Erde, das Strahlen von Sonne und Mond, der Wechsel der Jahreszeiten, Hitze und Kälte, Geburt und Tod, alle sind abhängig vom Wechsel zwischen Yin und Yang. Ihr subtiles Wirken kann nicht mit «Machen» bezeichnet werden, und dennoch erfüllen sich alle Dinge durch ihr Ki mit Leben. Ki ist der Ursprung des Lebens, und wenn Ki die Form verläßt, kommt der Tod.

## Kime – Die Energie im Budō

Der Begriff *Kime* bezeichnet die Verwendung des inneren Ki in der äußeren Technik und wird mit Brennpunkt, Kraftkonzentration oder Zentrum der Kraft übersetzt. Mit Kime meint man das Zusammenwirken von motorischer und vitaler Kraft in einer willentlich gesteuerten Handlung.

Kime ist der äußere Ausdruck der in einer Übung erreichten inneren Ki-Kontrolle und hat seinen Ursprung in einer inneren Verfassung, die man *Aiki* nennt. Darin ist Ai das Prinzip der Liebe, der Harmonie und Anpassung, eines der Grundkonzepte in allen asiatischen Budō-Künsten, das darauf hinweist, daß auch die äußere Wirkung (Kime) in den Budō-Künsten nicht allein durch Wollen (Streben) zu erreichen ist, sondern einer inneren Übung der Anpassung und Selbsterkenntnis bedarf. Im philosophischen Sinn bedeutet Ai das Zusammenleben aller Lebewesen in Frieden und Harmonie mit der Natur.

Aiki steht für die durch wahre Selbsterkenntnis erreichte Harmonie in der inneren Verfassung. Trotz der in den Kampfkünsten erworbenen Fähigkeiten ermöglicht Aiki ein Dasein ohne die Absicht des Tötens oder Vernichtens und die Erkenntnis der rechten Haltung gegenüber der Welt. Aiki ist die durch Selbsterkenntnis erreichte Kontrolle des inneren Ki, ohne die eine Projektion nach außen (Kime) in der Technik nicht möglich ist. Die Wirkung der Technik hat daher ihren Ursprung in der Verwirklichung der psychischen und physischen Gleichgewichtsmitte (Hara), also im «Zulassen» nicht im «Machen».

Letztendlich bedeutet Aiki die höchste Harmonie des bewußten Daseins überhaupt, die aus dem Gleichgewicht zwischen den Prinzipien Liebe (Bewahren, Achten, Vertrauen) und Energie (Streben, Erreichen, Wirken) besteht. Das rechte Verhältnis zwischen Ai und Ki ermöglicht bewußtem Leben, sich in seiner von der Natur auferlegten Doppelbestimmung sinngerecht zu entfalten. Die Verwirklichung von Aiki bedeutet das sich im Gleichgewicht befindende menschliche Leben mit der Kontrolle all seiner art- und lebensfeindlichen Tendenzen.

In den Kampfkünsten verwendet man den Begriff *Kiai*, den man mit «Geistes-Begegnung» oder «Sammlung der Energie» übersetzt. Rein objektiv gesehen ist der Kiai ein lauter Kampfschrei, in dem ein Übender seine gesamte geistige und körperliche Energie konzentriert. Er steht für die Manifestation des Ki in der Technik. Kiai wird in der entscheidenden Phase des Kampfes verwendet und sollte im Ernstfall von einer tödlichen Technik (Chi mei) begleitet sein.

Kiai ist im Vergleich zu Aiki die umgekehrte Zusammensetzung der Ideogramme Ki (Energie) und Ai (Harmonie) und bezeichnet das aktive Prinzip, also das in Aktivität umgesetzte Aiki. Kiai und Aiki sind dementsprechend eng verwandt miteinander und bezeichnen dasselbe Prinzip. Aiki ist passiv und wirkt im «Nichttun», während Kiai das Wirken der Natur im aktiven Handeln verkörpert.

Die Technik des Kiai (Kiai-jutsu) ist nicht einfach nur ein Schrei, sondern setzt sich aus den gesamten physiologischen und psychologischen Komponenten der Weglehre (Dō) zusammen. Die erste technische Grundregel ist, daß der Kiai nicht aus der Kehle kommt, sondern aus dem Hara, und daß er nicht bei jeder Bewegung verwendet wird, sondern nur in entscheidenden Phasen oder zu bestimmten Zwecken.

Kiai-jutsu ist sehr weit gespannt und eine Wissenschaft für sich. So bedingen zum Beispiel verschiedene Formen des Kiai auch verschiedene Arten des Kime. Kampfkunstexperten behaupten, daß es Kiai-Formen gibt, durch die man seinen Gegner lähmen oder sogar verletzen kann. Auch hat es verschiedene Techniken des Kiai zur Folge, wenn sich die Position der Zunge im Mund ändert. Einige Kampfkunstexperten meinen, daß es drei oder sogar vier Formen des Kiai gibt. Die erste, die durch einen tiefen, vollen Laut hervorgerufen wird und die gesamte Energie in der Aktion auszudrücken vermag; die zweite, die durch einen spitzen und scharfen Ton eine Aktion zum Sieg entscheiden kann (Siegesschrei); die dritte, ein ganz normaler Schrei, der in der Reanimation (Kuatsu) verwendet wird; und die vierte, ein stiller Schrei (Kensei) in den verschiedenen Übungen der Meditation.

Jeder richtige Kiai kommt aus dem Hara, aus dem *Kikai-tanden* (Kikai – «Meer der Energie»), und bedarf der rechten Atmung, der rechten Geisteshaltung und des kontrollierten Ki-Flusses. Der Schrei selbst ist nichts weiter als die Verbindung der inneren Verfassung (Aiki) mit dem Willen durch die Stimme. Der Ton muß durch die kontrollierte Atmung aus der Tiefe des Hara kommen und keinesfalls aus dem Hals. Am Klang der Stimme darf willentlich nichts geändert werden (etwa um ihn zu verschönern, wie beim Gesang), denn dadurch zerfließt das Ki in den Begleitabsichten des Bewußten. Der Schrei muß natürlich sein und dem persönlichen Erleben jedes einzelnen entsprechen. Es kommt nicht auf seine Schönheit an, denn Kiai ist nicht Musik.

Um einen richtigen Kiai zu erlernen, muß man besondere Aufmerksamkeit der Atmung, dem Geist und dem inneren Fühlen widmen und nicht dem Schrei selbst. Nicht der Ton der Stimme macht die Kraft aus, sondern die Qualität des Fühlens in die eigene Tiefe. Dabei kann man von jedem Tier lernen, denn seine Laute sind immer wahre Kiai. Sie sind nicht vom Bewußtsein des Wollens getrübt und deshalb rein und natürlich. Um den wahren Kiai zu erlernen, muß man frei sein von jeglichem Streben nach Nützlichkeit (Mushotoku). Man muß sich selbst in seinem Ursprung finden und so lassen, wie man dort ist. Es besteht kein Grund, etwas hinzuzufügen oder zu verändern. Jedes Tier verlöre seine Natürlichkeit, wenn es so brüllen wollte wie ein Löwe.

In den okinawanischen Kampfkünsten (Karate) gibt es eine

spezielle Terminologie für die Entwicklung verschiedener Formen von Kime. Für fortgeschrittene Schüler des Karate ist es ratsam, sich damit zu beschäftigen. Auf diese Weise kann man ganz bestimmte Vorgänge in den traditionellen Kata begreifen lernen, die durch dieses Verständnis ganz plötzlich einen ganz anderen Sinn erhalten (z. B. das Verhältnis zwischen leichter Kraft und starker Kraft oder zwischen langsam und schnell). Auch die Verbindung zwischen Stand und Technik oder die Bedeutung verschiedener Techniken aus den Kata, deren Sinn im freien Kämpfen nicht erfahrbar ist, kann einem durch das Studium des Kime nähergebracht werden.

Der Oberbegriff für die verschiedenen Kime-Formen heißt auf Okinawa *Shimeijurasan*. Shimeijurasan bezeichnet außerdem die stetige Perfektion des inneren Ki. Deshalb ist Shimeijurasan der Inbegriff des Fortschritts überhaupt.

Das Bewußtsein eines solchen Ziels ist für den Übenden des Weges sehr wichtig. Es steht im Gegensatz zu der Motivationstheorie des Sports und umfaßt den Budō-Leitsatz: «Der Weg ist das Ziel.» Der Weg als Ziel stellt eine Herausforderung an das Absolute dar und ist der Inbegriff für den Fortschritt auf dem Weg, der über endlose Stufen führt. Shimeijurasan tatsächlich zu verstehen, bedeutet, sich im ewigen Fortschritt zu befinden.

Kime ist das Wesen jeder Technik, ohne das die Übung des Budō den größten Teil ihrer Werte verlieren würde. Die Bemühung um wahres Kime eröffnet dem Übenden ungeahnte Wege des Suchens und verändert vollkommen die Schwerpunkte im Fortschritt. Die heute im Sport-Karate überbetonte Tendenz der technischen Virtuosität verhindert das Verständnis von Kime und gibt der Übung ein Ziel in den Formen. Meister Funakoshi sagte: «Stell dir deine Hand und deinen Fuß als Schwert vor.» Dies in der Übung tatsächlich zu verstehen, ist von großer Bedeutung.

# IV
# DIE
# LEHRINHALTE
# DES BUDŌ

# 13 DIE ÜBERLIEFERUNG DER LEHRE

Heute gibt es einen heftigen Meinungsstreit über die Rechtmäßigkeit der Budō-Meister und über das Recht zur Weitergabe der Lehre. Doch vielleicht sollte man einmal genauer betrachten, was darunter alles verstanden wird. Ich habe nur sehr selten ein Dōjō gesehen, das dem Weg des Budō folgt. Es gibt viele von Föderationen autorisierte Trainer, deren Aufgabe es ist, Wettbewerbserfolge vorzubereiten, doch ein Meister, der dem Weg dient, ist mir nur selten begegnet.

Was also ist gemeint, wenn man vom Wert des Budō spricht? Was versteht eine Organisation darunter, wenn sie uns verkündet, daß sie die einzige rechtmäßige Institution ist, innerhalb der offizielles Budō geübt wird? Autorisierte Übungsleiter, die keine Lehrer sind, stehen Schulen und Vereinen vor und unterrichten im Namen des Budō das, was sie für richtig halten. Um diesem Lehrstoff den Anstrich des Offiziellen zu geben, schließen sie sich einer Organisation an, die alles unterstützt, was ihr zum Vorteil gereicht. Die Leidtragenden sind die Schüler, die nicht erkennen können, wozu man sie mißbraucht.

Im Budō gibt es nichts Offizielles, außer es wird in einer individuellen Lehrer/Schüler-Beziehung von einem wirklichen Meister bestätigt. Es gibt weder einen durch Föderationen geschaffenen Meister noch einen durch sie zu bestätigenden Wert. Die höchste Instanz des Budō ist der individuelle Meister, der wiederum durch seinen Meister bestätigt wurde. Er allein – und nur er – kann seinem Schüler eine rechtmäßige Fortschrittsurkunde geben, die Erlaubnis zum Unterricht erteilen oder ihn zu seinem Nachfolger bestimmen.

Der Wert des Budō liegt im Menschen, und die offiziell beglaubigte Urkunde hat keinen Wert, wenn sie sich nicht in jedem Augenblick in der Haltung bestätigt. Budō ist eine Kunst, die in keinem äußeren Aspekt einen Wert hat. Die

Übung besteht darin, im Menschen selbst einen Wert zu begründen, der sich im «Hier und Jetzt» des Lebens zeigt. Daher liegt der Wert des Budō im ewigen Kampf um die rechte Haltung in jedem gegenwärtigen Moment.

Auch die «offizielle» Übung des Budō ist wertlos, wenn diese Haltung fehlt. Erst durch sie können sich Betrachtungen, Erkenntnisse und erreichte Niveaus im Verhalten bekunden und als rechte Gebärde im Leben äußern. Niemand sonst als der Meister kann dies bestätigen. Bleibt es nur beim Wettbewerbserfolg, gibt es keinen Wert in den Kampfkünsten. Budō ist kein Objekt der Imagepflege, sondern ein Mittel zur Übung des eigenen Selbst. Darin liegt sein einziger Sinn.

Wir sind es gewohnt, der Aussagekraft von Stempeln und Unterschriften zu vertrauen, statt uns den Menschen anzusehen. Dies ermöglicht den immer mächtiger werdenden Budō-Beamten, aus der Naivität der Schüler Nutzen zu ziehen. Die eigentliche Wahrheit der esoterischen Künste wurde immer im «Herz zu Herz»-Verfahren (Ishin-denshin) überliefert. Bescheidenheit und Demut spielten dabei die wichtigste Rolle. Häufig wurden die Inneren Erben (Uchi-deshi) einer Kampfkunst erst viele Jahre nach der Übertragung bekannt, während sich die Äußeren Schüler (Soto-deshi) seit jeher in den Vordergrund drängten und um Anerkennung kämpften. Erst wenn die Menschen bemerkten, daß ein wirklicher Meister in ihrer Nähe war, dessen Verhalten für sich selbst sprach, wurden Uchi-deshi-Linien entdeckt. Doch noch häufiger blieben sie unbemerkt. Die laute Proklamation mancher Lehrer: «Ich bin der Nachfolger von diesem und jenem», beweist immer den falschen Meister.

Wie unabhängig von allem Offiziellen die wahren Erbfolgen der traditionellen Linien waren, macht folgende japanische Geschichte deutlich:

Der große Meister Munan wollte seinen Nachfolger bestimmen, und so bestellte er seinen Schüler Shoju zu sich und sprach:

«Ich werde alt, und da du meine Lehre vollkommen verstan-

den hast und als einziger in der Lage bist, sie würdig zu vertreten, werde ich dir als Zeichen für mein offizielles Erbe dieses Buch schenken. Es ist über viele Generationen von Meister zu Schüler weitergegeben worden, und ich habe, wie alle vor mir, viele wichtige Punkte hinzugefügt. Bewahre es gut, denn es ist sehr kostbar.»
«Wenn das Buch so kostbar ist, wie Ihr sagt, solltet Ihr es lieber behalten», sagte Shoju. «Ich empfing Eure Lehre mit dem Herzen und will sie auch ohne Schriften bewahren. Ich bin zufrieden mit ihr, so wie sie ist.»
«Ich weiß, daß du wirklich verstanden hast und keine Schriften brauchst», erwiderte Munan. «Doch mögest du das Buch als Beweis behalten, daß du mein Erbe antrittst.»
In dem Augenblick, da das Buch Shojus Hände berührte, warf dieser es in ein mit Glut gefülltes Kohlebecken, in dessen Nähe die beiden das Gespräch führten.
Munan wurde böse und brüllte: «Was tust du!»
Shoju schrie zurück: «Was sagst du!»

Kein größerer Schaden kann den Budō-Künsten widerfahren, als daß sie durch einen Beamtenkopf interpretiert und autorisiert werden. Dergleichen hat noch keine Kunst überlebt. Der Beamte betrachtet den unkonventionellen Meister als den ewigen Feind, auf den er zeit seines Lebens nur schießen muß. Dort wo der Beamte am Werk ist und Budō verwenden kann, wie er es will, stirbt jeder Sinn.
Der Weg des Budō ist kein Weg der Institutionen. Er kann nur jenseits einer ständig reglementierenden Bürokratie gegangen werden, denn die Lehrer/Schüler-Beziehung ist frei, persönlich und unkonventionell und widerspricht dem Lehrschema der Organisationen. In ihr gibt es keine Fernkurse, keine Wochenseminare, keine Trainerausbildungen und keine Prüfungen vor autorisierten Kommissionen, sondern nur das langjährige Zusammenleben einer Budō-Gemeinschaft mit einem Meister, der selbst auf dem Weg ist. Nicht das, was er sagt, zeigt oder sonstwie vermittelt, sondern seine Anwesenheit als solche ist die Lehre. Seine persönliche Nähe zum Schüler er-

möglicht es, das, was Budō ist, intuitiv zu verstehen und in sich selbst wachsen zu lassen. Alles, was darüber hinaus geschieht, ist Beiwerk.

Ein wirklicher Meister sucht nicht die Anerkennung der Öffentlichkeit, sondern er lebt in der Gruppe seiner Schüler. Er sucht seine Herausforderung im Weg und versucht ihn gleichzeitig als Ideal im Schüler neu entstehen zu lassen. Das einzig sichtbare Zeugnis einer solchen Herausforderung ist die Demut. Das ist die wahre Lehre des Budō.

Als der große okinawanische Karate-Meister Chōjun Miyagi (Gründer des Gōjū-ryū) nach langjährigem Japanaufenthalt in seine Heimat zurückkehrte, ließ er sich in der Ortschaft Ishikawa nieder. Niemand kannte ihn, und da er ein bescheidener Mann war, legte er auch keinen Wert darauf, daß sich dies änderte. Es war die Zeit nach dem pazifischen Krieg, und die Menschen litten große Not. Sie taten sich zusammen, um in gemeinsamer Anstrengung die Arbeiten auf dem Feld bewältigen zu können und die Ernte einzubringen.

Wegen Meister Miyagis demütiger Haltung dachten die Männer des Dorfes, er sei ein Schwächling, und wiesen ihn an, Tee zuzubereiten, obwohl dies eigentlich eine Frauenarbeit war. Wenn sich die Leute in der Reihe anstellten, um ihren Teil vom gemeinsam zubereiteten Essen zu erhalten, überließ Meister Miyagi seinen Platz oft einem Älteren und stellte sich erneut hinten an. Manchmal rempelten ihn die jungen Raufbolde an und drängten sich vor ihn in die Reihe. Doch Miyagi lächelte nur und sagte nie etwas dazu. Still wusch er das Geschirr ab und erledigte die Arbeiten, die keiner machen wollte.

Eines Tages kam ein Kampfkunstexperte in die Stadt und staunte nicht wenig, als er den großen Meister Chōjun Miyagi erkannte, den alle Welt noch in Japan wähnte. Von überall strömten die Karate-Übenden herbei, um bei ihm Unterricht zu nehmen.

# 14 INTUITION UND LOGIK

Die rechte Haltung, die in allen Künsten des Budō auf so intensive Weise gefordert wird, entwickelt sich erst durch das Gleichgewicht der im Menschen existierenden Erkenntnisinstanzen. Die linke Gehirnhälfte, die für das *normale Bewußtsein* zuständig ist, erfährt die Wirklichkeit, indem sie jede Einzelheit eines Ereignisses analysiert und mißt. Sie erkennt die Realität aufgrund der physischen Sinne und verarbeitet die Informationen zu einer ebenfalls physischen Wirklichkeit, durch deren Wahrnehmen der Mensch in der Lage ist, auf die unmittelbaren Teilabschnitte seiner Umgebung zu reagieren. Das normale Bewußtsein erzeugt in der von ihm nicht erfaßbaren eigentlichen Realität eine vereinfachte Wirklichkeit, die es dem Menschen ermöglicht, sich in seinem Umfeld zurechtzufinden. Dieses Bewußtsein erkennt den Wald, indem es die einzelnen Bäume registriert. Es baut ein Verstehen von unten nach oben, aufgrund der ihm gelieferten Informationen auf und stellt logische Verbindungen zwischen den Details her. Es versteht Begriffe, Worte und Zahlen, doch die übergeordnete Wirklichkeit kann es nicht fassen. Manche Menschen beziehen ihre Erkenntnisse nur aus dieser Quelle.

Um Wirklichkeitszusammenhänge erfassen zu können, muß sich das normale Bewußtsein mit einer anderen Erkenntnisinstanz zusammentun, die man *universales Bewußtsein* nennt. Dieses kommt aus der rechten Gehirnhälfte und versucht, die Realität intuitiv zu verstehen. Es analysiert keine Details, sondern erfaßt die Wirklichkeit als Ganzes. Dadurch gewinnt der Mensch Zugang zu einer übergeordneten nichtphysischen Realität, die mit den Sinnen nicht erkennbar, jedoch gleichermaßen existent ist. Das Erkenntnisorgan dieser Realität ist die Intuition.

Die rechte Haltung im Budō entsteht durch die gleichbetonte Verwendung dieser beiden Erkenntnisinstanzen. Auch die körperliche Einheit, die der Übende durch die Erarbeitung der Ganzkörperbewegung (vergleiche dazu Kapitel 10 über Waza) erreicht, steht im Zeichen dieses ganzheitlichen Denkens. Sowohl körperlich als auch geistig ist das Gleichgewicht zwischen logischem Denken (Extremitätenbewegung) und intuitivem Denken (Rumpfbewegung) ein wichtiges Übungsziel.

Das einseitige Bekenntnis zur Logik blockiert die Informationen aus der intuitiven Bewußtseinsinstanz und suggeriert dem Menschen, daß er durch Schlußfolgern auch übergeordnete Wirklichkeiten zu erkennen vermag. Hier verdirbt sich der Mensch im Wissen um das Rechte (in der Technik: im Wirken) sein Befinden in der Welt (in der Technik: sein räumliches Verhalten) und stößt in allen nur erdenklichen Situationen auf energischen Widerspruch aus seiner Umgebung. Gewiß kann er sein Denken in der physischen Wirklichkeit verankern, doch ohne das intuitive Erfassen der übergeordneten Zusammenhänge berührt er nie den Kern der Dinge. Das logische Bewußtsein führt ohne Intuition zum Vorurteil. Es schneidet aus der sich ewig bewegenden und verändernden Wirklichkeit einen Teil heraus, analysiert ihn aufgrund der ihm zugänglichen Teilinformationen und hält ihn für wahr.

Eine sehr alte indische Geschichte, von der man behauptet, daß sie eines der Grundprinzipien des buddhistischen Denkens formuliert, veranschaulicht dies sehr eindrucksvoll:

Ein König, der die Grenzen objektiver Sinneswahrnehmungen demonstrieren wollte, befahl den Blinden seines Reiches, sich am Hof zu versammeln. Dann ließ er ihnen einen Elefanten vorführen. Sie mußten ihn ertasten und danach erklären, wie er beschaffen sei.
«Er gleicht einer Säule», sagte der, der das Bein umfaßte. «Er hat die Form eines dicken Seiles», sprach der, der den Rüssel hielt, und jeder schilderte ihn so, wie er ihn «erfaßte». Doch keiner war in der Lage, den Elefanten als Ganzes zu erkennen. Die verschiedenen Meinungen führten letztendlich zum Streit, da jeder darauf beharrte, daß seine Realität die wahre sei.

In jeder alltäglichen Situation geschieht dasselbe. Menschen verlassen sich auf die Untrüglichkeit ihrer Sinne, übersetzen die Informationen in eine Teilwirklichkeit und streiten sich um die Richtigkeit ihrer Meinung. Doch in Anbetracht der übergeordneten Wirklichkeit kann alles, was objektiv betrachtet gegensätzlich ist, richtig sein, denn Teilaspekte sind keine Wahrheiten. Im Budō kommt es noch nicht einmal auf diese an. Lediglich ob der intuitive Zugang zur zusammenhängenden Wirklichkeit gegeben ist, ist von Bedeutung. Nur wenn die Wurzeln des logischen Bewußtseins bis zur übergeordneten Wirklichkeit reichen, läßt der Meister objektive Erkenntnisse gelten. Doch er zerstört sie, selbst wenn sie richtig sind, falls diese Wurzeln fehlen.

Deshalb kann dem Schüler das sogenannte «richtige Denken» in Anwesenheit eines Meisters durchaus zum Verhängnis werden. Der Meister interessiert sich nicht für Logik, sondern er schaut auf die Haltung. Dort wird der Standpunkt sichtbar, von dem aus die Logik ihre Schlüsse zieht.

Das, was im Budō als «Haltung» (Shisei) bezeichnet wird, entsteht durch das Gleichgewicht zwischen der logischen und intuitiven Erkenntnisinstanz. Wenn Menschen ihre Denkresultate nur aus der Logik beziehen, ohne auf die intuitive Erfahrung zurückzugreifen, laufen sie Gefahr, richtige Schlüsse aufgrund falscher Voraussetzungen zu ziehen. Das, was die Logik als das «Rechte» ansieht, kann sich nur in Einklang mit der universellen Wirklichkeit bewähren. Außerhalb ihrer ist auch der beweisbare Fakt unwahr.

Jeder Mensch weiß mehr über das intuitive Spüren, als er rational zu begreifen und auszudrücken vermag. Auch wenn ihm dieses nicht bewußt ist, hat doch jede logische Schlußfolgerung ihre Wurzeln in diesem tieferen Erkennen. Würde es nicht existieren, wäre der Mensch eine intelligente Maschine, die ohne Fremdbedienung nicht funktionierte. Wir alle richten unser rationales Wissen nach der intuitiven Wirklichkeitserfahrung aus. In dem Maße, in dem wir das vergessen, operieren wir mit Kurz-Schlüssen. Je mehr wir der Intuition vertrauen, um so effektiver wird unser rationales Denken.

Alles im Budō zielt auf diese allem zugrundeliegende Bewußtseinsebene. Die analytische Logik wird dazu benutzt, dieses unermeßliche Erkenntnispotential zutage zu fördern und zu stärken. Doch das ist ein schwerer Kampf im Schüler. Der Anspruch des Intellekts, alles zu begreifen, steht der rechten Haltung im Wege. Nur durch eine existentielle Übung, die weit über das objektiv Erkennbare hinausführt, ist dieses schwierige Problem zu lösen.

Die rechte Haltung im Budō ist daher etwas anderes als das begründbar Richtige. Sie ist fest in einem intuitiven Wissen um den Sinn der Welt verankert, um den sich alles objektive Erkennen dreht. Nur auf diese Weise entsteht auch die rechte Wirkung. Den potentiellen Vernichtungskrieg als geschichtliches Recht oder den kranken Menschen als Preis für die Steigerung des Wohlstandes gibt es in ihr nicht. Dies zählt zu jenen Kurz-Schlüssen menschlicher Denklogik, die unsere Existenz am meisten bedrohen. Innerhalb einer solchen Logik kann eine Dynamik entstehen, die unter dem Zeichen des begründbar Richtigen bis zur Selbstvernichtung führt.

Aus der Tradition der esoterischen Künste wurden viele Übungen für universales Denken überliefert. Doch unserem zumeist auf der Funktion der analytischen linken Gehirnhälfte beruhenden Geist sind diese Übungen nur schwer zugänglich. Wir neigen dazu, die vernetzte universale Wirklichkeit mit dem linearen Denken zu durchqueren und den kleinen Teil, den wir dabei sehen, für das Ganze zu halten. Wir verwechseln den Elefanten immer wieder mit seinem Rüssel. Dies ist der Grund, warum der Meister die Logik des Schülers angreift und nicht, wie der Schüler glaubt, weil seine Meinung über den Rüssel falsch ist.

Die übergeordnete Wirklichkeit im rechten Verhältnis zwischen Raum, Zeit und Selbst zu erfassen, ist der zielorientierten Logik nicht möglich. Daher läßt sie die Zusammenhänge außer acht und reduziert die dreidimensionale Wirklichkeit auf ein begreifbares Einmaleins. Doch die gesamte Wirklichkeit ist viel komplexer und geht weit über diesen Teilabschnitt hinaus. Wir alle beziehen daher wichtige Informationen aus der Intuition. Je mehr wir ihnen jedoch mißtrauen, um so unangepaßter reagieren wir auf unsere Umgebung. Das logische Denken ist selbst in seiner höchsten Perfektion nicht dazu geeignet, diese Informationen zu ersetzen. Wenn diese aber fehlen, ist alles, was zu verstehen übrig bleibt, ein Mißverständis.

Die rechte Haltung bezeichnet einen Zustand des rechten *Befindens* und *Wirkens* in der Welt. Dies ist ein Zustand der höchsten Aktivität. Er ermöglicht dem Menschen aufgrund der intuitiv erkannten Wirklichkeitszusammenhänge richtig auf seine unmittelbare Umgebung zu reagieren. Im Leben ist es die Art und Weise, Selbstverwirklichung durch universelle Anpassung zu erreichen. Im Budō liegt ihr Ausdruck im Rei.

In Japan gibt es eine beliebte Dōjō-Geschichte, die dies veranschaulicht. Sie handelt von Matajuro Yagyū, dem Sohn eines Schwertkämpfers, dessen Fähigkeiten recht mittelmäßig waren. Daher beschloß der Vater, seinen Sohn zu dem berühmten Meister Banzo zu schicken, damit dieser ihn unterrichte.

So machte Matajuro sich auf den Weg zum Berg Futara, wo Banzos Hütte stand. Als er dort den Schwertmeister traf, erklärte ihm dieser zunächst, daß er ihn nicht als Schüler annehmen werde, da Matajuro die Voraussetzungen zum Schülersein nicht erfülle. Aber Matajuro ließ nicht locker: «Wenn ich jedoch hart arbeite, und Ihre Weisungen aufs genaueste befolge, wie viele Jahre werde ich brauchen, um die Meisterschaft zu erreichen?»
«Zehn Jahre», sagte Banzo.
«So lange kann ich nicht warten», erwiderte Matajuro, «mein Vater wird alt, und ich muß bald nach Hause, um ihn zu pflegen. Wenn ich mir noch mehr Mühe gebe und noch härter arbeite, wie lange dauert es dann?»
«Dreißig Jahre», antwortete der Meister.
«Das kann doch nicht sein», rief Matajuro. «Zuerst sagt Ihr zehn, dann dreißig Jahre. Ich will es noch einmal wiederholen. Wenn ich Tag und Nacht arbeite und keine Mühe scheue, um diese Kunst so schnell wie möglich zu lernen, wie lange werde ich brauchen?»

«Siebzig Jahre», sagte Banzo, «denn mit so viel Eile lernt man nur langsam».
Endlich verstand Matajuro. Er legte seine Ungeduld und seine Ansprüche ab und verzichtete auf alle Bedingungen. «Ich bin einverstanden», erklärte er, und Banzo nahm ihn als Schüler an.
Doch zugleich forderte er ihn auf, niemals vom Fechten zu reden und kein Schwert anzurühren. Drei Jahre lang stellte der Meister auf diese Weise Matajuros Geduld auf die Probe. Er mußte kochen, im Garten arbeiten und Holz sammeln. Es gab keine Schwertübung, die Waffe wurde noch nicht einmal erwähnt. Matajuro war traurig, er wußte nicht, wie er auf diese Weise die Schwertkunst erlernen sollte. Doch er hielt sein Versprechen und zügelte seine Wünsche.
Eines Tages, als Matajuro gerade im Garten arbeitete, schlich sich Banzo von hinten an ihn heran und versetzte ihm einen fürchterlichen Schlag mit dem Holzschwert. Am darauffolgenden Tag geschah dasselbe. Schließlich konnte Matajuro sich in keinem Augenblick mehr sicher fühlen. Banzo verfolgte ihn Tag und Nacht, und jedesmal wenn Matajuro nicht aufpaßte, bekam er des Meisters Holzschwert zu spüren. Er lernte, auf jede Kleinigkeit in seiner Umgebung zu achten, aufmerksam und wach zu sein.
Nachdem Matajuro seine Wünsche abgelegt, seine Ungeduld gezügelt und gelernt hatte, in jedem Augenblick seines Lebens konzentriert zu sein, begann der Meister ihn in der Schwertkunst zu unterrichten. Bald darauf war er der größte Schwertfechter des Landes.

Die rechte Haltung ist jenseits von persönlichen Wünschen und Einbildungen. Sie liegt in der Bereitschaft, das, was *ist*, anzunehmen und darauf aufzubauen. Die falsche Haltung hält an dem fest, was sein müßte. Sie plant und reagiert an dem, was wirklich ist, vorbei und versucht, die Wirklichkeit durch ein Übermaß an Energie zurechtzubiegen. Durchaus gibt es in dieser Denkweise eine logische Ordnung. Manchmal vertrauen Schüler des Budō ihr mehr als dem Weg der Übung. Sie sind voller Wünsche und Ansprüche und vergessen die rechte Haltung. Doch der Lehrer verweist auf das Rei. Darin besteht die Übung der rechten Haltung.

Für das logische Denken ist eine solche Übung ein Kreislauf ohne Anfang und Ende. Es sucht ständig nach Maßstäben, Anhaltspunkten und Ansätzen. Doch es kann keine finden. «Das Zen, das man verstehen kann, ist kein Zen», heißt es in Japan, oder «das Tao, das man benennen kann, ist nicht das Tao», sagt man in China. Nur wer sich Zeit zum Wachsen gibt, wird das verstehen.

Richard Kim erzählt folgende Geschichte aus seiner Schülerzeit. Seine Gruppe befand sich mit ihrem japanischen Lehrer in einem Trainingslager in den Bergen. Draußen regnete es in Strömen, und alle Schüler saßen um den Meister herum, der ihnen einen Vortrag über das intuitive Denken hielt.

«Alle Erscheinungsformen sind unbeständig», sagte er. «Der Kampfkunstexperte muß mit sämtlichen Situationen in seiner Umgebung auf natürliche Weise umgehen können. Die Kunst des Lebens liegt darin, es einfach zu leben und nicht zu versuchen, es anders zu sehen, als es tatsächlich ist. Ihr müßt aufhören, an all dem festzuhalten, was Ihr zu wissen oder zu besitzen glaubt, denn es hindert euch daran, das Leben anzunehmen, wie es ist!»

«Nehmt einmal an», sprach er weiter, «ein Schwertmeister wie Miyamoto Musashi und ein Zen-Meister würden behaupten, sie könnten mit ihren Fähigkeiten den Regen stoppen. Musashi sagt: ‹Ich kann hinausgehen und mein Schwert so schnell über meinem Kopf wirbeln, daß kein Regentropfen auf mich fällt.› Der Zen-Mönch sagt: ‹Ich kann mich so tief im Zazen konzentrieren, daß der Regen mich nicht berührt.› Nun geraten sie in Streit, wessen Technik wohl die wirkungsvollere wäre. Wie ist eure Meinung darüber?»

Nachdem die Schüler ihre Meinungen geäußert hatten, erklärte der Sensei, daß beide eine falsche Haltung hätten. Jeder war davon besessen, der Bessere zu sein, und dieser

Anspruch verblendete ihren Geist und verwirrte ihr Denken. Beide entfernten sich aus der Wirklichkeit, verfingen sich im Wahn der Wirkungen und vergaßen die wahre Bedeutung der Wegübung. Sie handelten wider die Wirklichkeit.
«Was ist die Wirklichkeit?» fragte ein Schüler.
Der Sensei stand auf, öffnete seinen Schirm und ging hinaus in den Regen.

# 15 DIE RECHTE HALTUNG

Die rechte Haltung (Shisei) ist in allen Übungsmethoden des Budō von vorrangiger Bedeutung und bezieht sich sowohl auf den Körper (Shi) als auch auf den Geist (Sei). Im Hinblick auf die Übung der körperlichen Haltung und ihren Einfluß auf den Menschen als Ganzes wurde bereits im Kapitel über Waza einiges erläutert. Hier wollen wir uns mit der psychischen Haltung beschäftigen, die in der Übung der Kampfkünste eine ebenso große Bedeutung hat.

Wir haben vorhin gesehen, daß die rechte Haltung keineswegs gleichzusetzen ist mit dem objektiv richtigen Verhalten. Sie wurzelt in viel tieferen Schichten des Bewußtseins, dort wo der grundlegende Standpunkt des Menschen gegenüber dem Leben entschieden wird. In ihr spiegelt sich nicht nur das richtige Einschätzen und Reagieren in der physischen Realität wider, sondern auch das Sich-Befinden in der universalen Realität. Daher bedarf die rechte Haltung in erster Linie der Formung einer intuitiven Erkenntnisfähigkeit, auf deren Grundlage sich das bewußte Erkennen erst bewähren kann.

Im wesentlichen besagt «rechte Haltung» folgendes: Erkenne, wer du bist. Glaube nicht, daß Ideologien, Richtlinien oder Prinzipien dich richtig lenken können, sondern nimm deine Umgebung unmittelbar wahr und lerne, dich in ihr zu befinden. Übe deine Intuition und verwende sie, um die Dinge in ihrem Wesen zu erfassen. Erschöpfe dich nicht in bindungslosen Gedankenkonstruktionen, bevor du den Kernpunkt der Probleme nicht intuitiv verstanden hast.

Übe dich in der Einfachheit. Dies erlaubt deiner inneren Kraft (Ki) zu wachsen, durch die du ein übergeordnetes Verständnis für die physische Realität entwickelst, welches dir ermöglicht, eine natürliche Veränderung der Dinge zu bewirken. Verzichte dabei auf alle möglichen Arten von Gewalt und suche die Lösungen immer in einer harmonischen Alternative.

Lege größeren Wert auf dein Verhalten als auf dein Handeln. Nur dann kannst du sicher sein, daß du dem Weg folgst und nicht von der Logik deiner Schlüsse gefangen wirst. Entwickle keine Aktivitäten auf dieser Basis, sondern frage deine Intuition nach dem Zusammenhang. Laß in jeder äußeren Handlung deine innere Haltung sichtbar werden. Jede Handlung ohne Haltung ist Gewalt, und die Menschen verweigern dir ihre Kooperation. Denke nie, daß deine Haltung von selbst sichtbar wird. Entferne die Maske und erlaube deinen Mitmenschen einen Blick dahinter. Sie werden es durch ihre Loyalität belohnen.

Lerne, deine Ziele durch die Haltung zu erreichen. Verzichte auf den Einsatz von Mitteln, die ohne Haltung den Erfolg suchen. Erspüre durch deine Intuition den Gesamtzusammenhang einer Angelegenheit, denn oft steht das objektiv Erkannte im Widerspruch zur Wirklichkeit. Beachte daher die natürlichen Gesetzmäßigkeiten, durch die die Dinge von selbst ihrer Lösung zustreben können. Bewirke diese Lösung nicht, sondern lenke sie.

Die rechte Haltung ist eine Herausforderung an das innere Wachsen. Sie fordert uns auf, die Welt so anzunehmen, wie sie ist. Sie mahnt uns, zur geistigen Unabhängigkeit zu streben, indem wir fremde Wahrheitsschablonen zurückweisen und der Richtigkeit der in uns liegenden Wahrheit vertrauen lernen. In gleicher Weise fordert sie uns auf, Gewalt abzulehnen, in welcher Form auch immer sie uns begegnet. Sie drängt uns zum Wachsen, indem wir die Natur als Vorbild für unser Verhalten betrachten und jede Wahrheit an ihrer übergeordneten Wirklichkeit messen.

Die Ideologien verleiten uns dazu, unsere intuitive Geistigkeit zu ignorieren, egal wie sehr wir dadurch in Konflikt mit der instinktiven Wahrheitsempfindung geraten. Auf diese Weise verlieren wir den Kontakt zum Leben, lassen uns durch fremde Logik manipulieren und glauben, wahr sei, was begründbar ist. Doch begründbar sind auch Vernichtungskriege,

Atomwaffen und Eroberungszüge. Solange wir dieser Logik vertrauen, werden sich die geschichtlichen Tragödien, die in der Gier einer Minderheit wurzeln und nach außen hin als rechtmäßig bemäntelt werden, ständig wiederholen.

# 16 DŌJŌKUN – DIE REGELN DES BUDŌ

Die Dōjōkun besteht aus praktischen Anleitungen zur Übung der rechten Haltung. Sie schafft die Verbindung zwischen der Philosophie des Weges und der formalen Technik und gewährleistet, daß die Erkenntnisse über den Weg nicht im Intellekt verhaftet bleiben, sondern in der Haltung Inhalt gewinnen. Die Dōjōkun ist der vom Budō-Geist geforderte Auftrag, nicht nur zu verstehen, sondern wirklich zu erkennen und das persönliche Verhalten an der übergeordneten Wirklichkeit zu messen. Sie ist das Zentrum der geistigen Wegübungen, und überall dort, wo sie fehlt, wird Budō zur bloßen Form.

Die Leitsätze der Dōjōkun werden dann, wenn sie in der Selbstübung verwendet werden, zum Maßstab für den Fortschritt auf dem Weg. Fortgeschrittene entwickeln durch diese Übung einen reifen Geist und verbinden erkenntnisfähiges Denken mit dem entsprechenden persönlichen Verhalten. Übende, die in der Dōjōkun nur das theoretische Verständnis statt einer Verhaltensübung sehen, können keine Fortschritte machen. Im bloßen Lernen und Interpretieren ohne Nachdenken über die eigene Haltung liegt kein Wert. Nur die Form der Dōjōkun ist Philosophie, ihr Sinn ist die Übung. Die theoretische Philosophie mit dem praktischen Sinn zu verwechseln, bedeutet auf der Shu-Stufe, das heißt in der Formbefangenheit zu verharren.

Für den Fortgeschrittenen ist die Dōjōkun das unangefochtene Zentrum seiner Übung und die tiefste Quelle seiner geistigen Inspiration, durch die er sich im ständigen Kampf um Erkenntnis und Selbsterkenntnis bemüht. Durch die Dōjōkun wird ein «Budō-Leben» möglich, in dem die wahren Werte des Budō erst sichtbar werden.

In allen traditionellen Künsten des Weges gibt es eine Dōjōkun. Die Karate-Dōjōkun kommt aus Okinawa, weist jedoch viele Ähnlichkeiten mit den Leitsätzen des japanischen Budō auf. Sie umfaßt fünf Regeln, deren verinnerlichtes Verständnis im Karate ebenso als Übung gilt wie das Training der Technik. Das immerwährende Bemühen des Übenden um Verständnis dieser Regeln ist die Grundlage für die Entwicklung höherer Fortschrittsniveaus.

Der Ursprung der Dōjōkun führt bis zu den Anfängen der Kampfkunst zurück. Man sagt, die erste Dōjōkun stamme von dem indischen Mönch Bodhidharma aus dem Shaolin-Kloster. Im Laufe der Jahrhunderte haben sich aufgrund von Erfahrungen der Meister Leitsätze herausgebildet, mit deren Hilfe ein Übender in der Lage ist, eigene innere Hindernisse auf seinem Weg zu überwinden.

Die fünf Leitsätze der Dōjōkun bezeichnen übergeordnete Bereiche für alle menschenmöglichen Verwirklichungen und zeigen einen Weg zur geistigen Unabhängigkeit gegenüber den Formen. Sie gestatten jede nur erdenkliche Erfahrung auf jeder Ebene, führen jedoch alle Formen in der letzten Konsequenz auf das Verhältnis zwischen Mensch, Leben und Welt zurück und haben nur ein Ziel: das Wachsen des Menschen hin zu seiner natürlichen Bestimmung. Das, was die Dōjōkun meint, zu verstehen und zu verwirklichen, ist der Auftrag, den der Mensch vom Leben selbst erhält. Für eine oberflächliche Betrachtung ist dies jedoch nicht offensichtlich. Deshalb gibt es in der Kampfkunstliteratur eine ganze Reihe von abgeleiteten Hinweisen, die gezielt Probleme aus der Praxis aufgreifen und auch für den Anfängergeist verständlich erläutern. Diese Leitsätze (Kaisetsu) behandeln Teilaspekte des menschlichen Befindens in der Welt und helfen dem Übenden, differenziertere Zusammenhänge im eigenen Verhalten zu erkennen. Ihr Ziel ist es jedoch nicht, etwas zu lehren, sondern den Menschen in seinem Kampf um eigene Erkenntnis zu führen.

Die Karate-Dōjōkun wurde von dem okinawanischen Meister Sakugawa gegründet und danach in alle Stilrichtungen des Karate übernommen. Die Essenz der ursprünglichen Dōjōkun ist bis heute in allen Stilen erhalten geblieben. Sie besteht aus fünf Leitsätzen, die die gesamte geistige Entwicklung eines Übenden auf seinem Weg bestimmen: 1. *sein Verhältnis zu sich selbst*; 2. *sein Verhältnis zur Welt*; 3. *Wege des rechten Strebens*; 4. *Verhaltensetikette*; 5. *gewaltloses Handeln*. Im folgenden werden diese Leitsätze näher erläutert.

## Suche nach der Perfektion deines Charakters

Diese Regel bezieht sich auf das ausgewogene innere *Verhältnis des Menschen zu sich selbst*. Sie macht deutlich, daß die Übung des Budō nicht nur das Körperliche meint, sondern daß der Übende sich in jeder alltäglichen Situation selbstkritisch betrachten soll, um festzustellen, wo die inneren Probleme liegen, die der Perfektion seines Selbst im Wege stehen. Durch diese Anweisung wird der Übende aufgerufen, seinen inneren Unebenheiten mit derselben Kraft zu begegnen, wie er es im körperlichen Training lernt, äußere Schwierigkeiten zu überwinden. Mit einem wachen und selbstbetrachtenden Geist kann der Übende den Sinn dieser Regel in unzähligen Situationen an sich selbst feststellen. So kann er zum Beispiel erkennen, ob er sich im inneren Gleichgewicht befindet oder ob er in Vorurteilen befangen denkt und handelt. Auch Tendenzen zu Überheblichkeit, Egoismus, Selbstüberschätzung, Ungerechtigkeit, Selbstmitleid, unkontrollierten Gefühlen und dergleichen mehr fallen unter diese Regel. Wenn sie nicht behoben werden, verhindern sie den Fortschritt auf dem Weg. Lernt er jedoch, sein Inneres zu meistern, wird ihm diese Erfahrung im Leben sehr von Nutzen sein. Die Übung des Körpers wird mit dem Älterwerden ihre Grenze erreichen, der Geist jedoch läßt sich bis zum Tod immer weiter vervollkommnen.

## Verteidige die Wege der Wahrheit

Diese Regel bezieht sich auf die *Haltung des Menschen gegenüber dem Leben* und auf die Bereitschaft, das richtige Verhältnis zwischen Selbst und Gegenüber zu erkennen. Sie macht darauf aufmerksam, daß auf dem Weg zu einem Ziel eine harmonische

Beziehung zwischen dem Selbst und den existierenden Umständen nötig ist, da kein Ziel im selbstsüchtigen Wollen, sondern nur im rechten Verhältnis zu den Gegebenheiten erreicht werden kann.

So erläutert sie zum Beispiel die Grundvoraussetzungen, durch die rechte und gerechte Beziehungen zu anderen Menschen möglich werden. Fruchtbare Beziehungen entstehen erst dann, wenn ein Mensch fähig ist, persönliche Ansprüche durch die Bereitschaft zur Hingabe auszugleichen. Gerät das Gleichgewicht zwischen Bereitschaft und Anspruch durch egoistische oder oberflächliche Fehlhaltungen in Gefahr, wird jede Kommunikation unterbrochen.

Das Gleichgewicht zwischen innen und außen ist wichtig, will der Mensch sich auf die rechte Weise in der Welt bekunden. Stillschweigend setzt jeder Mensch bei einem anderen, mit dem er in gemeinsame und gegenseitige Abhängigkeiten tritt, diese ausgewogene Haltung voraus. Doch dort, wo Menschen mehr wollen, als sie geben, höhere Ansprüche stellen, als sie bereit sind zu verantworten, viel versprechen und wenig halten, Großes beabsichtigen und Kleines tun, erregen sie das Mißfallen all jener, die das entstehende Ungleichgewicht durch erhöhte Opfer ausgleichen müssen. Da keine realistische Selbsteinschätzung vorhanden ist, erlaubt eine solche Haltung auch keinen wahren Wertaustausch mit anderen und deshalb auch keine ehrliche, sondern nur eine oberflächliche Beziehung.

In den Budō-Künsten muß ein Übender diesen Ausgleich in seinem Verhalten vollziehen. Übende, die dies in überheblicher Selbstüberschätzung vergessen, nehmen sich die Chance, gegenseitig Werte zu erkennen, an ihnen teilzuhaben und durch sie zu wachsen.

Das Gleichgewicht zwischen Anspruch und Bereitschaft ist die Grundlage des Budō-Geistes, durch den der Übende eine starke Persönlichkeit entwickeln und in einem gerechten Austausch zu äußeren Werten stehen kann. Alle gegenteiligen Tendenzen samt ihrer ausgeklügelten Methodik entlarven sich früher oder später von selbst und gereichen dem Betreffenden zum Nachteil. Nur in der Wahrheit zwischen Innen und Außen kann der Mensch frei und unbefangen sein. Ihre Übung macht bescheiden, selbstbewußt und gerecht.

## Pflege den Geist des Strebens

Diese Regel bezieht sich auf die *Verwirklichung des Menschen in seinen persönlichen Lebenszielen*. Sie hängt eng mit dem ersten und zweiten Leitsatz zusammen, da jedes angestrebte Ziel einer reifen Grundhaltung bedarf, um abwegige und uneinschätzbare Wirkungen zu vermeiden. Wie Menschen im persönlichen Umfeld ihre Ziele setzen, bestimmt in einer übergeordneten Dimension den Frieden in der Welt. Deshalb ist Strebsamkeit allein nicht die vermeintlich positive Kraft, sondern wird es erst durch die Verbindung mit einer reifen inneren Haltung. Streben ist gebunden an Sinn, an Maß und an Erkenntnis. Die Philosophie des Budō lehrt, daß Streben ohne Verantwortung auf die eine oder andere Weise immer dem Leben entgegensteht.

Diese Betrachtung ist nicht nur dem Budō eigen, sondern allen Philosophien, die einen Ausweg suchen aus dem durch falsches Streben hervorgerufenen Dilemma, in dem das Leben sich befindet. Der Mensch ist im Gegensatz zum Tier in einer zweipoligen Bestimmung gefangen: Zum einen ist er wie alles Leben das Resultat eines natürlichen Zufalls und diesem bedingungslos unterworfen. Da er sich nicht daraus lösen kann, ist er den natürlichen Gesetzen ohnmächtig ausgeliefert, abhängig und unselbständig. Zum anderen entwickelt er aber durch sein Bewußtsein eine zweite, der ersten entgegengesetzte Kraft, dank der er persönliche Ziele anstreben und erreichen kann. So verändert er nach eigenen Vorstellungen die Welt und verwirklicht darin das Abbild dessen, was er in seinem Sinne für richtig und dienlich hält. Darin besteht der Unterschied zwischen Mensch und Tier, das, des Denkens nicht mächtig, den natürlichen Gesetzen widerstandslos preisgegeben ist.

Jeder bewußte Eingriff in das von der Natur geforderte Erdulden ist jedoch immer Selbstverwirklichung und Auflehnung zugleich. Alles, was der Mensch für die Erfüllung seiner persönlichen Wünsche beansprucht, nimmt er sich zum Nachteil jener Kraft, die ihm auf der Vorstufe seiner Bewußtwerdung Leben ermöglicht. Überschreitet er das Maß und verletzt die ausgewogene Beziehug zu seinem tragenden Ursprung, entfernt er sich gleichzeitig von der Quelle seiner natürlichen Lebenskraft, durch die er entsteht, wächst und gedeiht.

Das Vertrauen in das Selbst erlaubt dem Menschen einen gewissen Abstand zu den unkontrollierbaren Mächten der Natur, doch die vollkommene Befreiung ist nicht möglich. Nur durch einen Geist, der das Maß erkennt und das Gleichgewicht wahrt, kann sein Leben gedeihen. Um ihn zu verwirklichen, ist Streben notwendig, doch es darf nicht vom Ich bestimmt sein, das Wachstum und Gewinn ohne Grenzen fordert. Es bedarf der Kontrolle und der Lenkung aus der von innen heraus gereiften Haltung gegenüber dem Leben, die Streben in beide Richtungen der menschlichen Bestimmung ermöglicht. Im Ungleichgewicht der Extreme verfehlt es den Sinn und stellt das Überleben in Frage.

Wahres Streben wird von einem Lehrer immer gesehen und erkannt. Das Streben aus dem Ich findet sein Mißfallen, denn es führt den Übenden zu falschen Haltungen. Schüler der Kampfkünste, die diesbezüglich in Konfliktsituationen geraten, sollten sich um das Verständnis des wahren Strebens bemühen. Im Kampf um die rechte Haltung können sie falsches Streben selbst erkennen und korrigieren. Ohne Haltung jedoch führt falsches Streben zum Bruch des Vertrauensverhältnisses und somit zum Ende des Lernprozesses.

## Ehre die Prinzipien der Etikette

Diese Regel bezieht sich auf die richtigen Formen der *Verhaltensetikette*, die ein Mensch beachten muß, wenn er von anderen verstanden und angenommen werden will. Menschen mit einer schlechten Verhaltensetikette werden selbst im Wohlgemeinten mißverstanden, denn sie widerlegen ihre Absichten und Aussagen durch unangemessenes Verhalten. Die rechte Etikette macht einen Menschen glaubwürdig, offen und unkompliziert. Sie bewirkt eine verständliche Kommunikation mit anderen und hilft, die Harmonie in den zwischenmenschlichen Beziehungen zu erhalten.

Die Etikette besteht aus der objektiv wahrnehmbaren Verhaltensform eines Menschen, durch die er einem anderen mitteilt, daß er in der rechten Weise zur gegenseitigen Verständigung bereit ist. Dort, wo die Form von inneren Unebenheiten überschattet oder durch eine unbewußte Gestik widerrufen wird, verliert der Mensch an Glaubwürdigkeit und Vertrauen. Menschen ohne Etikette sind ständig dabei, das, was sie sagen, durch ihren Ausdruck zu widerlegen. Darauf beruhen viele Mißverständnisse. Häufig zerbricht eine Beziehung an der Unfähigkeit, sich angemessen mitzuteilen. Durch die in der Übung gereifte Etikette ist ein Mensch in der Lage, sich von jenen inneren Zwängen zu befreien, die ihm Wohlgemeintes nach außen ins Gegenteil verdrehen. Ohne Etikette wird Aufrichtigkeit zu Grobheit, Mut zu Auflehnung, Demut zu Unterwürfigkeit, Respekt zu Kriecherei und Vorsicht zu Furchtsamkeit. Die rechte Etikette sorgt für Frieden und Harmonie zwischen den Menschen. Sie findet in den Kampfkünsten in den Leitsätzen «Ohne Höflichkeit geht der Wert des Karate verloren» und «Karate beginnt mit Respekt und endet mit Respekt» ihren Ausdruck.

Meister Funakoshi bezeichnete die Höflickeit als die Grundlage jeder Etikette und den Gruß (Rei) als ihr wichtigstes Symbol. Das jede Übung stets begleitende Rei führt den Übenden zur Überwindung der inneren Ichbezogenheit und erlaubt ihm letztendlich, anderen Menschen ohne Maske gegenüberzutreten. Alle Fortgeschrittenen wissen um die Bedeutung des Rei. Übende, die das Grüßen durch Nachlässigkeit verletzen, gelten als unbescheiden, selbstbezogen und nicht anpassungsfähig. Die Art und Weise, wie ein Übender grüßt, ist ein Spiegel seiner selbst.

Die Fähigkeit zur rechten Etikette ist in den meisten Fällen identisch mit der Fähigkeit zur inneren Wahrheit. Falsche Etikette ist häufig keine Absicht, sondern eine unbewußte Schutzreaktion des Ich, das aus Furcht davor, sich eine Blöße zu geben, nach außen hin eine Maske aufbaut. Unhöflich wirkende Menschen sind nicht immer auch ihrem Wesen nach unhöflich. Durch die Übung der Etikette kann dort, wo es nur um die Angleichung der geäußerten Botschaft an den inneren Kern geht, manches korrigiert werden. Deshalb ist die Etikette in den Kampfkünsten nicht nur Form, sondern ein Weg zur inneren Wahrheit. Auch das unbeabsichtigte Verletzen der Etikette erfordert viel Geduld und Verständnis von seiten anderer Menschen und zerstört Beziehungen nur dann nicht, wenn diese bereit sind, zu verzeihen und zu tolerieren. Die Übung der Kampfkünste erfordert, daß ein Mensch sein Verhalten anderen gegenüber kontrolliert und die Wege des rechten Umgangs wahrt.

## Verzichte auf Gewalt

Diese Regel bezieht sich sowohl auf die notwendige innere Haltung, die menschliches Zusammenleben ermöglicht, als auch auf die Formung eines menschenwürdigen Charakters. Bei den Tieren sind die Verhaltensmuster zur Erhaltung ihrer Art in ihren natürlichen Anlagen vorhanden und werden von der Natur gelenkt. Der Mensch kann sie im Zuge seiner Verselbständigung durch egoistische Interessen ersetzen und braucht daher eine durch Erkenntnis verinnerlichte Instanz, die auf das Maß seiner Handlungen achtet. Diese Instanz ist dem Menschen nicht mitgegeben, er muß sie sich erarbeiten. Deshalb mahnt diese Regel zum *Verzicht auf körperliche Gewalt* und bezeichnet gleichzeitig alle Formen der Gewaltanwendung als menschenunwürdig.

Ein Fortgeschrittener in den Kampfkünsten kann anderen ernsthafte Verletzungen zufügen und ist dann, wenn er seine Fähigkeiten als Machtmittel gegenüber seinen Mitmenschen einsetzt, eine Gefahr für die Gesellschaft und ein unwürdiges

Individuum. Auf dieser Grundlage wurde ursprünglich das Budō vom Bujutsu getrennt. Das Ziel des Bujutsu war es, vollendete Formen des Tötens zu lehren, während das Budō die Selbstmeisterschaft, also die Meisterschaft des Verhaltens lehrt. Meister Funakoshis «Im Karate gibt es keinen ersten Angriff» erläutert, daß der Mensch als geistiges Wesen die Fähigkeit besitzt, Wege der Gewaltlosigkeit zu finden, wenn er den Situationen mit überwundenem Ich begegnet. Die Lösung der zwischenmenschlichen Probleme auf der Basis der Gewalt sind primitive Gepflogenheiten und ermöglichen kein menschliches Zusammenleben unter dem Zeichen des Geistes. Der gebildete Mensch ist in der Lage, Situationen zu beurteilen und Lösungen zu suchen. Ist sein Resultat dennoch die Gewalt, hat er sich vom Tier nicht weit entfernt.

In der Geschichte der Kampfkünste wie auch in der Geschichte der Menschheit gibt es viele Zeugnisse von großem Leid, hervorgerufen durch Gewaltanwendung. Dennoch gehen viele Kampfkunstanhänger mit diesem Leitsatz sehr leichtfertig um. Manche Menschen üben die Kampfkünste nur aus, um ihre Gegner besiegen zu lernen. Budō ist jedoch vor allem eine Kunst der Selbstperfektion, und dazu gehört das richtige Verständnis dieser Regel.

Die jahrhundertealte Erfahrung zeigt, daß zur Meisterschaft der Kampfkünste die Dōjōkun nicht fehlen darf. Für alle Übenden, egal welchen Ranges, ist es von essentieller Bedeutung, daß sie ihre eigene Haltung in regelmäßigen Kontrollen der Dōjōkun gegenüberstellen. In Übungsgruppen mit einem gesunden Budō-Geist ist sie nicht nur ein Maßstab des Lernens, sondern auch ein Spiegel des Verhaltens, durch das der einzelne mit der Gemeinschaft in Wechselbeziehung steht. Sie reflektiert das Maß des Rechten und des Falschen im Verhalten, sie stellt das Gleichgewicht im Geben und Nehmen her und besteht auf dem gerechten Ausgleich zwischen Anspruch und Bereitschaft.

Die wohlverstandene Dōjōkun bewirkt durch den von ihr erzeugten Budō-Geist die gesunde Integrität der Gemeinschaft. Als unbeeinflußbare Instanz läßt sie jedem Übenden das zukommen, was er sich durch seine Haltung verdient. Nicht im egoistischen Kampf um persönliche Größe, sondern erst durch die Dōjōkun gibt es in der Gemeinschaft eine gerechte und neutrale Verteilung der Anerkennung, denn jedes Eingebildetsein, jede Überheblichkeit und jeder illegitime Wert zerbricht im direkten Vergleich mit ihr. Allein durch diesen Maßstab sind Übende gezwungen, sich selbst so zu begegnen, wie sie wirklich sind. Nie wird ein Übender in einer gesunden Budō-Gemeinschaft Harmonie erfahren, wenn er unreife Vorstellungen statt tatsächlicher Werte bezeugt. Die Dōjōkun erlaubt keine Täuschungen und wird auf diese Weise zum Mittelpunkt jeder Budō-Lehre.

Die Dōjōkun ist für den Übenden eine Herausforderung und für den Lehrer ein Maßstab, anhand dessen er die Wegentwicklung in jedem einzelnen mißt. Manchmal will ein Übender das nicht erkennen und verhält sich unangepaßt und egoistisch. Solche Haltungen kehren sich jedoch um, da eine gesunde Gemeinschaft sie reflektiert. Es gehört zur Aufgabe eines Übenden, ständig seine Haltung zu überprüfen und die jeweils hervorgerufene Resonanz zu überdenken. Widerspricht seine Selbstmeinung dem Echo aus der Budo-Gemeinschaft, sind neue Überlegungen sicherlich nötig. Die Übung der Dōjōkun ist das wirkungsvollste Mittel, innere Grenzen in sich selbst herauszufordern und in Frage zu stellen. In einer solchen Übung gibt es keinen Raum für falsche Werte, denn wahre Werte bestätigen sich von selbst durch die Resonanz aus Anerkennung und Achtung.

Die fünf Leitsätze der Dōjōkun werden nachfolgend anhand einiger Beispiele erläutert, die in konkreten Situationen hilfreich sein können. Manche dieser Beispiele sind im japanischen Alltag selbst zu Leitsätzen geworden. Im traditionellen Shōtōkan-ryū gibt es zwanzig Leitsätze, die von Meister Funakoshi zusammengefaßt wurden und als Shōtō-nijūkun bekannt sind. Die meisten der nachfolgenden Leitsätze stammen jedoch aus dem japanischen Bushidō und aus dem Zen. Sie wurden von den Meistern entwickelt, um den Schülern zu helfen, den Geist des Budō zu leben.

# Suche nach der Perfektion deines Charakters

> Seine Ehre kann auch der Arme behalten, nicht aber der Schlechte.
>
> *Miguel de Cervantes*

## Meikyō shi sui – Ein klarer Spiegel reflektiert die Wahrheit

«Meikyō shi sui» bedeutet sinngemäß «ein klarer Spiegel reflektiert die Welt wahrheitsgetreu und ohne Verfälschung». Wenn ein Mensch unehrenhaft handelt oder Böses im Schilde führt, wird der Spiegel seines Geistes diese Gesinnung reflektieren. Nirgends reflektiert dieser Spiegel so klar wie in einer Budō-Gemeinschaft. Kampfkunstübende müssen sich um eine ehrliche Gesinnung bemühen.

Manchmal scheint es im Leben einfacher, unehrenhaft zu sein, besonders dann, wenn man denkt, daß niemand es merkt. Doch wer so handelt, verliert seine Selbstachtung und seine Ehre. Habgier, Selbstsucht und Egoismus sind große Hindernisse auf dem Weg und werden nirgends deutlicher als in einer Budō-Gemeinschaft.

Als der große okinawanische Karate-Meister Chōshin Chibana einmal gefragt wurde, welches die wertvollste Eigenschaft eines Kampfkunstexperten sei, antwortete er:

«Ehre! Ein Mann der Ehre ist ein Mann, der Versprechen gibt und sie hält. Ein Mann, der etwas verspricht und nicht die Absicht hat, es zu halten, oder es nicht einmal versucht, ist ein Mann, der seinen wertvollsten Besitz befleckt – seine Ehre. Ein Kampfkunstmeister ist ein ehrenvoller Mann.»

Einem reinen Geist fällt es immer leicht, ehrenhaft zu sein und den rechten Standpunkt zu vertreten. Wenn ein Mensch jedoch bei allen Angelegenheiten nur darauf bedacht ist, seinen persönlichen Vorteil zu suchen, wird dieses Denken den Spiegel seines Geistes trüben. In einem Dōjō werden solche Haltungen sichtbar. Wenn Übende sich erlauben, mit dieser Haltung ins Dōjō zu kommen, werden sich ihre Probleme vergrößern, und die Übung der Kampfkünste wird zum Streß. Selbstbezogenheit führt ins Abseits und befleckt den Spiegel der Seele. In Japan gibt es darüber eine interessante Geschichte:

«Ein Mönch sah in einen Spiegel, und, von seinem häßlichen Spiegelbild überrascht, begann er, es mit Lippenstift anzumalen, um es zu verschönern. Doch es blieb gleichermaßen häßlich, und der Mönch geriet vollkommen außer sich. Doch je wütender er wurde, um so häßlicher wurde sein Bild. Voller Zorn lief er um den Spiegel herum, und schließlich begriff er, daß das, was er sah, nur ein Spiegelbild seines Inneren war. Er blickte in den Spiegel und begann zu lachen. Je mehr er lachte, um so schöner und glücklicher wurde sein Bild.»

> Offenbare mir, was du wahrhaftig liebst, was du mit deinem ganzen Sehen suchst und anstrebst, wenn du den wahren Genuß deiner selbst zu finden hoffst – und du hast mir dadurch dein Leben gedeutet. Was du liebst, das lebst du. Diese angegebene Liebe eben ist dein Leben und die Wurzel, der Sitz und der Mittelpunkt deines Lebens.
> *Johann Gottlieb Fichte*

# Ichi michi issho –
# Ein Tag – ein Leben

Der Trugschluß, daß der Lebenssinn im Wohlstand liege, erzeugt das Gefühl, immer mehr leisten zu müssen, um sich immer mehr leisten zu können. Dies führt jedoch am Leben vorbei und macht den Menschen unausgeglichen und krank. Leben ist nicht Leben zu irgendeinem Zweck, sondern besitzt eine Erfüllung in sich selbst. Es dient nicht dazu, höhere Gewinne zu erzielen, sondern dazu, einen Sinn zu suchen, durch den der Mensch freier, gesünder und glücklicher wird.

Durch die Übung der Kampfkünste haben junge Menschen die Chance, einem Ideal zu dienen und einen Sinn im Leben zu finden. Man begegnet jedoch selten jemandem, der dies wirklich tut und das Ideal nicht immer wieder um eines Vorteils willen verrät. Auf der Jagd nach Vorteilen verbringen die meisten Menschen ihr Leben mit dem Fordern von Zugeständnissen und vernachlässigen den Urgrund, aus dem ein eigener Sinn erwachsen könnte. Heute hat jeder gern teil an Größerem, beansprucht möglichst viel, will jeden Weg mitgehen. Doch die Bedingungen, die in der menschlichen Haltung zu erfüllen sind, übersieht man leicht und verdrängt sie. Durch ein solches Denken wird jeder höhere Sinn verdorben.

Wenn Menschen mit dieser Haltung in ein Dōjō kommen, sind sie nur selten zu einer Sinngebung fähig. Sie erwarten einen Sinn in der Übung, in der Technik, in der Lehre, immer jedoch in irgend etwas außerhalb von ihnen und suchen ihn nie in sich selbst. Sie glauben, daß die Kampfkünste sie stark, ausgeglichen oder gesund machen, ähnlich wie man zu Gott betet, er solle Reichtum oder Glück schenken. Mit dieser naiven Haltung tun sie alles in ihrem Leben. Sie lehnen Selbstverantwortung, Bekenntnis und Hingabe ab und haben ein Ziel im Auge, für dessen Erreichen andere die Wege bereiten, die Verantwortung tragen und die Hindernisse ausräumen sollen. Tun sie endlich selbst ein wenig, überbewerten sie ihre Leistung und erwarten einen großen Erfolg. Unfähig, dem, was sie tun, einen Sinn zu geben, sind sie mit ihrem Leben stets unzufrieden, suchen ständig nach Neuem und fühlen sich nur im Zeitvertreib wohl.

Alles, was man im Leben tut, sollte man ganz tun, mit innerer Überzeugung, mit eigenem Inhalt. Man muß sein Leben mit Sinn erfüllen und ihm Tiefe geben. Tiefe in sich selbst ist immer auch Erfüllung im Leben. Wenn man in ein Dōjō geht, kann man das lernen. Die Konsequenz, mit der man dort zu seinen Idealen steht, zeigt den Weg zur eigenen inneren Vervollkommnung. Wenn man jedoch viel verspricht und wenig hält, viel weiß und wenig erkennt, viel will und wenig tut, ist man trotz einfallsreicher Entschuldigungen nur wenig wert. Man muß sich um Fortschritt im Budō und um Sinn im Leben ehrlich bemühen und die Verantwortung für sein Handeln tragen. Ohne echtes Bekenntnis kann man in nichts einen Sinn finden. Man muß sein Leben leben, als wäre jeder Tag der letzte.

> Schnell wachsende Keime welken geschwinde;
> zu lange Bäume brechen im Winde.
> Schätz nach der Länge nicht das Entsprungne;
> fest im Gedränge steht das Gedrungne.
> *Wilhelm Busch*

## Tōdai moto kurashi – Am Fuße eines Leuchtturms ist es dunkel

Wir leben in einem gefährlichen Zeitalter. Die bis zum äußersten perfektionierten Manipulationsmethoden von Politik und Wirtschaft, die im eigenen Interesse den Menschen Selbstsucht, Konsumrausch und Größenwahn einreden, verdunkeln den Abgrund, vor dem wir stehen. Zu viele Werte gehen verloren, und in ihrer Maßlosigkeit vergessen die Menschen die alten Tugenden und verlieren die Achtung vor dem Leben. Junge Menschen finden eine an gewissenlose Politiker und skrupellose Industrielle preisgegebene Welt mit zweifelhaften Ideologien, aggressiven Technologien und fiktiven Werten vor, deren Schulen die widersinnige Lebensführung der Gegenwart rechtfertigen und lehren, wie die Gewinnsucht noch gesteigert werden kann. Dies führt dazu, daß viele nicht mehr wissen, was wirklich von Bedeutung ist im Leben.

Gesellschaftliche Institutionen verkehren den niedersten Trieb zur Tugend und rechtfertigen jedes Mittel, das Profit verspricht. Viele junge Menschen verwenden daher ihre ganze Kraft darauf, diesem Trend zu entsprechen und im Schutz der legalen Korruption gesellschaftlich angesehene Positionen zu erreichen. Angeregt durch entsprechende Vorbilder, suchen sie die Herausforderung auf der falschen Seite des Lebens und verletzen gewissenlos und unbedacht die grundlegenden Wurzeln des Seins. Die gesellschaftlichen Instanzen verbreiten zur Rechtfertigung ihrer Machtinteressen eine nach theoretischem Recht begründbare, jedoch vor dem Sein unhaltbare Pseudomoral, die offensichtlich das Leben mißachtet. Unzählige Menschen werden ihr Opfer und tragen unbewußt mit dazu bei, jeden Sinn und jeden Wert in der Welt zu verderben.

Die Menschen wollen zu hoch hinaus, sie sind zu anspruchsvoll, zu überheblich, zu habgierig und messen sich selbst eine zu große Bedeutung bei. Sie erkennen nicht, daß die Grundlage für den Frieden ihre eigene innere Gesinnung und der Anspruch auf unverdiente Vorteile immer in irgendeiner Weise Betrug ist. Jeder will ein Leuchtturm sein, der die anderen überstrahlt. Doch er sieht nicht, was sich zu seinen Füßen tut, denn dort ist es dunkel. Leben wird nur lebenswert, wenn die Menschen sich zunehmend zum Rechten bekennen, fremdes Leben achten und mit dazu beitragen, den Frieden zu erhalten. Dazu muß jeder in sich hineinsehen, denn das, was täglich in der Welt geschieht, ist ein Abbild unseres inneren Denkens.

> Die Welt gleicht einem Feuer, das am Wege angezündet ist; wer so viel davon nimmt, als nötig, um sich auf dem Wege zu leuchten, erduldet kein Übel, aber wer mehr nimmt, verbrennt sich.
> *Johann Wolfgang Goethe*

# Kenjō no bitoku –
# Wahre Stärke kommt durch Demut

Das Lebensziel vieler Menschen besteht im Streben nach Macht und Position, mittels derer sie sich durchsetzen und über anderen stehen wollen. Nur wenige fragen dabei nach dem Maß, nach der Verantwortung oder nach dem lebensgültigen Sinn, sondern nur nach dem praktischen Vorteil. In allen Lebensaspekten bemühen die Menschen sich darum, in irgendeiner Weise die Ausnahme zu sein, sich im Überschreiten einer Norm vom Durchschnitt abzuheben und dadurch Vorteile zu erlangen. Dies ist auch die Grundlage der modernen Zivilisation, deren Rang und Bedeutung in der Welt einzig und allein auf ihrer Machtposition beruht.

Doch Handeln ohne lebensgültigen Sinn ist menschenunwürdig und verdirbt das Leben. Dieser Erkenntis nicht fähig, streben Menschen in den oberen und in den unteren Etagen der Gesellschaft nach Macht und üben durch die ihnen jeweils zur Verfügung stehenden Mittel eine destruktive Wirkung auf das Leben aus. Dies ist ein naiver und unreifer Selbstbestätigungskomplex, der jedoch viele zu solchen Demonstrationen von Stärke treibt. Schläger und Rowdys unterscheiden sich darin nur durch die Methode von manch hohem Beamten, der in derselben primitiven Gesinnung die Macht zur Verwirklichung seines persönlichen Größenwahns verwendet.

Doch dies ist keine Stärke, sondern ein Zeugnis der Unreife, die, verbunden mit Macht, zur gefährlichen Waffe werden kann. Erst die Demut kann sie überwinden und innere Stärke zulassen. Menschliche Reife äußert sich nie durch Geltungsdrang, sondern durch Harmonie und Frieden. Wahre Stärke kommt erst mit der Demut.

Wahre Demut entsteht im Kampf gegen das Ich und führt zu der Erkenntnis, daß wir mit allem Lebendigen auf intensive Weise verbunden sind. Sie macht bewußt, wie klein und unbedeutend wir einerseits sind und wie gefährlich wir andererseits sein können, wenn wir die Verantwortung für unser Handeln ablehnen. Demut bezeugt sich in der Bewunderung für die Welt und in der Dankbarkeit, daß wir in ihr leben dürfen. Demut kommt mit der Erkenntnis, daß wir trotz allem, was wir erreichen können, dennoch klein und unwichtig bleiben. Aber der unreife Mensch setzt sich immer darüber hinweg. Erhält er Macht, wird seine aus der Dummheit geborene Überheblichkeit zur Gefahr für andere. Dies ist einer der Gründe, warum die Übung der Kampfkünste Demut erfordert.

Auch übermäßiges Lautsein, Angeberei, Arroganz und Unmäßigkeit sind Merkmale eines Menschen, dem es an Demut fehlt. Diese Untugenden wirken in jeder Handlung mit und beeinflussen, unscheinbar im kleinen und wirkungsvoll im großen, das Leben in der Welt. Sie sind weder harmlos noch ungefährlich, sondern ein Zeugnis dafür, wie der Mensch, persönlich unschuldig, zu jener Kettenreaktion von lebensbedrohlichen Wirkungen beitragen kann, für die kein einziger, sondern nur die Summe der einzelnen verantwortlich ist. Die Übung des Budō macht darauf aufmerksam. Die aus der Demut entstehende Stärke führt zum Geist des Budō. Übung, die das nicht berücksichtigt, verletzt die Grundregeln des Weges.

> Unsere Zustände schreiben wir bald Gott, bald dem Teufel zu und fehlen ein wie das anderemal: in uns selbst liegt das Rätsel, die wir Ausgeburt zweier Welten sind.
> *Johann Wolfgang Goethe*

## Ken Zen ichi – Schwert und Zen sind eins

Im 16. Jahrhundert schrieb der Zen-Meister Takuan (1573–1645) seinen berühmten Brief an Yagyū Munenori (Schwertmeister), in dem er die Verbindung zwischen Zen (Meditation) und Kenjutsu (Schwertkunst) verdeutlichen wollte. Das «Taiaki», wie dieser Brief benannt wurde, enthielt als zentrales Motiv den Satz «Ken Zen Ichi» und bezeichnet die wahre Meisterschaft der Schwertkunst als einen Zustand der vollkommenen Einheit des Menschen, die nur über die vollständige Perfektion von Ri (Zustand des Geistes) und Waza (Technik) zu erreichen ist.

Worauf es Takuan vor allem ankam, war klarzustellen, warum die meisten Kenkaku (Schwertkämpfer) trotz täglicher Übung das Stadium der Meisterschaft im Schwert nicht einmal annähernd erreichen konnten. Nach Takuans Erläuterungen liegt das Problem darin, daß die meisten Menschen nicht bereit sind zur geistigen Vervollkommnung und voller Kurzsichtigkeit nur das Körperliche wählen. Was solchen Menschen den Weg zur Meisterschaft verwehrt, ist nach Takuans Philosophie das *Ergriffensein vom eigenen Ich*, dessen Eigenwille dem Übenden gleichermaßen den Blick für das Wesen der Kampfkunst wie auch für die Realität des Lebens durch Vorurteile trübt. So bedeutet für Takuan Meisterschaft nichts anderes, als jenes Ich zu besiegen, das mit seinen unzähligen inneren Antrieben den Geist und die Handlungen des Menschen verwirrt und der wahren Verwirklichung seines Eigenwesens ewig im Wege steht.

«Ken Zen Ichi» – die Einheit von Ken und Zen –, bedeutet, jene Stufe der Meisterschaft zu erreichen, «auf der es weder Ken noch Zen gibt und dennoch nichts im Weltall zu finden wäre, was nicht Ken und Zen ist». Das, was wir Menschen sehen (Shiki – die Erscheinungsformen), hängt von der Erkenntnisfähigkeit unseres Bewußtseins ab und verändert seine Form je nach Betrachtungsweise. So geht es beim Erlernen einer Kampfkunst weniger darum, auf den Gegner zu zielen als auf das eigene Ich. Ist dieses im Vorurteil gefangen, beeinflußt es die Handlung. Was der Gegner ist, was man an ihm für richtig und falsch hält und was man davon erkennt, hängt sehr vom Vollendungsgrad des eigenen Geistes ab, denn der selbstgefällige oder ichbezogene Geist unterliegt schnell einer Täuschung. Um ein ganzer Mensch zu werden, der in der Lage ist, die Dinge richtig zu erkennen, reicht es nicht, sich in der Technik zu üben. Er muß seinen Geist üben, denn nicht nur Sieg und Niederlage hängen davon ab, sondern sein gesamter Wert, den er als Mensch in allen alltäglichen Handlungen verkörpert.

Am Anfang des Taiaki sagt Takuan: «In der Kunst des Kämpfens geht es nicht um Sieg oder Niederlage, nicht um stärker oder schwächer, nicht um einen Schritt vor- oder rückwärts. Man muß ohne einen Schritt vorwärts oder rückwärts, ganz einfach auf derselben Stelle stehend, siegen können.» Darin aber liegt nicht nur die letzte Wahrheit des Kämpfens, sondern auch das Geheimnis der Behandlung aller menschlichen

Angelegenheiten überhaupt. Takuan meint damit das «Leermachen» von allen Wünschen und Vorhaben, denn diese fangen den Geist und lassen ihn an Vorgestelltem haften. Dieses Leermachen des Geistes von der Selbstvorstellung – Ku – (im Buddhismus Muga – Ichlosigkeit) ist die Voraussetzung für ein ungetrübtes Sehen der Wirklichkeit – nicht nur im Kampf, sondern bei der Bewältigung aller alltäglichen Probleme.

Takuans Erläuterungen über die Geisteserziehung in der Übung der Kampfkünste hatten einen wesentlichen Anteil an der schrittweisen Umformung des Bujutsu (Technik des Kriegers) zum Budō (Weg des Kriegers). Die Meister begannen viele philosophische Aspekte des Zen in ihre Übung einzubeziehen, und so enstand aus einer tödlichen Kampfkunst ein Weg des Lebens.

> An einer Seele, die völlig frei von Gedanken und Erregungen ist, findet selbst der Tiger keine Stelle, seine Krallen einzuheften.
> *Takuan Sōhō*

## Ri no shūgyō, waza no shūgyō – Das Studium des Geistes und das Studium der Technik

Auch dieser Leitsatz stammt von Takuan. Das von ihm erläuterte *Ri* (entspricht dem Ri aus Shu Ha Ri) ist die absolute Kontrolle des Geistes, die aus der Freiheit oder Loslösung desselben von allen weltlichen Dingen besteht. Diese Art der inneren Haltung, das «Nichthaften» (Mushotoku) an den objektiv sichtbaren Erscheinungen (Shiki), das nur durch die absolute Überwindung des Ich erreicht werden kann, führt bis zur Lehre Buddhas zurück und wurde im Bushidō des japanischen Mittelalters zur essentiellen Lehre der Kampfkunstphilosophie. Die Überwindung der Angst, ein zentrales Motiv der Krieger, basiert auf dieser Lehre.

Ri kann auch als Zustand des «unbewußten Bewußtseins»

oder «bewußten Nichtbewußtseins» (Mushin) beschrieben werden. In diesem Zustand kann der Geist in jeder Situation frei reagieren und wird nicht durch innere Zustände (Emotionen, Wunschvorstellungen, Vorurteile usw.) zu einer falschen Sicht der Wirklichkeit verleitet, was in einem Kampf einer Niederlage gleichkäme. Auf dieser Theorie Takuans beruht auch der bekannte Satz: «Man darf nicht an Sieg oder Niederlage denken.» Solche Gedanken verhindern, daß die Technik – egal in welchem Maß sie gemeistert wurde – situationsentsprechend und zweckgerecht ausgeführt werden kann, weil der Geist von Wunschvorstellungen (oder anderen Gefühlen) gefangen ist und in diesem Vorurteil falsche Entscheidungen trifft.

Im weiteren weist Takuan darauf hin, daß Ri, die rechte Haltung des Geistes, kein Garant für einen Sieg ist. Er nennt es nur die «Hälfte des Weges» in den Kampfkünsten, während die andere Hälfte die Meisterschaft von Waza (Technik) ist. Weder Ri noch Waza schreibt er im einzelnen eine größere Bedeutung zu. Meister der Kampfkunst nennt er nur einen Menschen, der beides bis zur Vollkommenheit meistert. Das bedeutet: Meisterschaft in der Kampfkunst vollzieht sich nur unter Berücksichtigung beider Extreme – der Vervollkommnung des Geistes und der Meisterschaft der Technik.

# Verteidige die Wege der Wahrheit

> Hohe Erkenntnis und Einsicht in die göttlichen Geheimnisse fordert Gott nicht von dir. Wenn du nicht einmal verstehst und begreifst, was unter dir ist, wie wirst du begreifen, was über dir ist?
> *Thomas von Kempen*

## Dōjō nominō Karate tō omou na – Denke nicht, daß Karate nur im Dōjō stattfindet

Dieser Leitsatz wurde von Meister Funakoshi formuliert und in den Shōtō-nijūkun an achter Stelle erläutert. Er besagt, daß ein Kampfkunstübender nicht denken sollte, daß die Übung der Technik im Dōjō wichtiger wäre als die Übung seiner alltäglichen inneren Haltung. Viele Schüler konzentrieren sich nur auf die ihnen wichtig erscheinende Technik und lassen die Verhaltensübung außer acht. Dadurch erkennen sie bedeutende Zusammenhänge der Budō-Übung nicht, und während sie um den von ihnen gewünschten Fortschritt kämpfen, gehen sie am Weg vorbei. Sie blicken überheblich auf das herab, was sie als weniger wichtig betrachten, und merken nicht, daß dadurch eine Haltung entsteht, die ihren Wegfortschritt verhindert.

Fortschritt in den Kampfkünsten besteht aus weitgreifenden Zusammenhängen und resultiert keinesfalls nur aus der Technik. Es ist nicht möglich, die vielen Aspekte zu beschreiben, denn dabei müßte man über innere Haltungen gegenüber dem Leben sprechen. Doch der echte Schüler weiß, daß das Geheimnis der Meisterschaft in seiner inneren Haltung liegt. Für die Überwindung aller sich in den Weg stellenden Hindernisse ist jeder selbst verantwortlich. Meister Funakoshi sagte, daß ein Mensch demütig sein muß, um überhaupt wert zu sein, Unterricht in einem Dōjō zu erhalten.

Häufig geschieht es, daß ein Übender plötzlich keinen Fortschritt mehr macht, obwohl er sich in der Technik sichtlich bemüht. Der Grund dafür liegt oft in einer überheblichen Meinung von sich selbst, in einem beleidigten Selbstgefühl oder in der Vernachlässigung kleiner, jedoch wichtiger Dinge, deren Bedeutung er unterschätzt. Mit fester Überzeugung kämpft er für seine Sichtweise, doch die hervorgerufene Resonanz ist ihm nicht dienlich und isoliert ihn. Im Dōjō verbeugt er sich vor seinem Lehrer, doch draußen ist er überheblich, besserwisserisch und arrogant. Karate findet nicht nur im Dōjō statt. Er hat vergessen, daß Fortschritt über die bloße Technik hinaus entscheidend von der rechten Haltung abhängt, mit der er dem Leben begegnet.

Meister Chibana sagte einmal: «Wir alle haben ein bißchen Schwäche in uns. Auf die eine oder andere Weise wollen wir manchmal etwas umsonst. Doch im Karate gibt es so etwas nicht. Dort müssen wir unseren Rang, unser Vorwärtskommen, unseren Status oder unseren Grad durch harte Arbeit und Hingabe an die Kunst täglich aufs neue verdienen. Im Karate gibt es keine Abkürzungen, es gibt nur die Arbeit, den Schweiß und die Schmerzen.»

Nicht ohne Grund gilt in den Kampfkünsten die Dōjōkun als Maßstab für den Fortschritt. Sie ist eine ständige Herausforderung an das unüberwundene Gefühl. Wenn der Übende den Kampf gegen seine inneren Unebenheiten nicht annimmt, wird er am dauernden Beleidigtsein scheitern. Doch dies hindert ihn nicht daran, im Dōjō Techniken zu üben. Es gibt viele Übende, die es auf diese Weise versuchen. Doch als ewige Verlierer gegen das eigene Ich können sie in den Kampfkünsten nichts erreichen. Die wahre Übung geht über die Formen hinaus. Nur wer dies als Auftrag annimmt, kann verstehen, was die Kampfkünste bedeuten.

Unabhängig von der eigenen Meinung zählt im Budō nur jener Wert, den ein Übender im Kampf gegen sich selbst bezeugt. Wird ein solcher Wert sichtbar, wird er eine Resonanz der Achtung und Anerkennung hervorrufen. Die Überheblichkeit hingegen bedarf keiner Übung, denn sie ist in jedem unfertigen Menschen als feste Größe angelegt. Sie zu überwinden und sich verbeugen zu lernen ist der erste Schritt zum Fortschritt. Dies zu erkennen und als Übung anzunehmen ist Budō.

Manchmal gibt es Schüler, die eine solche Übung ablehnen. Sie sind nur bereit zu lernen, was sie als richtig betrachten. Auch diese Menschen können in einem Dōjō Techniken trainieren. Doch sie können sich in keinen Fortschrittsprozeß integrieren, denn sie mißachten die grundlegenden Regeln des Weges. Ihr übertriebenes Selbstgefühl trennt sie von all jenen unsichtbaren Verbindungen, in denen sich Menschen begegnen, voneinander lernen und miteinander wachsen. So stehen sie ständig außerhalb des Kreises, in dem Budō-Erfahrungen möglich sind.

Gleich ihrem technischen Können sind solche Menschen in den Kampfkünsten wertlos. Sie berufen sich auf einen Eigenwert, der nicht existiert, da er sich nie bezeugt. In naiver Selbstüberschätzung erkennen sie ihre eigene Bedeutungslosigkeit für andere Menschen nicht und erschweren deren Bemühen um Integrität und Harmonie. Sie stören durch ihr Verhalten ständig das Gleichgewicht der Gemeinschaft, das durch erhöhte Hingabe wieder ausgeglichen werden muß. Die durch Arbeit entstehenden Voraussetzungen nehmen sie als Selbstverständlichkeit für sich in Anspruch und mißachten durch diese Haltung das Dōjō und all jene, die mit ehrlicher Zuwendung am Erhalt seiner Werte arbeiten.

Je größer der technische Fortschritt solcher Menschen ist, um so störender wird ihr Verhalten für all jene, die den Weg suchen. Diese Menschen sehen nur das Recht zum Nehmen. Sie haben zu nichts eine echte Beziehung und betrachten alle existierenden Voraussetzungen als selbstverständliche Gegebenheiten. Sie sind nie für andere Menschen da, doch sie erwarten, daß andere für sie da sind. Sie können nicht erkennen, daß ihr Verhalten überhaupt nur auf Kosten anderer möglich ist, die bereit sind, Verantwortung zu akzeptieren und zu tragen. Gäbe es diese Menschen nicht, gäbe es auch kein Budō. Sie sind die Basis aller Voraussetzungen und dank ihrer Haltung wirklich wertvoll. Sie allein verdienen es, als Fortgeschrittene bezeichnet zu werden.

Diejenigen, die ihren Grad nur durch Technik erreicht haben, sind für die Kampfkünste wertlos. Sie profitieren von fremden Werten und erkennen nicht, daß ihre Mitübenden für ihre naive Vorstellung von Eigenverwirklichung, für ihre Selbstbezogenheit und Anmaßung die Verantwortung tragen müssen.

> Jeder von uns muß für sich selber finden, was erlaubt und was verboten – ihm verboten ist. Man kann niemals etwas Verbotenes tun und kann ein großer Schuft dabei sein.
> *Hermann Hesse*

## Karate wa gi no tasuke –
## Karate ist ein Helfer der Gerechtigkeit

Auch dieser Leitsatz stammt aus Meister Funakoshis Shōtōnijūkun und wird dort an dritter Stelle erläutert. Er hebt darauf ab, daß die Übung der Kampfkünste einen Geist entwickelt, der im Alltag der Gerechtigkeit dient.

Der Gerechtigkeit ist nicht Genüge getan, wenn die Gesetze das Denken ersetzen, sondern erst wenn das Gesetz durch Nachdenken verstanden wird. Ein guter Bürger achtet jedoch die Gesetze, auch wenn sie manchmal seinem persönlichen Rechtsempfinden widersprechen. Sie sind es, die das menschliche Zusammenleben ermöglichen. Ohne sie wären die Strukturen der Gesellschaft gefährdet und die zwischenmenschlichen Beziehungen zerrissen. Ihre Mißachtung stört die Ordnung und vermindert die Lebensqualität.

Doch oft haben die Menschen kein eigenes Rechtsempfinden, sondern vertreten unüberprüft die Gesinnung ihrer Kaste. Eigenes Rechtsempfinden entsteht erst dort, wo der Mensch über die Gesetzesregeln hinaus ein gerechtes Verhalten entwikkelt, dem gegenüber er zur Verantwortung bereit ist. Unreife Menschen werden auch durch das Gesetz nicht gerecht, da ihr Rechtsempfinden um ihr Ich kreist, das keine Kompromisse verträgt.

Deshalb gibt es keine Gerechtigkeit durch das bloße Befolgen der Gesetze. Die Gesetze sind nur das Schema, in dem die menschliche Feinabstimmung nicht fehlen darf. Diese liegt im Bereich der inneren Fähigkeiten jedes einzelnen. Sie bedarf der Entdeckung und der Pflege des rechten Menschen, weit über das intellektuelle Verständnis hinaus.

Das Gesetz allein, ohne persönliches Gewissen, erzeugt eine gefährliche Gesinnung. Diese verhärtet sich im Glauben an ein ewiges Rechthaben, das sich durch gekaufte Rechtsinterpreten jederzeit theoretisch beweisen läßt. Damit ist der Gerechtigkeit nicht gedient, denn hinter dem Menschen mit der stets weißen Weste kann sich alles mögliche verbergen. Gerechtigkeit besteht oft darin, eher Unrecht zu erleiden, als Unrecht zu tun.

Das Rechtsempfinden bedarf des reifen Denkens, das nicht durch das Studium der Gesetze, sondern durch Selbsterkenntnis erworben wird. Es steht nie bedingungslos im Zeichen irgendeiner Regel, sondern bewahrt sich immer die Freiheit der eigenen Entscheidung in der jeweils aktuellen Situation. Das Gesetz kann bei der Entscheidung helfen, doch es kann sie nicht ersetzen.

> Ein einziger dankbarer Gedanke gegen den Himmel ist das vollkommenste Gebet.
> *Gotthold Ephraim Lessing*

# Gasshō –
# Sei dankbar für jeden Augenblick deines Lebens

Gasshō ist eine Geste, die ursprünglich aus dem Zen-Buddhismus stammt und ein Ausdruck der Dankbarkeit und der Verehrung ist. Man legt die Hände bei waagrecht gehaltenen Unterarmen zusammen, so daß die Finger senkrecht nach oben weisen. Im übertragenen Sinn bedeutet Gasshō: «Sei dankbar für jeden Augenblick deines Lebens.»

Die rechte Haltung in den Kampfkünsten bezeugt eine innere Dankbarkeit gegenüber allen Umständen und Gegebenheiten des Lebens. In allen Philosophien wird eine solche oder eine ähnliche Haltung als Grundvoraussetzung des Lebens gelehrt. Heutzutage jedoch werden die Menschen ermuntert, ihrer Sehnsucht nach Vergnügen und Besitz nachzugeben. Diesem zweifelhaften Prinzip entsprechend funktionieren die Konsumgesellschaften, die den Menschen Egoismus, Habgier und Selbstsucht als Weg zum persönlichen Lebensglück einreden. Doch dies ist ein Weg, der das Leben gefährdet. Ein Schüler des Budō wird sich in der Bedürfnislosigkeit üben und damit seiner verinnerlichten Achtung gegenüber dem Leben Ausdruck verleihen. Er wird die Tendenzen, zu konsumieren, zu profitieren und haltlos zu leben, kontrollieren und sie in maßvolle Bahnen lenken.

Leben besteht nur dadurch, daß anderes Leben für es stirbt. Dies ist das Gesetz der Natur, und der Mensch kann es nicht ändern. Doch was er tun kann, ist, als Mensch zu leben. Ein Zufall der Evolution hat ihm Bewußtsein verliehen und ihn dadurch zum Jäger gemacht. Doch dieser Zufall ist noch kein Verdienst, sondern erst das Bemühen um eine menschliche Gesinnung. Wenn er dies jedoch versäumt und statt dessen raubt und plündert, was unterscheidet ihn dann vom Tier, das es besser nicht wissen kann?

Für alles, was uns am Leben erhält, sind wir zu Dank verpflichtet, denn nichts ist unendlich und nichts ist umsonst. Ohne Dankbarkeit sind wir weniger als das Tier, das ohne Bewußtsein den natürlichen Gesetzen folgt. Menschliches Leben jedoch ist bewußtes Leben, in dem sich der Intellekt als Waffe erweist, wenn diese Erkenntnis fehlt.

> Meinungen interessieren mich nur da, wo sie zu Taten und Opfern führen. Ein Mann, der das Gegenteil denkt wie ich, mir aber als Kerl gefällt und imponiert, ist mir viel lieber als irgendein Gesinnungsgenosse, der vielleicht ein Feigling und Schwätzer ist.
> *Hermann Hesse*

# Fugen jikkō – Laß deine Handlungen für dich sprechen

Manche Menschen diskutieren ohne Inhalt und theoretisieren an jeder Wirklichkeit vorbei. Darin liegt kein Sinn, denn ohne Erkenntnis hat Wissen keinen Wert. Einer Aussage muß eine Erkenntnis zugrunde liegen und nicht eine unverbindliche Theorie. Viele Menschen berufen sich jedoch aufs Besserwissen oder auf Theorien über unverstandene Dinge. Pauschalweisheiten sind einfacher und daher weit mehr gefragt als die Meinung der Experten.

Solch gravierende Sinnverformungen sind heute geradezu Mode. Unsere gesamte Sprache wird zu diesem Zweck durch Diplomatie, Rhetorik und Ausdruckslosigkeit entstellt, wobei der Sinn der gegenseitigen Verständigung dem Glanz der intellektuellen Formulierung weichen muß. Das gesamte Gebaren im Leben gilt nur dann als «in», wenn es gelassene Überheblichkeit und konforme Satiertheit ausdrückt. Für ein bewußtes Wesen ist dies ein Evolutionsrückschritt und ein Hindernis auf dem Weg geistiger Entwicklung.

Trotz allen Wohlergehens gibt es im Prinzip für niemanden ein Hindernis, nach Geistigkeit zu streben. Das einzige Hindernis liegt in einem Bewußtsein, das das Leben mit einem Schauspiel verwechselt und sich in leeren Theorien, ohne Denken und Handeln erschöpft. Diese Haltung kann in der Realität nicht überleben. Ein fähiger Mensch mißt sich an seinen Handlungen.

> Was Menschen Glück und Unglück nennen, ist nur der rohe Stoff dazu; am Menschen liegt's, wozu er ihn formt.
> *Otto Ludwig*

## Wazawai wa getai ni shōzu – Unglück geschieht immer durch Unachtsamkeit

Der unbewachte Augenblick ist der schlimmste Feind aller Ziele. Jede Art von Unglück geschieht, weil der Mensch in der entsprechenden Situation nicht richtig konzentriert ist oder weil ihm die entscheidende Intuition fehlt, die ihn die Lage richtig einschätzen ließe. Durch die Übung des Budō kann man sich diese Haltung aneignen, die sich durch wache Aufmerksamkeit gegenüber allen Dingen auszeichnet. Dies ist mehr oder weniger eine Übungssache, und jeder Mensch, der wirklich will, kann das lernen. Geistesabwesenheit beim gegenwärtigen Tun, Unaufmerksamkeit oder zuviel Grübeln über das Leben an sich, über Verlorenes oder über das, was hätte sein können, ist der schlimmste Feind für die Konzentration. Man sollte sich selbst betrachten und herausfinden, welches die wahren Ursachen für persönliche Fehlschläge jeder Art sind. Die Antwort liegt immer in einem selbst. Man muß sich richtig konzentrieren und die Gegenwart annehmen.

Manche Menschen sind scheinbar ewig vom Pech verfolgt. Sie erreichen nur selten ein Ziel, weil sie das Rechte zum rechten Augenblick nie erkennen, und während sie über vertane Chancen nachsinnen, übersehen sie die Möglichkeiten der Gegenwart. In dieser Haltung, in der sie unsensibel für die Zeichen in ihrer Umgebung sind, werten sie nur objektiv Sichtbares und kombinieren es zu einer erwünschten Wirklichkeit. Blind und taub reagieren sie nicht auf das, was tatsächlich ist, sondern auf das, was sie denken, das sein müßte. Sie vertrauen nur ihrer Vorstellung, und während sie den Richtungspfeil suchen, gehen sie verkehrt durch die Drehtür. Dies alles ist kein Pech, sondern eine totale Vernachlässigung der zur Erkenntnis befähigenden Aufmerksamkeit. Wenn man sicher sein will, daß alles mißlingt, braucht man nur immer unachtsam zu sein. Der große japanische Schwertmeister Tsukahara Bokuden hatte einen Leitsatz, den er sein ganzes Leben lang beachtete und seinen Schülern oft sagte: «Ein waches Bewußtsein macht alle Dinge möglich. Nichts ist unmöglich.»

> Was in der Natur der Dinge liegt und das Schicksal herbeiführt, darüber wäre es töricht und unmännlich zugleich, seine Ruhe und sein inneres Gleichgewicht zu verlieren.
> *Wilhelm von Humboldt*

## Mizu no kokoro – Ein Geist wie Wasser

Der Geist eines Kampfkunstexperten ist ruhig und klar wie die Oberfläche eines stillen Sees. Eine solche Oberfläche ist ein Spiegel, der alles reflektiert, was in seiner Umgebung geschieht. Der Kampfkunstexperte, der seinen Geist in dieser Haltung übt, wird bald feststellen, daß er dadurch sowohl die Aktionen seines Gegners spontan erkennen als auch die Situation seines Lebens klar beurteilen kann und zur rechten Reaktion fähig wird. Wenn der Geist nicht aufmerksam konzentriert in seiner natürlichen Haltung ruht, sondern ständig von Gedanken und Vorstellungen abgelenkt wird, ist er wie ein See, dessen Oberfläche Wellen wirft. Er wird die Wirklichkeit verzerren und nicht mehr wahrheitsgetreu wiedergeben. Der Mensch kann nicht mehr erkennen und muß seinem Vorurteil vertrauen. Ohne rechte Erkenntnis wird er falsch handeln. Der Geist muß von eingebildeten Vorstellungen, von störenden Gedanken, von Trägheit und Vorurteilen frei sein, wenn er die zusammenhängende Wirklichkeit wirklich erkennen will.

Die körperliche und die geistige Übung des Budō sind als Einheit zu betrachten und keine davon darf bevorzugt werden. Der Geist kontrolliert das Geschehen, und entsprechend wertvoll wird die Handlung sein. Erst danach kommt die Technik.

Deshalb müssen Geist und Körper gleichermaßen entwickelt werden. Der Übende, der ausschließlich seinen Körper trainiert, wird schnell eine Grenze erreichen, denn ohne Erkenntnis wird er falsch handeln. Verfügt er nur über eine gute Technik, muß er die Disharmonie zwischen Situation und Verhalten durch immense Kraftanstrengungen ausgleichen. Mit einem erkenntnisfähigen Geist verhält er sich im Vorfeld des Geschehens angepaßt und harmonisch.

Der Leitsatz besagt, daß die rechte Geisteshaltung in der Übung gebunden werden muß, um den Menschen vor Vorurteilen, Irrtümern und gedankenlosen Handlungen zu bewahren. Alle Handlungen hängen letztendlich von der Klarheit des Geistes ab und sind selbst in alltäglichen Situationen so eng mit diesem verbunden, daß jede Verhaltensweise von ihm beeinflußt wird. Die Sinne können nur das objektiv Sichtbare wahrnehmen und definieren die Realität nach sehr oberflächlichen Maßstäben. Erst dahinter steht der Geist, der mit unterschiedlicher Fähigkeit erkennt und entscheidet.

> Wer das Denken zur Hauptsache macht, der kann es darin zwar weit bringen, aber er hat doch eben den Boden mit dem Wasser vertauscht, und einmal wird er ersaufen.
> *Hermann Hesse*

# Koe naki o kiki, katachi naki o miru – Das Nicht-Geräusch, das du hören kannst, und das Nicht-Bild, das du sehen kannst

Der Leitsatz bezeichnet die gesteigerte innere Wachsamkeit und die auf die Gegenwart gerichtete Konzentration (Zanshin) eines fortgeschrittenen Kampfkunstexperten, die durch rechte Übung möglich wird. Durch unermüdliches Training kann sich ein Meister in die Lage versetzen, sogar Dinge und Situationen zu erkennen, für deren Wahrnehmung selbst die Aufmerksamkeit eines geübten Geistes nicht ausreicht (Yomi).

Obwohl er durch diese gesteigerte Sensibilität mit noch mehr Sinnesreizen konfrontiert wird, kann er dennoch Wesentliches von Unwesentlichem in Sekundenbruchteilen unterscheiden (Kufū). Solche besondere Konzentrationsfähigkeit des Geistes muß durch Übung geformt werden und kann sich durch höhere Bewußtwerdung ins Unendliche steigern.

Die Fähigkeit, das «Unsichtbare zu sehen» und das «Unhörbare zu hören», ist nichts Übernatürliches, sondern ein mögliches Ziel in der Übung des Budō. Die erste Bedingung dafür ist das Erreichen einer allgemein guten Konzentration bei allen Handlungen des Alltags. Wenn Menschen sagen, daß sie ständig von Pech verfolgt sind, haben sie die Vorstufe zu diesem Bewußtsein noch nicht erreicht. Vielleicht liegt ihr Unglück in einer stets verschlafenen und unkonzentrierten Haltung, in der es ihnen unmöglich ist, die Zeichen in ihrer Umgebung zu erkennen und richtig zu deuten. Dies kann man durch Übung ändern, wenn man sich bewußt macht, daß es die Möglichkeit gibt, sich selbst zu lenken und zu kontrollieren. Die Fähigkeit dazu kann ohne absehbares Ende vervollkommnet werden.

> Der Weise paßt sich den Umständen an. Er trachtet nach gütlicher Lösung und vermeidet häßliche Konflikte.
> *Tsao Hsüe Kin*

## Setsu dō motsu – Sei stark, doch wisse, wann du nachgibst

Die Fähigkeit, sich angemessen zu verhalten, ist eine Grundvoraussetzung zum Erreichen höherer Ziele. Sie erwächst aus dem inneren Ausgleich der Gefühle und durch die Überwindung des Ich. Menschen, die sich überschätzen und selbst für zu wichtig halten, sind ständig dabei, falsche Stärke zu demonstrieren. Durch ihre unangemessene Haltung stehen sie ihren eigenen Absichten im Wege und werfen in einem einzigen unbedachten Moment um, was sie sich mühsam aufgebaut haben.

Die Achtung vor allen Dingen ist die Grundlage jener inneren Stärke, die dem reifen Menschen ein angemessenes Verhalten ermöglicht. Ein reifer Mensch findet viele Gelegenheiten, Achtung zu bekunden, während der Kampfkunstexperte es sogar zur Übung macht. Der unreife Mensch hingegen nimmt jede Gelegenheit wahr, selbst die achtungswürdigsten Dinge herunterzumachen und sie durch maßlose Überheblickeit zu entehren. Dadurch erreicht er jedoch keine Stärke, sondern einen Zustand der Schwäche und Abhängigkeit.

In den Kampfkünsten dient die Etikette des Rei zur Übung dieser Haltung. Die Achtung, die ein Schüler dem Lehrer bezeugt, indem er sich stillschweigend verbeugt, formt in ihm die Fähigkeit, innere Stärke durch die Überwindung des Ich zu entwickeln. Doch diese Übung muß die bloße Form des Rei übersteigen und zu einem wahren Verständnis führen. Der Gruß allein, ohne die entsprechende Haltung, führt nicht zur Stärke.

Ein Beispiel mag das verdeutlichen. Es passiert häufig, daß fortgeschrittene Schüler mit wachsendem Selbstgefühl ihren Lehrer herausfordern. Sie weisen ihm Fehler nach und kritisieren seine Haltung. Dies tun sie nicht aus böser Absicht, sondern in der festen Überzeugung, es besser zu wissen und recht zu haben. Unabhängig davon, ob dem wirklich so ist, verletzen sie damit jedoch die Etikette des Budō, werden überheblich und entwickeln dadurch eine Haltung der Schwäche. Selbst wenn der Lehrer kein Budō-Meister ist, müssen sie sich letztendlich unterordnen oder gehen.

Wären sie wirklich das, wofür sie sich halten, würden sie sich durch die Etikette lenken lassen und stillschweigend verbeugen. Dadurch würden sie die Wahrheit sichtbar machen, denn das Rei ist stärker als das Ich. Der falsche Lehrer büßt hier seine Position ein. Die Übenden des Dōjō werden das Rei durch ihre Achtung anerkennen, denn es ist das höhere Niveau.

Doch wenn es nur das Ich ist, das um Anerkennung ringt, ist der Kampf vergeblich. Selbst wenn sie ihn gewinnen, werden andere kommen, die erneut angreifen. Nur wahre Stärke kann bestehen, doch sie braucht keine Unterstützung durch das Ich. Wenn das Rei fehlt, ist es keine Stärke.

Wenn der Schüler lernt, sich wirklich zu verbeugen, hat er ein hohes Niveau erreicht. Er besiegt sein falsches Ich und gewinnt eine starke Persönlichkeit. Solange jedoch das Ich im Spiel ist, kann er das nicht erkennen. Das Ich ist stets um sich selbst besorgt und entscheidet immer im Hinblick auf sein Image. In dieser Haltung heißt der Mensch gut, was seinem Ich dient, und lehnt ab, was seinem Ich schadet. Um angemessen handeln zu können, muß das Ich aus dem Spiel bleiben.

Ein echter Lehrer erkennt den Schüler an seinem Rei. Darin gibt es eine Verständigung ohne Worte. Doch solange der Schüler im Ich gefangen ist, hat sein Rei keine Stärke, sondern es besteht nur aus Form. Es ist voller Ansprüche, Bedingungen und Abhängigkeiten und deshalb stets unterlegen und schwach. Es ist nicht frei vom Selbstgefühl, und daher ist es nichts weiter als Unterwerfung, ein willenloses Befolgen der Regel oder auch nur ein Ausdruck der Hoffnung auf eine baldige innere Verwandlung. Erst das vom Ich befreite Rei beinhaltet Stärke.

Das Rei kann zusammen mit dem Ich nur dann existieren, wenn es sich ständig in gegenseitigen Kompromissen arrangiert. Das geschieht in der einen oder anderen Weise bei jedem Anfänger, doch mit weiterem Fortschritt werden die Kompromisse schwieriger, weil die inneren Ansprüche steigen. Das Rei und das Ich widersprechen einander. Der Fortgeschrittene weiß, daß das richtige Rei erst aus der ichbefreiten Persönlichkeit entsteht. Durch sie gewinnt das Rei seine Kraft.

> Ein Mensch pflückt, denn man merkt es kaum,
> Ein Blütenreis von einem Baum.
> Ein andrer Mensch, nach altem Brauch,
> Denkt sich, was der tut, tu ich auch.
> Ein dritter, weils schon gleich ist, faßt
> Jetzt ohne Scham den vollen Ast.
>
> Und sieh, nun folgt ein Heer von Sündern,
> Den armen Baum ganz leer zu plündern.
> Von den Verbrechern war der erste,
> Wie wenig er auch tat, der schwerste.
> Er nämlich übersprang die Hürde
> Der unantastbar reinen Würde.
>
> *Eugen Roth*

## Mazu jiko wo shire, shikoshite tao wo shire – Erkenne zuerst dich selbst, dann den anderen

Es liegt in der menschlichen Natur, von der Richtigkeit der eigenen Meinung auszugehen und selbst beim oberflächlichen Betrachten fremder Angelegenheiten sagen zu können, was richtig und was falsch ist. Doch dies ist eine naive Haltung. Es ist schon schwer genug, die Wahrheit in sich selbst zu finden. Alles, was darüber hinausgeht, bedarf einer intensiven Übung und ist ohne einen fortgeschrittenen Zustand der Reife im Leben ganz und gar unmöglich.

Der in einer Spezialisierung fixierte Geist verhindert das Erkennen größerer Sinnzusammenhänge. Da jedoch die moderne Technik den in einem unbekannten Ganzen funktionierenden Spezialisten weit mehr schätzt als den im Leben gereiften Menschen, wird der unfertige, jedoch hochspezialisierte Mensch immer mehr zum Vorbild. Doch wo immer dieser Mensch außerhalb seines Bestimmungsbereichs aktiv wird, entstehen Mißverständnisse. Der Spezialist ist ein Mensch, der immer mehr von immer weniger versteht.

Für Kampfkunstübende ist die Bemühung um einen erweiterten Geist ein bedeutendes Übungsziel. Es ist naiv und überheblich, in den Verantwortungen anderer Rechtes von Unrechtem zu unterscheiden, ohne selbst miteingebunden zu sein. Auf dieser Grundlage beruhen in den Kampfkünsten die Verhaltensregeln. Ein Fortschrittsgrad rechtfertigt sich nur, indem er nach unten hin beispielgebend und nach oben hin achtungsvoll ist. Es ehrt ihn nicht, wenn er sich dazu berufen fühlt, höhere Grade zu kritisieren und nach unten zu herrschen. Seine Aufgabe besteht darin, sich zu bemühen, selbst den Anforderungen höherer Grade zu entsprechen, um mit der Zeit zu wachsen. Dies ist etwas anderes, als mit unfertigem Geist höhere Verantwortung zu beurteilen.

Nur die Fähigkeit zur Verantwortung setzt sich letztendlich durch. Doch nie ist sie fordernd und anklagend, sondern immer bescheiden und genügsam. Man kann sie erreichen, wenn man die Herausforderung in sich selbst sucht und mit der Zeit reifer wird. Tatsächliches Vermögen kämpft nicht um Anerkennung, sondern handelt und beweist sich selbst. Einbildung hingegen hat immer die Tendenz, fremde Werte zu übersehen und Fehler anderer überzubewerten.

Wirkliche Erkenntnis hinterfragt die eigene Bereitschaft, Herausforderungen anzunehmen und auf breiter Basis zu verantworten. Die Pauschalmeinung will nur das Prestige. Sie stellt die Fehler anderer fest und weiß immer um die Wege des Rechten und des Besseren.

Ohne Selbsterkenntnis und Reife ist man nicht in der Lage, die wahre Natur einer Angelegenheit zu verstehen, denn man sieht nur ihre Teilabschnitte. Man sollte sich die Chance geben, durch rechte Übung mit der Zeit reif zu werden und den Geist für weiteren Fortschritt offenzuhalten, denn eine solche Übung erschließt neue Wege. Verfrühte Ansprüche verhindern die Reife.

# Pflege den Geist des Strebens

> Erkennt den Krieg nicht als von außen, sondern von euch selbst geschaffen und gewollt, so habt ihr den Weg zum Frieden vor euch.
> *Hermann Hesse*

## Mosshōseki – Laß keine Spur hinter dir

So wie ein Vogel, der keine Spur am Himmel, und ein Fisch, der keine Spur im Wasser hinterläßt, soll nach der Lehre des Budō ein Mensch leben, der wahres Bewußtsein verwirklicht hat. Gemeint ist damit ein Leben in völliger Natürlichkeit, die weder aus aggressivem Wirken noch aus passivem Dulden besteht. Im Zen bezeichnet man das wahre Bewußtsein als den «Zustand der zweiten Natürlichkeit». Die «erste Natürlichkeit» ist der Zustand eines Säuglings, in dem noch alle Wegmöglichkeiten offen sind; sie ist dem Menschen von der Natur gegeben. Die zweite Natürlichkeit muß er sich erarbeiten.

Menschliches Leben ist sich selbst erkennendes Leben und vollzieht sich deshalb jenseits des passiven Erduldens – ein Leben, das dem Tier eigen ist. Das Tier denkt nicht in Vergangenheit und Zukunft und weiß nicht um Ursache und Wirkung. Deshalb ist es den natürlichen Gegebenheiten ausgeliefert und lebt ausschließlich in den von der Natur ihm zugewiesenen Umständen. Bewußtes Leben hingegen strebt nach Verwirklichung seiner Ziele; es nimmt die Welt nicht als Gegebenheit hin, sondern gestaltet sie nach eigenen Vorstellungen.

Doch auch bewußtes Leben hängt wie alles Leben auf der Welt vom ewigen Werden und Vergehen ab. Egal wie es die Welt gestaltet, es kann sich von seinem natürlichen Ursprung nicht lösen, ohne Schaden zu nehmen. Je mehr es gestaltet, um so mehr schadet es dem Ursprung. Verzichtet es aufs Gestalten, verhindert es den Menschen.

Menschliches Leben kann deshalb nur auf einem doppelten Weg reifen: Es muß im Streben *gestalten* und durch die Liebe *bewahren*. Wächst es nur auf einem Weg, so schadet es sich selbst.

Mosshōseki meint, eine Lebensführung, in der der Mensch das Gleichgewicht seiner beiden Bestimmungsextreme (Abhängigkeit von der Natur und Selbständigkeit durch das Bewußtsein) verwirklicht. Dadurch wird er aufmerksam auf viele kleine Dinge, die er sich sonst täglich gedankenlos nimmt und deren Preis er nicht kennt. In dieser falschen Haltung, in der er unkontrolliert strebt und gedankenlos handelt, betrachtet er zu viel als selbstverständlich und vergißt dabei den notwendigen Ausgleich durch seine Dankbarkeit. Sich der Tragweite dieses Handelns nicht bewußt und unfähig, die Auswirkungen in den Zusammenhängen des gesamten Lebens zu erkennen, vertritt er in seinem persönlichen Wirkungskreis eine Gesinnung, durch die er die übergeordneten Lebenszusammenhänge gefährdet. Er nimmt sich, was ihm nicht zusteht, und gefährdet damit seine Umgebung und das sich darin befindende Leben.

«Keine Spur hinter sich lassen» bedeutet, daß der Mensch persönlichen Bedürfnissen mit Bescheidenheit und Selbstkontrolle begegnet. Tendenzen zur Überschwenglichkeit, Extravaganz, unangemessene Ansprüche und respektlose Haltungen gegenüber Lebensumständen verwehren ihm nicht nur den Blick auf die Wirklichkeit, sondern gefährden im übergeordneten Zusammenhang alles Leben auf der Erde. Der Mensch, der seine Selbstsucht nicht besiegt, stört das natürliche Gleichgewicht, indem er sich nimmt, was ihm nicht zusteht, und er verwendet seinen Geist als Waffe, durch die er anderes Leben schädigt. Er lebt nicht in Harmonie mit den existierenden Lebensgrundlagen, sondern stellt sich in unkontrollierter Gier in den Mittelpunkt seiner persönlichen Welt, ohne die Tragweite seiner Handlungen zu erkennen oder erkennen zu wollen. Der Selbstsucht verfallen, abhängig von seinen persönlichen Wünschen und Vorstellungen, nimmt er sich, was anderen gehört, oder tut, was andere gefährdet. Er «läßt eine Spur hinter sich» (Goseki) und schädigt durch den Mangel an Achtung die Grundvoraussetzungen des Lebens, die sowohl für gegenwärtiges als auch für zukünftiges Leben von Bedeutung sind.

> So ist's in alter Zeit gewesen,
> so ist es, fürcht ich, auch noch heut,
> wer nicht besonders auserlesen,
> dem macht die Tugend Schwierigkeit.
>
> Aufsteigend mußt du dich bemühen,
> doch ohne Mühe sinkest du,
> der liebe Gott muß immer ziehen,
> dem Teufel fällt's von selber zu.
> *Wilhelm Busch*

## Hito kome, hito ase
## Ein Korn Reis – ein Tropfen Schweiß

Sicher ist die Haltung eines Anfängers in den Kampfkünsten vom herkömmlichen Gesellschaftsstreben geprägt, und es wird lange dauern, bis er zu diesem ihm vollkommen fremden Erfahrungsweg Vertrauen gewinnt. Für ihn und manchmal auch für den Fortgeschrittenen besteht die Rolle des Meisters darin, über Inhalte zu informieren und in der Technik zu unterweisen. Daß es darüber hinaus den Weg gibt, ist nur schwer zu verstehen. So richtet sich sein Streben ausschließlich auf die Technik. Lenkt nun der Meister seine Aufmerksamkeit auch auf andere Ziele, sieht sich der Schüler oft zum Widerstand aufgerufen und verteidigt die Unfehlbarkeit seiner Ansichten.

Streben im Budō beinhaltet das Bemühen, durch Nachdenken die eigene innere Problematik zu erkennen, da diese der rechten Haltung oft im Wege steht. Dies ist kein Diskussionsgegenstand – richtig oder falsch – sondern ein Übungsinhalt. Ebenso wie in der Perfektion der Technik gibt es auch in der Vervollkommnung des Selbst einen Fortschrittsweg. Diesen anzunehmen, bedeutet Streben im Budō.

Unter Streben versteht der Meister nicht jenen Kampf um Erfolg, den viele ohne Beachtung der rechten Haltung führen, sondern gerade die Verwirklichung der rechten Haltung, auf der die unmittelbare Handlung basiert. Deshalb steht für ihn die rechte Haltung vor der Wirkung, denn er weiß, daß falsches Wirken die Grundbedingungen des Lebens verletzt. Die Übung des Budō ist ein Weg, dies sichtbar zu machen, und keine Methode, von der Haltung getrennte Fertigkeiten zu üben. Sie lehrt, einen Krieg zu vermeiden und nicht, die Effektivität im Krieg zu erhöhen. Dieser grundlegende Unterschied ist es, den die Schüler lange Zeit nicht erkennen können.

Kein Meister hört auf das richtige oder falsche Argument, ehe er nicht diese Grundhaltung sieht. Doch wenn sich der Schüler, statt um die rechte Haltung, nur um Antworten, Wirkungen und Lösungen kümmert, wird er auf dem Weg des Budō keine Fortschritte machen. Die Kampfkünste kann man nicht lernen wie eine Wissenschaft. Weil die meisten Menschen jedoch nicht bereit sind, ihre Grundhaltung zu betrachten, gibt es in den Kampfkünsten so wenig Fortgeschrittene. Viele streben nur nach der Wirkung, statt nach der Haltung. Dies führt unvermeidlich zu einem Konflikt mit dem Meister, denn dieser zerstört auch die richtige Antwort, wenn sie aus der falschen Haltung kommt.

Die rechte Haltung erwächst aus der Fähigkeit zum Ideal, aus der Bereitschaft zum Opfer, nicht aus dem Wunsch, Erfolg zu haben. Erfolg haben will jeder, Opfer bringen nur sehr wenige. Der Meister lehrt keine Wirkung ohne Haltung, denn er weiß, daß ein Krieg nicht dadurch gerecht wird, daß man ihn gewinnt. Wenn ein Schüler nur diesen Erfolg will, wird er den Weg des Budō nicht verstehen.

Oft strebt ein Mensch nicht zur Haltung, sondern beginnt mit seiner Zielverwirklichung weiter oben und läßt alles, was darunter ist, außer acht. Doch außerhalb von uns selbst gibt es keine Instanz, die für Wirkungen ohne Haltung geradesteht und sie in der übergeordneten Wirklichkeit wieder ausgleicht. Diese Verantwortung liegt in uns. Ohne Haltung gibt es keine rechte Wirkung.

Deshalb darf es ohne das Erlernen der rechten Haltung keine Perfektion von Kampftechniken geben. Bevor Budō-Schüler die Wirkung lernen, müssen sie die richtige Haltung verstehen. Der Meister beachtet diese Regel sehr genau. Er erkennt den Schüler hinter der Maske, in seinen grundlegenden Zusammenhängen. Ob der Schüler richtig von falsch logisch zu unterscheiden weiß, interessiert ihn nur wenig. Er schaut auf die Haltung, er schaut auf das Rei. Dort liegt der Ansatzpunkt zum Fortschritt auf dem Weg.

> Wer fertig ist,
> dem ist nichts recht zu machen.
> Ein Werdender
> wird immer dankbar sein.
> *Johann Wolfgang Goethe*

## Ko gaku shin – Halte deinen Geist zum Lernen offen

Es ist die Aufgabe des Schülers, sich für den Weg bereit zu halten und die richtigen Voraussetzungen in sich zu schaffen, die ihn zum Lernen befähigen. So selbstverständlich dies scheinen mag, neigt der Mensch doch immer wieder dazu, bereits vorher alles zu wissen. Dann wollen Schüler oft selbst entscheiden, was in der Budō-Übung wichtig und was unwichtig ist. Das, was sie noch nicht verstanden haben, lassen sie außer acht und müssen oft weite Umwege gehen, um letztendlich einzusehen, daß das Vertrauen in die größere Erfahrung der bessere Lernweg ist.

In einer echten Budō-Lehre bestimmt nie die Meinung des Schülers das Geschehen, sondern der Erfahrungsvorsprung des Lehrers, zu dem sich der Schüler durch seine Haltung bekennt. Richtig und falsch in der Weglehre unterliegt nicht der Beweispflicht, in ihr gibt es keinen Meinungskampf zwischen Lehrer und Schüler und keine demokratische Abstimmung über die Gesetzmäßigkeiten der Übung. Dort, wo Schüler dies fordern, bevor sie selbst Meister sind, zieht sich der Lehrer zurück. Wo die Haltung fehlt, gibt es kein Budō.

Lernen in einem Dōjō bedeutet, eine dem Budō-Geist entsprechende Herausforderung zum Kampf gegen sich selbst anzunehmen und unter der Aufsicht eines Meisters selbst die Meisterschaft anzustreben. Doch bevor die Meisterschaft nicht vom Meister bestätigt wird, wirft die Unterbrechung des Lernprozesses, gleich auf welcher Stufe, den Schüler wieder an den Anfang zurück. Im Budō gibt es keine Fortschrittshierarchien unterhalb der Meisterstufe. Es geht um das Wegverständnis, und dieses ist nicht in Etappen zu erreichen. Die Meisterschaft beginnt dort, wo eine Wegeinsicht erreicht wird. Erst danach läßt sie sich selbständig ausbauen.

Die Wegeinsicht kann mit den herkömmlichen Lernmethoden nicht erreicht werden. Ihre Prozesse unterscheiden sich grundlegend von jener Auffassung des Lernens, bei der der Schüler nach Wissen oder Können strebt. Ein Fortschritt auf dem Weg kommt nicht aus dem Lernen selbst, sondern aus der menschlichen Nähe zum Meister. Dafür trägt die Haltung des Schülers die alleinige Verantwortung. Vernachlässigt er sie, gibt es keine Lehrer/Schüler-Beziehung. Daher besteht Lernen im Budō aus dem ständigen Sich-Kümmern um die rechte Haltung, dank der ein Zugang zu höheren Erfahrungen möglich wird.

Oft können Schüler diesen Weg nicht erkennen und verharren in falschen Haltungen. Diese markieren Grenzen, und es gibt viele einleuchtende Begründungen, warum man sie nicht überschreiten kann. Doch in Wahrheit ist es das unüberwundene Ich, das den Menschen vom Weg trennt. Wenn er vor diesem Hindernis steht, ist es einfacher zu erklären, der Weg sei falsch, als die eigene Haltung kritisch zu betrachten. Es gibt für jedes Scheitern einleuchtende Gründe, doch das ändert nichts am Scheitern selbst. Die eigentliche Wahrheit bleibt das Scheitern am inneren Unvermögen. Wenn dies passiert, ist jeder Weg beendet, und selbst wenn ein neuer Weg beginnt, erscheint diese Grenze wieder. Auf diese Weise kann niemand wachsen. Der Mensch muß in sich gehen, denn das wahre Problem ist er selbst. Er muß lernen, wahres Lernen zu verstehen.

> Wenn in unserem Herzen viele Gedanken und Wünsche umherstreifen, so rührt es allein daher, daß ihm ein beherrschender Inhalt fehlt. Wohnte eine kraftvolle Idee in uns, könnten nicht unzählige Phantome ihr Spiel in unserem Inneren treiben.
>
> *Yoshida Kenko*

## Dō mu kyōku – Ein Leben lang keine Grenzen

Jeder Mensch hat seine körperliche Grenze, und diese wird etwa im mittleren Alter erreicht. In der Übung des Budō gibt es jedoch keine Grenzen, wenn man die innere Vervollkommnung mit in Betracht zieht. Diese Art der Vervollkommnung war der gravierendste Unterschied zwischen dem kriegerischen Bujutsu und dem Budō und ist auch heute der Unterschied zwischen Budō und Sport. Zentral für die Übung im Budō wurde der Weg (Dō), der aus der kriegerischen Technik (Jutsu) ein Mittel der Selbstperfektion machte. Dadurch konnten die Grenzen aufgehoben werden, denn selbst wenn der Körper alt und schwach ist, läßt sich die Haltung weiter vervollkommnen.

In allen traditionellen Künsten des Budō wird die körperliche Meisterschaft in der Technik (Shosa) nicht sehr hoch bewertet. Es ist nichts Außergewöhnliches daran, allein die Techniken bis zur Leistungsgrenze zu perfektionieren. Die Meisterschaft in einer Kunst des Budō vollzieht sich in einer vollkommen anderen Dimension. Sie bedarf einer langen geistigen Reifezeit unter einem Meister des Weges. Diese Zeit ist nötig, um zu erkennen, was «ein Leben lang keine Grenzen» bedeutet. Das alleinige Beherrschen guter Techniken ist das Ziel des Sportes, doch nicht das des Budō.

Im Budō nennt man eine vollendete Technik «Ikken-hissatsu». In der wörtlichen Übersetzung bedeutet das: «mit einem Schlag töten». Doch in der philosophischen Interpretation der Budō-Künste ist dies ein Schlüsselbegriff für das Verständnis dessen, was ein Meister als ungetrübte, wahre Handlung ansieht. Als solches bezeichnet Ikken-hissatsu nicht das Töten selbst, sondern die absolute Fähigkeit zur reinen Handlung, die der rechten Haltung entspringt. Ikken-hissatsu ist ein unerreichbares Ideal und meint die Fähigkeit zum Absoluten, die Überwindung der letzten Grenze. In der Übung des Budō, die nichts anderes als eine Konfrontation mit den unzähligen inneren und äußeren Grenzen ist, besteht die Möglichkeit, sich diesem Ideal mit der Zeit zu nähern. Ob ein Übender dies tut oder ob er nur Techniken perfektioniert, liegt an ihm selbst.

Ikken-hissatsu, das in der Praxis des Kämpfens nur die eine Seite des Handlungspotentials darstellt (Wirkung), schließt immer *Sun-dome* (Achtung) mit ein; nur so ist es möglich, maximale Wirksamkeit der Technik zu üben und deren destruktive Wirkung durch Kontrolle aufzuheben. Sun-dome bedeutet, daß die Technik zwei Zentimeter vor dem Ziel abgestoppt wird. In der philosophischen Betrachtung bedeuten Ikken-hissatsu und Sun-dome, daß ein Mensch die Fähigkeit zur absoluten Wirkung durch die Achtung vor dem Leben ausbalanciert. Beide zusammen bilden die doppelte Zielrichtung menschlicher Lebensbestimmung. In der Gesamtverfassung des Menschen sind Ikken-hissatsu und Sun-dome die beiden Pole seines Wirkungsvermögens.

Deshalb tendiert jede Budō-Übung sowohl zur maximalen Wirksamkeit als auch zur Kontrolle, was in der Gesamtverfassung des Menschen das Gleichgewicht zwischen Streben und Achten ausdrückt. Das Gleichgewicht zwischen beiden bewirkt ein gesundes Verhältnis zur Welt. Die Verwirklichung nur einer dieser Haltungen ist nach der Budō-Lehre falsch, denn sie führt entweder zur Vernichtung der Welt (Wirken ohne Achtung) oder zum Rückschritt ins Dulden (Achten ohne Wirkung).

Deshalb ist auch das Üben von wirkungslosen Techniken

eine Verletzung dieses Grundsatzes und führt zu einer inneren Fehlhaltung, der das notwendige Korrigens fehlt: Der Mensch braucht nicht zu achten, weil er nicht wirken kann. Dies ist weder der Sinn des Lebens noch der Sinn des Budō. Die Übung des Budō ist eine Herausforderung an alle Grenzen im Menschen und kann jede Fehlhaltung korrigieren, wenn der «Mittlere Weg» eingehalten wird.

> Ob ein hohes Ziel und eine Begeisterung echt sind, das merkt man nicht in den feierlichen Stunden, sondern im Alltag. Ob einer ernst macht, sieht man nicht an den großen Entschlüssen, sondern an der Kleinarbeit, tagein, tagaus.
> *Romano Guardini*

## Nana korobi ya oki – Wenn du siebenmal hinfällst, mußt du achtmal aufstehen

Dieser Leitsatz wird Bodhidharma zugeschrieben, der ihn schon im Shaolin-Kloster gelehrt haben soll. Er hat sich über viele Jahrhunderte in der Kampfkunstliteratur erhalten und ist in der heutigen Zeit nicht weniger wichtig als damals.

Es besteht kein Grund, sich davor zu fürchten, einen Fehler zu machen. Eine solche Haltung läßt uns in allen möglichen Lebenssituationen verkrampfen und nimmt uns den Mut, eine Herausforderung zu akzeptieren. Sie verschließt den Weg zu jeder Erfahrung. Vielleicht schützt sie uns vor Fehlern, doch sie verhindert auch den Fortschritt. Es ist keine Schande, Fehler zu machen. Der Weg zu jedem Ziel ist voller Fehler.

Man kann kein Ziel anstreben, wenn man sich vor Fehlern fürchtet. Der reife Mensch hat gelernt, mit ihnen umzugehen, der unreife versucht, sie zu verbergen. Irgendwann in unserem Leben haben wir alle erfahren müssen, daß es weh tut, wegen eines Fehlers kritisiert zu werden. Daraufhin haben wir damit begonnen, unsere Fehler und Schwächen zu verbergen, um besser angesehen oder mehr geliebt zu werden. Doch mit der Zeit müssen wir lernen, daß das Vortäuschen von Perfektion nicht zu den Voraussetzungen einer wahren Persönlichkeit gehört. Jeder Mensch hat ein Recht auf Fehler, auch wenn diese Kritik hervorrufen. Sie sind es, die unser Wachsen fördern, wenn wir ihnen Spielraum lassen. Wenn wir dies anerkennen, können wir sie kontrollieren.

Aber gerade weil wir in unseren Handlungen nicht perfekt sind, müssen wir uns um so mehr um unsere Haltung kümmern. Darin liegt ein entscheidender Maßstab für die Kontrolle unserer Handlungen. Wer Fehler in den Handlungen vertuscht, statt sie durch Haltung auszugleichen, hat keine Kraft zum Wachsen, denn das Problem verschwindet nicht einfach, wenn man es verbirgt. Was wir nicht zulassen, können wir nicht kontrollieren, und das führt schließlich zu seelischen Verspannungen.

Wir sind alle nicht perfekt, sondern eben nur Menschen, und machen immer wieder Fehler. Doch wir müssen uns Tag für Tag darum bemühen, unsere Haltung zu betrachten und reifer zu werden. Dann können wir mit dem Vorsatz leben, es morgen besser zu machen als heute. Auch wenn wir wieder Fehler machen, finden wir unser Gleichgewicht in der Haltung. Menschen, die Angst vor Fehlern haben, haben keine Haltung. Deshalb sind sie ängstlich und sorgen sich zuviel. Es gibt keine Garantie und keine Versicherung im Leben. Auch wenn man sich immer darum bemüht, es gut und richtig zu machen, wird man manchmal versagen. Wenn die Haltung stimmt, kann man immer wieder aufstehen, denn jeder Tag bringt eine neue Chance.

> Der Edle übernimmt stets selbst die schwersten Pflichten und macht anderen das Leben leicht, während die meisten Menschen sich selbst das Leben leicht und es anderen schwer machen.

# Karate wa yu no goto shi taezu netsudo wo ataezareba moto no mizu ni kaeru – Wahres Karate ist wie heißes Wasser, das abkühlt, wenn du es nicht ständig warm hältst

Meister Funakoshi meint mit diesem, seinem elften Leitsatz, daß Fortschritt im Budō nur mit Gleichmäßigkeit und Beständigkeit in der Übung zu erhalten ist.

Die Kampfkünste erfordern ein regelmäßiges Training. Nur mit Selbstdisziplin, Beständigkeit und Ausdauer sind sie zu erlernen. Dies ist eine Grundregel, die vor allen anderen steht. Wenn sie vom Schüler nicht beachtet wird, ist jede Bemühung um Fortschritt vergeblich. Schüler, die ihre Trainingszeiten nicht einhalten und oft fehlen, weil sie anderweitig beschäftigt oder zu bequem sind, sind schlechte Schüler. Es ist vollkommen egal, wie sie ihr Versäumnis begründen. Wenn sie nicht üben, können sie nicht lernen. Es gibt nichts, aus dem mehr herauskommt, als man hineingibt. Deshalb ist es falsch zu denken, daß ein Anspruch auf etwas dadurch gerechtfertigt bleibt, daß man plausible Gründe für die Versäumnisse findet. Wenn ein Mensch sich mit Aufgaben überlädt, deren Bewältigung ihn mehr Kraft kostet, als er hat, wird er auf Resultate verzichten müssen.

Aufgrund der falschen Selbsteinschätzung setzt sich der Mensch zu viele Ziele und kann dann keins davon erreichen. Auf diese Weise stürzen sich manche Menschen auf alle ihnen etwas wert erscheinenden Angebote des Lebens und verlieren dann, unfähig, sich wirklich dazu zu bekennen, die Kontrolle über ihre Ziele. Wenn solche Menschen in ein Dōjō kommen, müssen sie Selbstdisziplin lernen, denn ihre Haltung ermöglicht ihnen keinen Fortschritt. Viele Ziele anzustreben, zu deren Bewältigung die Kraft oder die Disziplin nicht reicht, bringt keine Erfolge.

Disziplinierter Selbstumgang ist im Budō eine Übung, die noch vor allem anderen kommt. Auf welche Weise ein Schüler übt und wie regelmäßig er am Unterricht teilnimmt, ist entscheidend für jeden weiteren Schritt. Wie zuverlässig er ist, ob er sich zum Beispiel abmeldet, wenn er für längere Zeit nicht kommen kann, oder ob er sich entschuldigt, wenn er unvorhergesehen gefehlt hat, beeinflußt die für jedes Wachstum nötigen Voraussetzungen. Doch er wird nicht dazu aufgefordert, es zu tun oder zu lassen. Es liegt an ihm, für welches Verhalten er sich entscheidet. Der Lehrer wird ihm diese Verantwortung nicht abnehmen, doch er wird sehr genau darauf achten, wie der Schüler damit umgeht.

Die Selbstdisziplin ist die Grundlage für jeden Fortschritt und die beste «Flamme zum Warmhalten des Wassers». Man geht in ein Dōjō, weil man sich etwas davon verspricht. Doch man muß zuverlässig sein und die rechte Haltung mitbringen, denn dort trifft man Menschen, auf die man angewiesen ist und von denen man dasselbe erwartet. Um ihnen in der rechten Weise begegnen zu können, muß man sich auch im alltäglichen Leben zur Ordnung erziehen und seine Probleme mit Disziplin und Verantwortung lösen. Ist dies nicht der Fall, wird das Wasser jedesmal kalt, und man muß es immer aufs neue erwärmen.

# Ehre die Prinzipien der Etikette

> Das Ziel aller Etikette: Du muß dein Gemüt so bilden, daß auch der roheste Schurke es nicht wagt, dich anzugreifen, selbst wenn du ruhig dasitzt.
> *Inazo Nitobe*

## Karate-dō wa rei ni hajimari, rei ni owaru koto wo wasuruna – Karate-dō beginnt mit Respekt und endet mit Respekt

«Ohne Höflichkeit geht der Sinn des Karate verloren», sagt Meister Funakoshi in einem seiner Leitsätze und bezieht sich damit auf dasselbe Thema wie in der von ihm formulierten Maxime, die er in den Shōtō-nijūkun an die erste Stelle setzt. Ohne gegenseitigen Respekt gibt es kein Budō, und die Übenden würden auf das Niveau von Straßenkämpfern absinken. Vor allem in den Kampfkünsten, in denen ohne Höflichkeit und Respekt Gewalttätigkeiten nicht ausgeschlossen wären, liegt ein ganz besonderer Akzent auf dem respektvollen Verhalten.

In allen traditionellen Schulen wird deshalb die Etikette sehr genau beachtet. Erst durch sie wird das Dōjō zu einem Ort, wo es einem Übenden möglich ist, mit einem reinen Geist zu üben. Übung ohne Etikette würde das Tor zur Gewalt öffnen und die Atmosphäre der Ruhe und Selbstbesinnung zerstören. Die Einstimmung auf Harmonie, gegenseitige Hilfe und Miteinander würde leiden, und die Kampfkunstübung würde ihren Wert verlieren.

Der symbolische Ausdruck des rechten Dōjō-Verhaltens ist der Gruß (Rei), um den herum sich die gesamte Verhaltensetikette (Reigi-sahō) aufbaut. Grüßen bedeutet nicht einfach nur, den Kopf zu beugen, sondern beinhaltet den grundlegenden Respekt, den ein Mensch in aller Bescheidenheit vor einem anderen bezeugt. Alle Übenden müssen dies beachten. Man verbeugt sich mit Würde, Achtung und Offenheit. Nie grüßt man oberflächlich und unkonzentriert. Die äußere Form des Grüßens wirkt auf die innere Haltung und stimmt den Menschen in seiner Gesamtverfassung auf die rechte Handlung ein. Ein schlechter Gruß ist eine schlechte Übung, eine Unachtsamkeit gegenüber anderen und eine Verletzung der Dōjō-Atmosphäre.

Wenn ein Übender ein Dōjō betritt, sollte er die Bedeutung der Dōjō-Etikette kennen. Die Etikette lehrt ihn, bescheiden, höflich und achtsam zu sein. Wenn er sich erlaubt, die Regeln der Etikette zu verletzen, schadet er sich selbst. Sie sind dazu gedacht, ihm zu helfen, sein Ich zu kontrollieren und ihm den Weg der rechten Beziehung zu anderen zu zeigen. Dies ist von ebenso großem Wert wie die Übung der Technik.

> Fühle mit allem Leid der Welt, aber richte deine Kräfte nicht dorthin, wo du machtlos bist, sondern zum Nächsten, dem du helfen, den du lieben und erfreuen kannst.
> *Hermann Hesse*

## Omoiyari – Kümmere dich aufrichtig um andere Menschen

Wörtlich übersetzt bedeutet «Omoiyari» soviel wie «aufrichtiges Besinnen» und bezieht sich auf das rechte Verständnis für die Probleme anderer Menschen. Eine solche Übung beginnt im engeren Bekanntenkreis und erweitert sich auf das Dōjō und schließlich auf die gesamte Umgebung. Sie entwickelt die universelle Liebe (Jin), eine Kombination zwischen Mitgefühl und Wohlwollen, die ein reifer Mensch allen Wesen entgegenbringt, indem er ihr Leben schützt und ihre Lebensräume respektiert.

In der heutigen Zeit hört man häufig Menschen sagen, daß sie keine Zeit hätten, sich um andere zu kümmern. Sie sind andauernd mit ihren eigenen alltäglichen Problemen beschäftigt, die immer zahlreicher werden, je mehr davon sie lösen. Dies ist eine schlechte Lebenshaltung, denn das Leben verliert durch diese Einstellung an Qualität.

Doch auch dann, wenn man sich für einen Lohn, einen Dank oder ein Kompliment um andere kümmert, ist das nicht ehrlich. Das moderne Leben hat viele Menschen das anspruchslose Wohlwollen vergessen lassen. Obwohl der einzelne die Teilnahmslosigkeit der anderen durchaus als Manko empfindet und ehrliche Zuwendung vermißt, ist er dennoch nur selten bereit, darüber nachzudenken. Der Grund dafür liegt in der Unfähigkeit zur universellen Liebe. In den Kampfkünsten kann man dies zur Übung machen.

Ehrliches Sich-Kümmern um andere erhebt nie den Anspruch auf Ausgleich. Es kommt aus einem reinen Geist und einem ehrlichen Gefühl. Dies zu üben, ist außerordentlich wichtig. Wenn einem die Fürsorge für andere nicht gedankt wird und man deshalb beleidigt ist, fehlt das ehrliche Wohlwollen. Wahre Hilfeleistung kennt keine Ansprüche. Das aufrichtige Geben trägt den Lohn für die Bemühung in sich selbst.

Übende eines Dōjō sollten deshalb einander mit Wohlwollen begegnen. In der Bereitschaft zur gegenseitigen Hilfe liegt eine weit stärkere Kraft als in der egoistischen Abgrenzung. Durch gegenseitiges Wohlwollen kann konstruktives Lernen stattfinden. Übertriebenes Konkurrenzdenken schadet dem Fortschritt ebenso wie Gleichgültigkeit dem anderen gegenüber.

In den Kampfkünsten ist Omoiyari ein wichtiges Prinzip. Wenn ein solcher Geist entsteht, ist er der beste Nährboden für den Fortschritt jedes einzelnen. Ohne diesen Geist ist Fortschritt nur bis zu einer gewissen Grenze möglich. Auf höheren Stufen wird die Abhängigkeit der Übenden untereinander aus verschiedenen Gründen immer stärker. Schüler, die versäumen, die Notwendigkeit der gegenseitigen Anteilnahme wirklich zu verstehen, können in höheren Stufen nicht üben.

Viele Menschen kommen in ein Dōjō und üben selbstbezogen, ohne sich um andere zu kümmern. Sie glauben, daß es ausreicht, wenn sie an sich selbst denken. Doch erst diejenigen, die den anderen hilfsbereit und wohlwollend begegnen, schaffen die wahren Voraussetzungen für den Fortschritt. Sie überwinden den Egoismus und haben an Höherem teil. Wenn das sichtbar wird, verdeutlicht sich das Problem des Egoisten. Er glaubt zu profitieren, weil er immer nur nimmt und andere geben läßt, doch plötzlich steht er im Abseits. Das, was er dachte zu gewinnen, erweist sich als wertlos. Nicht das Nehmen, sondern das Geben ist die Voraussetzung zum Fortschritt.

Deshalb beruht in der Übung der Kampfkünste alles auf gegenseitiger Hilfe und Anteilnahme. Übende, die das mißachten, gehören nicht in ein Dōjō. Wer aufrichtig für andere da ist, wird bald erkennen, daß er sein eigenes Leben dadurch bereichert und bedeutungsvoller macht.

> Wer nichts für andere tut, tut nichts für sich.
> *Johann Wolfgang Goethe*

## Oshi shinobu osu – Sei geduldig mit dir selbst und mit anderen

Karate-dō ist eine Kunst, in der der Mensch seine Haltung vervollkommnet und dadurch lernt, physische und psychische Grenzen aufzuheben. Karate-dō dient nicht dem Zweck, den Übenden zu einer wettbewerbsfähigen Höchstleistung zu bringen. Die Grenzen der Menschen sind verschieden, und das Ziel der Übung ist es, daß jeder einzelne lernt, *seine* Grenzen zu überschreiten, gleich auf welchem Niveau diese liegen. Dadurch erhält der Weg des Budō seinen Wert und ist für jeden Menschen von Nutzen. In einem Training, das nur auf die körperliche Leistung zielt, geht der Wert der Übung verloren.

Fortschritt in den Kampfkünsten bedeutet, daß jeder Übende geistig ständig einen Schritt nach vorn tut, egal wie seine körperlichen Möglichkeiten aussehen. Auch ein alter oder physisch schwacher Mensch kann die Kampfkünste üben, wenn er das begreift. Ein solcher Fortschritt ist qualitativ wertvoller als der Fortschritt eines talentierten Sportlers, der zwar technisch mehr kann, jedoch nur den Körper übt. Der bloße Leistungsvergleich körperlicher Fertigkeiten, der nur dem Gewinnen dient, ist im Budō absurd. Darin liegt der Unterschied zwischen Budō und Sport.

Bei geduldigem ständigen Training macht jeder Mensch Fortschritte. Keiner braucht zu verzagen, wenn andere die Techniken vielleicht schneller lernen. Die Zeit selbst löst dieses Problem – vorausgesetzt, die innere Haltung stimmt. Um die Kampfkünste zu üben, braucht man kein sportliches Talent. Jeder Mensch kann lernen, seine Grenzen zu überschreiten. Das hat mit Rekorden nicht das geringste zu tun. Wahrer Fortschritt im Budō ist ein innerer Gewinn. Die Vorstellung vom Sieg über den Gegner ist die Vorstellung des Anfängers von der Kampfkunst.

Budō ist kein Weg der Rekorde. Die richtige Auffassung der Übung erfordert eine Haltung der Geduld mit sich selbst und mit anderen Menschen. Diese Haltung im Training zu erreichen, ist von großer Bedeutung auch für den Alltag. Viele Menschen klagen über ihre schlechten Chancen, privat wie beruflich, über die negativen Auswirkungen des modernen Lebens, über den Streß usw. und merken nicht, daß ihr Inneres ein Abbild des Äußeren ist. Sowohl im Budō als auch im Leben wollen sie mehr, als sie bereit sind zu geben, und werden auf diese Weise abhängig von ihren eigenen unrealistischen Vorstellungen. Wenn sie lernen, geduldig und weniger anspruchsvoll zu sein, könnten sie die Chancen erkennen, die das Leben auch ihnen bietet. Doch weil ihr Geist weder geduldig noch bescheiden ist, können sie nicht sehen, wo ihre wahren Probleme liegen.

Ein Übender muß lernen, geduldig und bescheiden zu sein. Nur dann erlaubt er sich, durch die Übung zu wachsen und sich zu entwickeln. Eine falsche Haltung im Kampfkunsttraining wird noch mehr Streß und Disharmonie ins Leben bringen. Die Übung der Kampfkünste dient dem Menschen, doch das Resultat hängt von dem Geist ab, der ihren Sinn versteht.

> Ist man in kleinen Dingen nicht geduldig, bringt man die großen Vorhaben zum Scheitern.
> *Konfuzius*

# Osu –
# Streben und Dulden

*Osu* (Oss, Uss) wird in den Kampfkünsten häufig als Begleitlaut zum Gruß verwendet. Osu ist die phonetische Übersetzung zweier chinesischer Schriftzeichen, die eine jeweils eigene Bedeutung haben. Das erste Zeichen heißt wörtlich «stoßen» und symbolisiert im übertragenen Sinn eine innere Haltung, in der sich der Mensch bemüht, durch Aktivität alltägliche Hindernisse zu überwinden. Das zweite Schriftzeichen bedeutet «leiden» und bezeichnet das Durchhaltevermögen, die Ausdauer und die Geduld, die ein Mensch braucht, um mit schwierigen Lebenssituationen fertig zu werden. Osu umfaßt daher zwei Gegensätze (Streben und Dulden), die jedoch in ihrer Vereinigung die wahre Haltung ausmachen. Es bezeichnet die aktive Energie des Strebens, die der Mensch braucht, um seine Probleme zu lösen, und die passive Energie des Durchhaltens, die nötig ist, um Tiefschläge zu überstehen.

Im Dōjō gebraucht man den Ausdruck, wenn man seine Mitübenden oder den Sensei grüßt, oder aber als Zeichen, daß man verstanden hat bzw. einverstanden ist. Mit diesem Ausdruck wird in einem Karate-Dōjō außerdem eine wichtige Botschaft vermittelt. Wenn ein Übender ihn im Dōjō gebraucht, signalisiert er seinen Mitübenden, daß er bereit ist, sich im Sinne der philosophischen Bedeutung von Osu zu verhalten. Um den einzelnen immer an die rechte Haltung zu erinnern, wurde der Ausdruck in die Kampfkünste übernommen. Es ist einfach, schlecht gelaunt ins Dōjō zu kommen und mit anderen Menschen rasch die Geduld zu verlieren. In solchen Fällen erlaubt man sich, anderen gegenüber respektlos zu sein. Dies ist eine falsche Haltung, und man sagt «Oss», um sich zu erinnern, daß das Dōjō eine Stätte der Vervollkommnung menschlicher Werte ist.

Die richtige Auffassung des Trainings erfordert einerseits Geduld, Kontrolle der Gefühle und Überwindung des Ich und andererseits disziplinierte Arbeit, Ausdauer und Fleiß. Die harten Anstrengungen formen mit der Zeit eine starke Persönlichkeit; denn eine starke Persönlichkeit basiert auf einem ausgeglichenen inneren Wesen – und dies ist das Ziel der Kampfkünste. Dieses Ziel durch Übung zu erreichen, erfordert mehr als die Übung des Körpers, und das ist es, woran man sich erinnern muß, wenn man «Oss» sagt.

# Verzichte auf Gewalt

> Die Gewalt ist das Böse und die Gewaltlosigkeit der einzige Weg derer, die wach geworden sind. Dieser Weg wird niemals der aller sein und niemals der der Regierenden und derer, die die Weltgeschichte machen und die Kriege führen. Die Erde wird nie ein Paradies und die Menschheit nie mit Gott Eins und versöhnt sein. Aber wenn man weiß, auf welcher Seite man steht, lebt man freier und ruhiger. Immer muß man auf Leiden und Vergewaltigung gefaßt sein, niemals aber darf man selbst zum Töten bereit sein.
> *Hermann Hesse*

## Karate ni sente nashi – Im Karate gibt es keinen ersten Angriff

Dieser Leitsatz wurde von Meister Gichin Funakoshi im Karate interpretiert, stammt jedoch ursprünglich aus dem japanischen Bushidō, wo er besagte, daß ein Samurai in jeder Situation einen beherrschten Geist bewahren muß und das Schwert nicht wegen jeder Provokation oder Kleinigkeit ziehen darf. Diese Regel soll den Übenden an die Bedeutung des ruhigen und kontrollierten Geistes erinnern, durch den sich in den Kampfkünsten der Fortgeschrittene vom Anfänger unterscheidet.

Im Karate wurde die Bedeutung erweitert. Sie paßte sich der stärker ausgeprägten philosophischen Tendenz des Budō an und drückt darin den sehnlichen Wunsch des in den Kampfkünsten gereiften Menschen nach Frieden und Harmonie aus. In den Kata des Karate-dō wird dies symbolisch verdeutlicht, indem jede erste und letzte Technik eine Abwehr ist.

«Karate ni sente nashi» wird in neuerer Zeit häufig als moderner Dōjō-Spruch verwendet, jedoch meist unzulänglich erläutert. Im traditionellen Sinn besitzt diese grundlegende Kampfkunstphilosophie zwei sich ergänzende Elemente. Zum ersten zeigt sie an, daß die Kampfkünste zur Selbstverteidigung und nicht zum Wettbewerb gedacht sind, in dem zu viel Gewicht auf die Übung von Angriffstechniken gelegt wird. Meister Funakoshi selbst erlaubte nie die Übung der Angriffstechniken als Bestandteil des Trainings. Die traditionellen Meister sehen in den dezidierten Angriffsübungen der Wettbewerbsvarianten eine Verletzung dieses Prinzips, das sie im Übenden falsche innere Haltungen hervorrufen, die dem Geist des Budō widersprechen.

Die erste Bedeutung des Leitsatzes ist mit der Budō-Philosophie des Sen no Sen und Go no Sen verbunden. Das Ergreifen der Initiative, egal in welcher Selbstverteidigungssituation, ist lebensnotwendig. «Es gibt keinen ersten Angriff» meint, daß ein Kampfkunstexperte in der Selbstverteidigung nie zuerst schlägt und nie ohne Kontrolle schlägt. Das Maß einer Selbstverteidigungshandlung wird vom Geist bestimmt, und deshalb hängt die Verwirklichung von «Karate ni sente nashi» eng mit einem erkenntnis- und kontrollfähigen Geist zusammen (Karate wa gi no tasuke).

Außerdem drückt der Satz die grundsätzlich friedvolle Haltung des in den Kampfkünsten gereiften Menschen aus, der Bescheidenheit und harmonisches Zusammenleben über alles stellt. Die Praktiken des Wettbewerbs, Siege nach Punkten zu erringen und auf diese Weise den Besten zu ermitteln, werden als Verletzung dieses Prinzips betrachtet, da sie eines reifen Geistes unwürdig sind und für einen unreifen Geist keinen erzieherischen Wert haben. Karate unter diesem Zeichen zu unterrichten, gilt auch heute auf Okinawa als Verkehrung seines Sinnes und als Verletzung seiner Etikette.

Die zweite Bedeutung bezieht sich nicht nur auf die Kampfkünste, sondern auf die allgemeine Haltung des Menschen gegenüber dem Leben. Das friedliche Zusammenleben der Menschen ist nach wie vor ein Problem, dessen Bewältigung weit mehr in der Reife und dem Willen zum Frieden jedes einzelnen liegt als in der Suche nach politischen Auswegen. Häufig setzen Menschen Frieden als von ihnen selbst unbeeinflußbares Ereignis voraus, doch in Wirklichkeit ist er ein Resultat ihres Denkens und Handelns im Alltag. «Karate ni sente nashi» verweist darauf und mahnt den Menschen zur Selbstbesinnung und zu friedlichen Alternativen. Geistiges Wesen zu sein bedeutet, diese Alternativen zu suchen und zu finden, denn sie bestimmen die Zukunft.

Dazu der căinawanische Großmeister Shoshin Nagamine:

«Karate ist eine Kampfkunst, die zum Zwecke der Selbstverteidigung vor drohender ungesetzlicher Gewalt entwickelt wurde, wobei der hart trainierte Körper als Waffe verwendet wird. Karate-dō jedoch meint ein ‹Karate-Leben› oder einen Lebensweg, der auf Karate beruht, indem man sich selbst besiegt und so zum Sieger wird, ohne im strengen Sinn von der Kunst überhaupt Gebrauch zu machen. Man kann also sagen, daß Karate-dō darauf abzielt, in einer lebenslangen Übung den ‹ganzen Menschen› entstehen zu lassen.»

Oder der japanische Großmeister Shigeru Egami:

«Wer dem Weg des wahren Karate folgen will, darf nicht nur danach streben, neben seinem Gegner zu überleben, sondern er muß sich bemühen, eins mit ihm zu werden... Niemals zu verlieren bedeutet nicht automatisch, immer zu gewinnen. Wenn man dies wirklich verstanden hat, ist man über die Anfängerstufe hinaus.»

Der Grund, warum der Wettkampf als Verletzung dieses Prinzips gilt, ist sein dem Budō entgegenwirkender Sinn. Im Budō übt der Mensch, um sich selbst zu besiegen, im Wettkampf übt er, um andere zu besiegen. Die Ziele des Wettkampfs betonen eben jene Formen der Selbstverwirklichung im Streben, die durch die Übung des Budō unter Kontrolle gebracht werden sollen, weil sie in ihren verschiedenen Facetten als die Ursache des Ungleichgewichts gelten, das vom unreifen menschlichen Geist angerichtet wird. Meister Funakoshi spricht diesbezüglich vom «Mann des Tao», der um so mehr Ehre oder Verdienst erlangt, je weniger wichtig er sich selber nimmt:

«Wenn ein Mann des Tao den ersten Dan erhält, wird er voller Dankbarkeit seinen Kopf beugen. Wenn er den zweiten Dan erhält, wird er seinen Kopf und seine Schultern beugen. Wenn er den dritten Dan erhält, wird er sich tief bis zur Hüfte beugen und still nach Hause gehen, damit ihn keiner sieht. Wenn der kleine Mann seinen ersten Dan erhält, wird er nach Hause laufen und es jedermann erzählen. Erhält er seinen zweiten Dan, wird er auf die Dächer klettern und es jedem zurufen. Erhält er seinen dritten Dan, wird er in sein Auto springen und hupend durch die Stadt fahren.»

In diesem Beispiel liegt die gesamte Erklärung des «Karate ni sente nashi».

> Wir haben erfahren, daß der Mensch seinen Intellekt bis zu erstaunlichen Leistungen kultivieren kann, ohne dadurch der eigenen Seele Herr zu werden.
> *Hermann Hesse*

## Gijutsu yōi shinjutsu – Intuition ist wichtiger als Technik

Dieser von Meister Funakoshi formulierte Leitsatz ist besonders wichtig für jene, die sich bei allen auftauchenden Problemen auf ihre überlegene Wirkung verlassen, doch im Grunde genommen nicht verstehen, um was es eigentlich geht. Meister Funakoshi selbst sagt: «Das Leben ist ein Kampf und wird immer einer sein. Welchen Wert jedoch hat ein Mann, wenn er Kraft, aber keine Philosophie besitzt?» Damit meint er, daß es im Leben immer Probleme geben wird, die man lösen muß. Doch welchen Wert hat es, Probleme zu lösen, wenn man das Gesamte nicht erkennt? Welchen Wert hat die Wirkung in der Welt, ohne die rechte Haltung gegenüber dem Leben?

Die Intuition macht den Menschen aufmerksam auf die Gefahr, bevor sie eintritt. Durch sie wird es ihm möglich, die Gefahr zu bannen, bevor sie wirklich manifest wird. Dem

Menschen ohne Intuition bleibt nur noch seine Technik, um der Gefahr zu begegnen. Diese Technik kann gut sein und den Menschen stets vor Nachteilen bewahren, doch sie wird auf irgendeine Weise immer Unheil anrichten. Der Mensch, der sich nur auf seine Technik verläßt, ist kein guter Mensch, denn er bringt Sorge und Leid über andere. Der Weise nutzt die Intuition und meidet die Gefahr. Die Technik ist die letzte Möglichkeit und darf nur in ausweglosen Situationen als Ultima ratio eingesetzt werden.

> Damit das Mögliche entsteht, muß immer das Unmögliche versucht werden.
> *Hermann Hesse*

## Heijōshin kore michi – Das gewöhnliche Bewußtsein ist der Weg

Dieser Leitsatz ist ein Grundprinzip des japanischen Bushidō und wurde ursprünglich als Zen-Weisheit von dem chinesischen Meister Nan-ch'üan (Nansen Fugen) formuliert. «Heijōshin kore michi» bedeutet wörtlich «das gewöhnliche Bewußtsein ist der Weg» und bezeichnet im übertragenen Sinn den ruhigen und unerschütterlichen Alltagsgeist, der die Grundlage jeder klaren Handlung ist. Dasselbe Prinzip, um dessen Verständnis sich alle früheren Kampfkunstexperten bemühten, wurde von Miyamoto Musashi auch als «Iwao no mi» bezeichnet.

Der Überlebensinstinkt bewirkt in der Natur ganz selbstverständlich das Prinzip des «Fressens und Gefressenwerdens». Dies ist auch die Grundlage der Kriege, und deshalb muß dabei der Krieger seinen Feind töten, wenn er selbst überleben will. Von dieser Notwendigkeit ausgehend, wurde die Philosophie des «Heijōshin kore michi» entwickelt und als Basis aller Kriegsmethoden betrachtet. Diese Philosophie besagt, daß die größte Überlebenschance des Kriegers darin besteht, in seiner äußeren Erscheinung immer *gleich* zu sein, egal was passiert oder was ihm begegnet. Diese Haltung der perfekten Selbstbeherrschung kann ihn vor dem Gefressenwerden bewahren, und deshalb soll er sich auch im Alltag darin üben, um sie in allen Situationen beherrschen zu lernen. Tut er dies, wird er auch in Situationen, in denen sein Leben in Gefahr ist, einen ruhigen Geist bewahren und dadurch zum gegebenen Zeitpunkt das Richtige tun. Selbst wenn er dem Tod ins Auge sieht, seine Haltung muß unbeeindruckt bleiben – zuversichtlich, ruhig und unerschütterlich nach außen und hellwach, geistesgegenwärtig und aufmerksam nach innen.

Heijōshin kore michi ist also eine notwendige Geisteshaltung in jeder Lebenssituation. Diese Philosophie hat nur wenig mit den Lehren des Zen, des Shintō, des Konfuzius oder des Lao-tzu zu tun, denn sie wurde eigentlich aus der Realität der Kriege geboren und ist allen Völkern der Erde, die Kriege geführt haben, als Überlebensstrategie bekannt. Ein Krieger, der sich in diesem Geist geübt hatte, war seinem Feind in allen Belangen überlegen. Die Samurai gingen viele und schwierige Wege, um diese Philosophie zu verwirklichen, und merkten dabei bald, daß die Meditationsübungen des Zen ihnen dazu nützlich sein konnten. Da diese im Prinzip Heijōshin kore michi im Auge haben, waren sie den Samurai sehr willkommen, denn die Beherrschung des Geistes durch Meditation, die im Zen angestrebt wird, kann leicht auf die Kriegsmentalität übertragen werden und erhöht so die Chancen, im Kampf zu überleben.

Auch in anderen Kulturen übte man sich in Heijōshin kore michi. Nicht überall ging man die asketischen Wege der japanischen Krieger, um zu einem angstbefreiten Geist vorzudringen. Doch alle Krieger wußten, daß dieser Geist nur durch eiserne Selbstdisziplin zu erlangen ist. Todesmut, hohes Ehrgefühl und viele andere Eigenschaften, die überall in der Welt der Kriegerkaste als Haltungsübung dienten, waren immer Prüfstein für das Erreichen des tapferen Kriegergeistes. Keine Form des natürlichen Lebens kennt das freiwillige Sterben für ein ideelles Ziel. Doch das «Sterben-Können», das «Sich-opfern-Können» für ein ideelles Ziel ist wohl die stärkste Kraft überhaupt, die ein menschliches Wesen entwickeln kann. Sinn und Wert des Budō bestehen darin, die Opferbereitschaft zu üben, ohne dem Wahn zu verfallen, mit dieser Kraft Kriege führen zu müssen. Dies ist eine der wertvollsten Methoden, die zur Formung einer reifen Persönlichkeit je von Menschen erdacht wurde.

Deshalb ist es auch in den Kampfkünsten, wie sie heute ausgeübt werden, von besonderer Bedeutung zu lernen, den Geist zu beherrschen, zu kontrollieren und zu lenken. Die Technik ist dazu nur das Mittel. Die eigentliche Lehre besteht in der angewendeten Dōjōkun im engeren und weiteren Sinne. Die Übung der Kampfkünste verliert ohne diesen Aspekt ihren Wert und gleitet in die Oberflächlichkeit ab. Auch das Studium des Zen oder anderer Philosophien führt nur über das Opfer zum Ziel. Andernfalls bleibt alles nur Theorie.

# 17 SHITEI – DIE LEHRER/SCHÜLER-BEZIEHUNG

Wörtlich übersetzt man «Shitei» mit «Lehrer (Shi) und Schüler (Tei)». In den Kampfkünsten bezeichnet der Begriff das budō-gemäße Verhältnis der beiden zueinander, das aufgrund eines Abkommens entsteht, in dem der Schüler verspricht, die Grundvoraussetzung für echtes Lernen zu akzeptieren, und der Meister verspricht, den Schüler auf den Weg des Budō zu führen. Das Zustandekommen von Shitei ist nach alter Tradition ein heiliger Akt, der in einem Dokusan (Shōken) vollzogen wird. Ihm zugrunde liegt das unwiderrufliche Versprechen des Schülers, seinen inneren Unebenheiten (Bonnō) so lange und so entschieden zu begegnen, bis der Lehrer die Wegmeisterschaft bestätigt. Auf der Basis dieses Versprechens akzeptiert der Meister eine persönliche Beziehung und erklärt sich bereit, dem Schüler den Zugang zum Weg zu öffnen.

Shitei, die Lehrer/Schüler-Beziehung, ist eine wichtige Lernvoraussetzung in den Wegkünsten und besteht aus drei Komponenten: *Giri* (Pflichtgefühl), *Nesshin* (Eifer) und *Jitoku* (Selbstlernen).

Mit Giri bezeichnet man das Versprechen des Schülers, sich stetig um das Verständnis der rechten Haltung zu bemühen, die es ihm ermöglicht, die wahren Weginhalte zu erfassen. Nesshin bezeichnet den ununterbrochenen Eifer und Fleiß, mit dem der Schüler durch die Verwirklichung der Haltung auf dem Weg fortschreitet, und Jitoku bedeutet, daß der Schüler nicht nur nachahmen darf, sondern der Kampfkunst durch seine eigene Persönlichkeit Sinn und Inhalt geben muß.

Diese Maßstäbe sind für jede echte Lehrer/Schüler-Beziehung des Budō verbindlich. Sicherlich sind solche Inhalte weit entfernt von jener Vorstellung, die ein Schüler normalerweise vom Lernen hat. Im Budō beruht das Lernen nicht auf dem üblichen Weitergeben von Informationen, egal ob sie Wissen oder Können vermitteln sollen. Hier steht einzig und allein der

Weg im Mittelpunkt, der nicht auf herkömmliche Weise gelernt werden kann, sondern sich in jedem Menschen auf eigene Weise neu begründen muß. Ihn zuzulassen, erfordert vom Schüler besondere Formen des Bekenntnisses, der Hingabe, des Vertrauens, der Selbstbetrachtung und des Verhaltens. Für jene Menschen, die die Übung einer Wegkunst mit herkömmlichen Lernerwartungen beginnen, ist daher die erste Konfrontation mit der Weglehre oft eine herbe Enttäuschung.

Die westliche Welt ist heutzutage besonders offen für esoterische Philosophien aller Art. Es gibt viele Menschen, die sich für wohlklingende geistige Theorien begeistern, jedoch einen Schock erleiden, wenn sie plötzlich persönlich damit konfrontiert werden. Auf diese Weise ist keine Wegerfahrung möglich. Der Weg des Budō erfordert eine Haltung der Bereitschaft zum Kampf gegen das eigene Ich unter der Anleitung eines Meisters. Wenn die Ichüberwindung nur in der Theorie interessant erscheint, in der Übung jedoch mit Rückversicherung praktiziert wird, gibt es keinen Fortschritt. Der Weg erfordert eine Entscheidung vor sich selbst, Vertrauen in einen Meister und Geduld mit dem Erfolg. Seine Übung beruht auf einem langen Prozeß von Erfahrungen, die weder in der Theorie zu verstehen noch mit dem Verstand im voraus zu betrachten sind. Ansprüche dieser Art wird jeder Meister ablehnen. Sie bedeuten Gefahr und müssen durch Korrekturen der inneren Haltung täglich bekämpft werden. Der Weg zur Meisterschaft einer Kampfkunst ist beschwerlich und lang und ohne einen erfahrenen Meister nicht möglich.

Der Fortschritt auf dem Weg ist kein Können, sondern ein Werden. Der Meister überwacht dieses Werden, und der Schüler sorgt dafür, daß er die Voraussetzungen dazu schafft und lange genug aufrechterhält. In einer Lernbeziehung mit umgekehrten Vorzeichen ist kein Fortschritt möglich. Wegfortschritt entsteht durch den Sieg über sich selbst.

Ein Dōjō des Weges ist deshalb keine Schule im herkömmlichen Sinn, sondern ein Ort, an dem das alltägliche Leben ohne Maske geübt wird. Die Bereitschaft, dies als Übung zu akzeptieren, ist die erste Bedingung zum Schülersein. Für den echten

Schüler ist das Dōjō ein zweites Zuhause, an das er durch eine innere Beziehung gebunden ist. Der Fortschritt hängt in hohem Maße von dieser Beziehung ab. Überhaupt liegt der Wert der Übung vor allem in dieser Beziehung und nie in der Trainingsleistung allein. Trainingsleistungen ohne diesen Inhalt sind nur von begrenztem Wert.

Die Beziehung zum Dōjō ist dasselbe wie die Beziehung zum Meister. Kein Übender, der diese Voraussetzung mißachtet, kann trotzdem Wegfortschritte machen. Der Weg zur Meisterschaft des Budō führt über das Dōjō und über den Meister. Das Dōjō ist das Heim des Übenden und der Meister der ewige Nährboden für seinen Fortschritt. Wie er mit diesen Werten umgeht – davon hängt sein Weg ab.

Diese essentiellen, jedoch häufig verkannten Werte werden oft von egoistischen Haltungen überschattet, zum Beispiel von der Absicht, mehr zu nehmen als zu geben. In vielen Aspekten des Alltags werden solche Haltungen deutlich, und manche Schüler bringen sie unbewußt mit ins Dōjō. Doch hier gelten sie nicht. Diese Schüler merken schnell, daß sie mit solchen Praktiken keine wesentlichen Fortschritte machen können. Wenn sie ihre Haltung nicht überprüfen, werden sie schnell scheitern. Egoismus und Selbstsucht sind Hindernisse auf dem Weg und ein Zeichen dafür, daß die innere Haltung durch Oberflächlichkeit, Selbstüberschätzung und Eigennutz gekennzeichnet ist.

Ein weiteres Weghindernis für den Übenden ist das Gefangensein im begrifflichen Formsystem, das zu einer oberflächlichen Sicht der Dinge führt und tiefere Erfahrungen verhindert. Dazu gehört auch die Perfektion der Technik, wenn sie ohne Haltung angestrebt wird. Gerade in der Technik fortgeschrittene Schüler sind besonders anfällig für Überheblichkeit. Sie umgeben sich mit einer Mauer von Ansprüchen, Meinungen und Besserwisserei und vergessen die rechte Haltung. Zum Überschreiten dieser elementaren Fortschrittsstufe (Shu) ist die Überwindung der Formgefangenheit unerläßlich. Wirklicher Fortschritt kommt erst nach vielen Jahren der Übung, doch der Anspruch des kleinen Ich auf Wissen und Können wird zum unüberbrückbaren Hindernis, wenn er nicht bereits in der Anfängerstufe erkannt und überwunden wird.

Aus den Erfahrungen vieler Jahrhunderte haben sich Maßstäbe für ein richtiges Lehrer/Schüler-Verhältnis im Budō entwickelt. Sie wurden begrifflich erfaßt und von den Meistern der Kampfkünste als Bedingung für den Weg gefordert. Erst nach vielen Jahren der Übung sind Schüler in der Lage, ihren wahren Sinn zu verstehen. Bis zu diesem Zeitpunkt verlangen alle Lehrer das Beachten der Regeln.

## Giri – Das Pflichtgefühl

*Giri* ist ein wichtiger Grundsatz im Lehrer/Schüler-Verhältnis des Budō und bezeichnet die Pflicht des Schülers, sich zu den von der Weglehre geforderten Grundregeln zu bekennen. An erster Stelle steht dabei die Übung der rechten inneren Haltung, sowohl im Dōjō als auch im Alltag, ohne die kein Erfahrungsweg im Budō möglich ist. Der Fortschritt im Budō hängt von der Verwirklichung der rechten Haltung mehr ab als von der Perfektion der Technik. Die Pflicht, die mit Giri gemeint ist, besteht darin, daß der Schüler der Weglehre vertraut und seinen Fortschritt durch die Verwirklichung der rechten Haltung sucht.

Sinngemäß übersetzt bedeutet Giri «rechtes Denken». Es leitet sich aus dem früheren Bushidō-Begriff *Gishi* (Mann der rechten Haltung) ab und bezeichnet die im Inneren zu realisierenden Voraussetzungen, die die rechte Haltung ermöglichen. Diese durch Übung zu verwirklichenden Charakteristika als Pflicht und Auftrag auf dem Weg anzunehmen, ist eine Grundregel des Budō.

Im mittelalterlichen Bushidō meinte Gishi eine Lebensweise, in der ein Mensch die «rechte Einsicht» in die übergeordneten Zusammenhänge der Wirklichkeit besaß. Den Zugang dazu eröffnete die Verwirklichung mehrerer Tugenden, unter denen Aufrichtigkeit (Makoto), Gerechtigkeit (Seigi), Barmherzigkeit (Jihi), Großzügigkeit (Ansha), Menschlichkeit (Ninyō) und

Mut (Yūki) die wichtigsten sind. Sie alle zusammen erzeugen in einem Menschen die Fähigkeit, die rechte Haltung intuitiv zu erfassen und sich in der unmittelbaren physikalischen Wirklichkeit angemessen zu verhalten. Im Budō werden diese Haltungskomponenten als zu erfüllende Pflicht an den Schüler herangetragen, im Lehrer/Schüler-Verhältnis durch ein Versprechen abgesichert und danach vom Lehrer bedingungslos gefordert.

Früher waren sie feste Bestandteile der Samurai-Erziehung, auf denen «Bushi no Ichi-gon» (das Wort eines Samurai) basierte. Doch als die Fundamente des Bushidō zu wanken begannen und man Gishi im Zuge der aufkommenden Korruption der Tokugawa-Zeit (ab 1600) in seiner Bedeutung verdrehte, formulierten treue Anhänger des Bushidō die Lehren des Giri, um das weitgefaßte Gishi durch konkrete Anleitungen verständlich zu machen. Würde man das Bushidō mit dem Christentum vergleichen, so wäre Gishi die grundlegende christliche Botschaft und Giri wären die Gebote. Giri bezeichnet die Pflicht zum Einhalten der Gebote und gleichzeitig das Verbot, sie durch persönliche Interpretationen in ihrer Bedeutung zu verdrehen. Der Weg besteht aus der rechten Haltung. Sich darauf und nicht bloß auf seine Formen zu konzentrieren, ist jene Pflicht des Schülers, zu der er sich gegenüber dem Lehrer verbindlich bekennt. Deshalb übersetzt man den Begriff manchmal auch mit «Pflicht» oder «Pflichtgefühl».

In den Kampfkünsten steht Giri für das vom Weg geforderte und vom Schüler gegebene Versprechen, die Gesetzmäßigkeiten der Budō-Lehre zu beachten und sie nicht durch eigenwillige Interpretationen zu verfremden. Er verspricht, die Lehre des Budō in seiner Haltung zu verwirklichen und diese als Beispiel für weniger Fortgeschrittene sichtbar werden zu lassen. Als Grundübung dazu dient in den Kampfkünsten die Verhaltensetikette (Sahō) zwischen Meister und Schüler, zwischen Fortgeschrittenen und Anfängern, während der Übung, während einem Lehrgespräch (Mondō) oder auch im alltäglichen Umgang miteinander. In der Verhaltensetikette wird die rechte

Haltung vor das eigenwillige Unterscheiden zwischen richtig und falsch gestellt. Der Schüler übt sich ständig in der rechten Haltung, indem er die Hindernisse, die aus dem Ich kommen (die ewige Besserwisserei) entschieden bekämpft. Die rechte Haltung liegt daher im Rei und nicht im Besserwissen. Sie ist frei von Selbstzweck, Anspruch und Geltungsdrang und drückt sich in der Bereitschaft aus, anderen durch das eigene Beispiel zu helfen. Wenn dies der Fall ist, kann das, was ein Meister lehrt, durch die Haltung verstanden werden. Egoistische und eigennützige Einstellungen jedoch verhindern das Verständnis und belasten die für alle Schüler wichige Budō-Atmosphäre mit Problemen. Der Erfahrungsaustausch leidet unter den Ansprüchen des Ich, und jede Kommunikation verliert ihre Bedeutung.

Das, was es auf dem Weg zu erfahren gibt, kann nicht mit dem Verstand, sondern nur über die Haltung erfaßt werden. Sie allein ermöglicht es, den Weg zum weiteren Fortschritt offen zu halten. Wird sie durch den verfrühten Anspruch, bereits verstanden zu haben, ersetzt, gibt es nichtendende Diskussionen über richtig und falsch. Dann wird das, was der Meister zu sagen hat, überflüssig, denn auf dem Weg geht es nicht ums Können, sondern ums Werden.

Karlfried Graf Dürckheim erzählt in seinem Buch *Die wunderbare Katze* eine selbsterlebte Begebenheit aus seiner Schülerzeit bei einem japanischen Bogenmeister.

Nachdem er drei Jahre lang aus drei Meter Entfernung auf ein 80 Zentimeter großes Ziel geschossen hatte, kam der Tag, an dem er seinem Meister beweisen sollte, daß er seine Lektion gelernt hatte. Nach den üblichen Zeremonien, die es in allen asiatischen Kampfkünsten genau zu beachten gilt, kam der Augenblick des Schusses.

> Noch habe ich nicht die volle Höhe erreicht, bei der dann der im voll ausgespannten Bogen liegende Pfeil Ohr und Wange berührt – da durchfährt mich die Orgelstimme des Meisters: «Halt!» Erstaunt und etwas unmutig über diese Unterbrechung im Augenblick höchster Sammlung lasse ich

den Bogen herab. Der Meister nimmt ihn mir aus der Hand, schlägt die Sehne einmal um die Bogenspitze herum und reicht ihn mir lächelnd zurück. «Bitte, noch mal!» Ahnungslos beginne ich aufs neue. – Die gleiche Bewegungsfolge läuft ab. Doch als es zum Spannen kommt, ist meine Kunst schnell am Ende. Der Bogen hat die *doppelte* Spannung erhalten, und meine Kraft reicht nicht mehr aus. Die Arme beginnen zu zittern, ich schwanke ohne Halt hin und her, die mühsam gewonnene Form ist zerschlagen; – der Meister aber fängt an zu lachen! Verzweifelt bemühe ich mich noch einmal. Es ist aussichtslos. Nichts als ein klägliches Scheitern –

Ich mag wohl recht ärgerlich dreingeschaut haben, denn der Meister fragt mich: «Worüber sind Sie denn böse?»

«Worüber? Sie fragen mich noch! Wochenlang habe ich geübt und in dem Augenblick, in dem es darauf ankommt, unterbrechen Sie mich, noch ehe ich geschossen!» Der Meister lacht noch einmal hell auf; dann wird er ernst und sagt etwa dieses: «Was wollen Sie eigentlich? Daß Sie *die* Form erreicht hatten, die zu erringen in diesen Wochen Ihre Aufgabe war, erkannte ich schon an der Weise, wie Sie mir die Haustür öffneten. Aber so ist das: Wenn der Mensch eine Form seiner selbst, seines Lebens, seines Wissens oder seines Werkes erreicht hat, um die er sich vielleicht lange bemühte, dann kann ihm nur *ein* Unglück geschehen: daß ihm das Schicksal erlaubt, im Erreichten *stehen*zubleiben und sich darin festzusetzen! Will das Schicksal ihm wohl, dann schlägt es ihm das Gewordene, ehe es sich verhärtet, wieder aus der Hand. Dieses in der Übung zu tun, ist Sache des wissenden Lehrers. Denn worauf kommt es denn an? Doch nicht aufs Treffen! Beim Bogenschießen, sowenig wie beim Erlernen irgendeiner anderen Kunst, geht es letzten Endes nicht um das, was herauskommt, sondern um das, was hineinkommt! Hinein, das heißt *in* den Menschen hinein. Auch das Sich-Üben im Dienst an einer äußeren Leistung dient über sie hinaus dem Werden des inneren Menschen. Und was gefährdet dies innere Werden des Menschen vor allem?

Das *Stehenbleiben* im Gewordenen! Im *Zunehmen bleiben* muß der Mensch, im Zunehmen bleiben ohne Ende!»

Jede Begegnung mit dem Leben findet auf zwei Ebenen statt: auf einer bewußt erfaßbaren, auf der der Mensch in seiner unmittelbaren physikalischen Umgebung *wirkt*, und auf einer nur intuitiv spürbaren, auf der er sich in der übergeordneten universalen Wirklichkeit *befindet*. Das, was Giri meint, bezieht sich auf die Haltung gegenüber der übergeordneten universalen Wirklichkeit. Wenn der Lehrer zu Giri mahnt, mahnt er zur Haltung, durch die allein die Voraussetzung zum intuitiven Spüren dessen, was vom übergeordneten Standpunkt des Lebens aus recht ist, verstanden werden kann. Wenn der Schüler ihm mit Argumenten begegnet, meint er den Unterschied zwischen richtig und falsch in der unmittelbaren Umgebung. Wenn es kein Vertrauen zwischen ihnen gibt, können die beiden sich nie treffen. Der nur rationale Schüler ist nicht in der Lage zu verstehen, was der Lehrer mit Haltung meint. Bei der Haltung geht es nicht um richtig oder falsch im praktischen Handeln. Es geht um das Sich-Befinden im übergeordneten universalen Wirken der natürlichen Gesetze. In der folgenden Geschichte wird der Unterschied zwischen Wirken und Befinden deutlich:

Tsukahara Bokuden war einer der größten Schwertkämpfer Japans. Sein Leitsatz lautete: «Die reife Haltung bewirkt alle Handlungen.» Als er alt war, rief er seine drei Söhne zu sich, um zu prüfen, welcher von ihnen sein würdiger Nachfolger sein sollte.
Der Meister ordnete an, daß seine drei Söhne ihn nacheinander in seinem Zimmer aufsuchen sollten. Er ließ ihnen ausrichten, daß er seinen Nachfolger bestimmen würde. Vorher jedoch legte er einen hölzernen Schemel über die Eingangstür zu seinem Raum und befestigte ihn so, daß er bei der leisesten Berührung der Tür herunterfallen mußte.
Sein ältester Sohn wurde zuerst gerufen. Er näherte sich der Tür, hielt an, stand einen Augenblick still, griff vorsichtig

über die Tür, nahm den Schemel herunter, trat in das Zimmer und stellte ihn an seinen Platz.

Dann kam der zweite Sohn. Er öffnete die Tür, sah den Schemel fallen, fing ihn auf, betrat ebenfalls das Zimmer und stellte den Schemel an seinen Platz.

Der dritte Sohn, der gewandteste von allen, kam. Er stürmte herbei und riß die Tür auf. Der Schemel fiel herunter, doch geistesgegenwärtig zog er sein Schwert und spaltete ihn, noch ehe er zu Boden fallen konnte. Seine perfekte Technik mit dem Schwert war beeindruckend, und er lächelte selbstgefällig.

Sein Vater jedoch sah ihn an und sprach: «Du bist ein Unglück für die Kunst des Budō und eine Schande für die ganze Familie. Die Haltung ist wichtiger als die Technik. Verlaß mein Haus und komm erst zurück, wenn du das verstanden hast.»

Zu seinem zweiten Sohn sagte er: «Du mußt weiterüben, bis du einen Geist entwickelst, der dich selbst und andere vor Unglück bewahren kann.»

Zu seinem ältesten Sohn sprach er: «Nun kann ich in Frieden abtreten, denn du hast verstanden, was in den Kampfkünsten von Bedeutung ist.» Und dem ältesten Sohn gab er sein Schwert.

Mit der falschen Haltung ist Fortschritt auf dem Weg nicht möglich. Der auf sich selbst bezogene Schüler ist nicht in der Lage, zwischen der rechten Haltung und dem richtigen Verhalten zu unterscheiden, und richtet daher ständig Schaden an. Er wählt in allen Situationen das nach seinem Ermessen Richtige ohne die rechte Haltung und verwechselt das eine dauernd mit dem anderen. Er sieht den Weg nicht und folgt statt dessen seiner eigenen Vorstellung vom Rechten.

Den Weg erfährt nur jener, der sich durch die rechte Haltung selbst verwirklicht, nicht jener, der seine Ichvorstellungen für den Weg hält. Giri bedeutet, auf die größere Erfahrung zu hören, ihr zu vertrauen und ihr zu folgen. Der Weg ist ein ewiges Sich-Verändern, ein Werden ohne Unterlaß. Dieses durch das Rei anzunehmen, bedeutet wahres Lernen.

Dem Weg zu folgen heißt, über sich selbst zu siegen. Keineswegs hängt dies von Können oder Wissen ab, wie dies manchmal Menschen glauben, die in einem Dōjō die Kunst des Budō nach ihren Vorstellungen lernen wollen. Der Weg beginnt und endet auch für sie mit dem Rei. Die Kampfkünste sind für jeden Menschen, unabhängig von seinem gesellschaftlichen Rang, eine neue Erfahrung. Übende, die sie bereits gemacht haben, sind im Budō entsprechend fortgeschritten. Für Ungeübte gilt es, denselben Weg zu gehen, ehe sie sich anmaßen, über ihn zu befinden.

Durch Giri kommt der Erfahrungsvorsprung eines Lehrers gegenüber den Schülern oder auch der des Fortgeschrittenen gegenüber den Anfängern zum Tragen und kann fest in die Lernprozesse integriert werden. Diese Möglichkeit, durch die der Schüler aus tieferen Erfahrungen schöpfen kann, gilt in allen Wegkünsten als die einzige Methode des Fortschritts. Aus diesem Grund ist Giri Bedingung für jede Lehrer/Schüler-Beziehung und bildet in seinem Grundkonzept einen Gegensatz zur westlichen Lernmentalität, die auf den «kritischen Geist» baut. Wahrscheinlich ist dies das größte Hindernis für den westlichen Menschen auf dem Weg zur Meisterschaft in den Kampfkünsten.

Die Kampfkünste bieten die Möglichkeit zu vielen subjektiven Erfahrungen, die auf ein inneres Potential im Menschen zielen. Mit einem unüberwundenen Ich kann man sie nicht verstehen. Um sie zu entdecken, muß der Schüler einen Blick in sich selbst werfen und innere Voraussetzungen schaffen. Die Bereitschaft zur Haltung ist daher entscheidend für den Weg. Dieser ist nicht so offensichtlich wie Ungeübte glauben, denn häufig ist die Haltung von Vorurteilen, falschen Überzeugungen und egoistischen Meinungen getrübt. Der Weg liegt erst dahinter.

Der Weg der Kampfkünste ist aus diesem Grund eng mit Giri verbunden und hängt entscheidend davon ab, wieweit der Mensch zur Überprüfung seiner Haltung bereit bzw. fähig ist. Für Übende, die nur den Gewinn suchen und die Kontrolle der Haltung ablehnen, ist das Ich ein Hindernis zum Verständnis des Budō. Fehlt der Blick für die Haltung, sucht der Mensch nur jene Ziele, die seinem Ich dienen. Auf diese Weise kann er den Weg nicht verstehen.

## Nesshin – das eifrige Streben

*Nesshin* ist der nächste wichtige Begriff aus der Lehrer/Schüler-Beziehung des Budō und bedeutet soviel wie «eifriges Streben». Doch mehr als das Streben nach technischer Perfektion ist hier das Streben nach der rechten Haltung (Giri) gemeint, auf der jeder Wegfortschritt beruht. Dieses Streben besteht im Eifer und in der Beständigkeit, mit der der Übende das Ideal der rechten Haltung zu verwirklichen sucht. Der Schüler darf sich nicht auf dem ausruhen, was er glaubt, verstanden zu haben. Nach dem, *was der Meister lehrt,* muß er mit Ausdauer streben und es in seiner Haltung verwirklichen.

Die Lehre über das rechte Streben ist so alt wie die Kampfkünste selbst. Bereits in den Anfängen der chinesischen Künste verkörperte der Meister ein hohes Ideal (Ewiger Meister), in dessen Auftrag er als Mensch (Leibhaftiger Meister) unterrichtete. Zu den Pflichten des Schülers gehörte es, sein Streben nach dem Ewigen Meister – nach dem *Ideal* – auszurichten. Nur wenn diese Bemühung in der Haltung des Schülers sichtbar wurde, hat der Meister ihn unterrichtet. Die jahrhundertealte Erfahrung in den Wegkünsten zeigt, daß die rechte Haltung nicht entwickelt werden kann, wenn das Streben des Schülers in Zweckvorstellungen und persönlichen Wünschen gefangen bleibt.

Deshalb kann man Nesshin nicht mit dem herkömmlichen Streben gleichsetzen. Es ist die Suche nach höherem Verstehen durch Selbstverwirklichung in der Haltung. Es ist dasselbe wie das Streben nach Frömmigkeit – eine Tugend, deren Bedeutung das rationale Denken nicht versteht. Dieses Ziel in ständigem Neubekenntnis anzustreben, ist die Grundlage zum Fortschritt auf dem Budō-Weg.

Ein Ziel, das mit Erwartungen und Forderungen angestrebt

und erreicht wird, ist nicht das, was mit Nesshin gemeint ist. Ein solches Streben ist nichts weiter als ein Spiegel der inneren Wünsche und Vorstellungen, das keinem Werden auf dem Weg, sondern dem Ich dient. Jenseits dieses Strebens, das im gewöhnlichen Leben als Zielorientiertheit und Vernunft betrachtet wird, gibt es noch ein anderes, welches das Zweckdenken und die Erwartungshaltung hinter sich läßt und auf einer anderen Ebene Raum gewinnt. Diese Ebene (der Weg) liegt jenseits unserer gewohnten Lebenseinstellung mit Bedingungen und Forderungen – dort, wo das Leben zur Übung wird. Diese Ebene ist durch die Übung des Rei zu erreichen.

Nesshin hat also nur wenig mit der herkömmlichen Vorstellung von Streben zu tun, sondern bezeichnet ähnliches wie die Frömmigkeit des Gläubigen. Sie als tägliche Herausforderung zum eigenen Wachsen anzusehen, bedeutet wahres Streben im Budō. Die verinnerlichte Frömmigkeit formt den natürlichen, gesunden und unabhängigen Menschen und ist nur über die rechte Haltung zu erreichen. Nicht im Fordern von Zugeständnissen, im egoistischen Wollen und im Zweckdenken, sondern im Opfern des kleinen Ich liegt der Weg.

Ohne Haltung zerbricht jede Beziehung an zu hohen Ansprüchen, jedes Ziel an unmäßigen Forderungen, jedes Tun an zu hohen Erwartungen. Die Unzufriedenheit über den nie erfüllten Anspruch bringt den Menschen aus dem Gleichgewicht und treibt ihn in den Kampf um größere Wirkung. Doch vor dem Meister verliert er schnell den Boden unter den Füßen, denn diesem geht es nicht um die Wirkung, sondern um die Haltung. Er reißt die Maske vom Ich und legt das falsche Streben frei. Je höher der Anspruch des Schülers, um so unmißverständlicher ist die Weisung des Meisters. Das Ich in der Haltung zieht den Schüler unablässig in die Tiefe.

Oft verwechseln Schüler Nesshin mit dem herkömmlichen Streben und begründen ihr Denken mit dem objektiven Recht in der unmittelbaren alltäglichen Umgebung. Sie sägen den Ast ab, auf dem sie sitzen, um zu beweisen, daß man mit einer Säge sägen kann. Doch der Meister blickt auf die Haltung gegenüber der gesamten Wirklichkeit des Lebens, denn dort wird richtig von falsch bereits in den Grundlagen getrennt. Dorthin wenden die Schüler nur selten ihren Blick, denn ihre Aufmerksamkeit gilt den «größeren Zielen». Viel mehr als auf die Haltung konzentrieren sie sich daher auf die Wirkung. Fortgeschrittene mit dieser Einstellung denken, daß ihnen für ihre Leistungen Dank zusteht, sie sind voller Ansprüche und Bedingungen und erkennen oft nicht, was sie wirklich erhalten. Ihre Haltung ist voll vom Ich und verdirbt den Wert ihrer Wirkung durch ständige Kurzschlüsse. Sie müssen lernen, ihre Haltung zu betrachten.

Nesshin zielt auf das Opfern der Ichhaltung. Wenn der Schüler dazu bereit ist, kann hier die Weglehre beginnen und das Lehrer/Schüler-Verhältnis in einem *Shōken* (persönliches Gespräch, in dem ein Wegabkommen getroffen wird) besiegelt werden. Dieses geschieht, nachdem der Schüler erkannt hat, wie wichtig die rechte Haltung (Giri) ist. Nesshin bedeutet, daß der Schüler nun fähig ist, mit anhaltendem Eifer nach ihr zu streben. Dabei gibt es kein Ausruhen und keinen Frieden mit dem Meister, wenn er die rechte Haltung verläßt. Es gibt nur das Rei. Argumente werden hier überflüssig, denn so, wie sich das Werkzeug nicht selbst bearbeiten kann, wird der Schüler ohne den Meister nicht erkennen können, wo er steht. Doch die Initiative dazu muß vom Schüler ausgehen. Er muß es wollen und sein Ziel mit ungebrochenem Eifer verfolgen. Dies ist die Bedeutung von Nesshin.

Der echte Meister kennt den Schüler und weiß um die Grenzen jedes einzelnen. Innerhalb dieser wird er ihn ständig herausfordern und auf die Probe stellen. Durch die Art und Weise, wie der Schüler sich dabei verhält, erkennt der Lehrer, wohin er strebt. Die Bereitschaft zu Nesshin wächst in jedem Menschen erst mit der Zeit – erst wenn er den Weg als Notwendigkeit und Bedürfnis in sich zu spüren und um dessen Verwirklichung zu kämpfen beginnt. Erst dann ruft er nach dem Meister (Dürckheim). Jetzt weiß er auf die rechte Weise nach dem Weg zu fragen und die Hilfe des Meisters auf die rechte Weise anzunehmen.

Die Hilfe des Meisters besteht in der Forderung, das Ich zu

überwinden. Diese ist für den Nicht-Schüler ein ewiges Ärgernis, doch für den Wegschüler eine absolute Notwendigkeit. Sie dient der Übung einer grundlegenden Tugend, ohne die auf keinem Weg Fortschritt erreicht werden kann. Dies in der Haltung zu verwirklichen ist wichtiger als das Streben nach Wirkung, Gewinn oder Prestige. Fortgeschrittene Schüler des Budō wissen, daß die Lehrer/Schüler-Beziehung als solche die eigentliche Lehre ist und daß die Technik dabei nur als Mittel zum Zweck dient. Erst die rechte Meister/Schüler-Beziehung bewirkt im Übenden die Gesundung seiner Haltung gegenüber dem Ganzen der Welt, das tiefempfundene Miteinbezogensein in die Natur der Dinge und die Verantwortung für alle Handlungen und Wirkungen. Außerhalb einer solchen Beziehung wird jede Form zum Mißverständnis.

Nesshin – das eifrige Streben nach der rechten Haltung – ist die Grundlage für das Verständnis des Weges, die Vorbedingung zur wahren Persönlichkeit und der einzige Weg zur Unabhängigkeit im Leben. Mit dieser Übung kann man die Selbsttäuschung überwinden, die das kleine Ich ständig ums Gewinnen kreisen läßt, und so einem neuen Ichbewußtsein Platz machen, das die Grenzen des einzelnen in eine andere Dimension erweitert. Doch nur das ständige und tatsächliche Sich-Bemühen um die rechte Haltung kann die Ichfixierung durchbrechen.

## Jitoku – das Selbstlernen

*Jitoku* bedeutet wörtlich übersetzt «Selbst (Ji), Gewinn, Vorteil (Toku)». Doch in der herkömmlichen Bedeutung kann dieses wichtige Prinzip der Meister/Schüler-Beziehung nicht interpretiert werden. Keinesfalls ist damit ein Gewinn gemeint, den der Schüler durch die Perfektion der Form erzielt. Vielmehr meint Jitoku, daß der Schüler durch geduldiges Hinterfragen seiner Haltung die Grundvoraussetzungen für wahres Verstehen schafft. Dies kann nicht geschehen, wenn er nur den Formanforderungen ohne eigenes Denken entspricht. Der den Regeln bedingungslos unterworfene Schüler ist ein braver, jedoch fortschrittsunfähiger Mensch. Um fortschreiten zu können, muß er über die Regel hinausgehen und um eigenes Verstehen kämpfen.

Im bloßen Kopieren dessen, was der Meister sagt oder tut, gibt es kein Verstehen. Der Weg des Budō ist nicht dem Nachahmer, sondern nur dem nach Sinn suchenden Menschen zugänglich. Ohne eigene Initiative im Suchen gibt es auch keinen Weg. Diese Initiative in der Haltung zu entwickeln und zu erhalten, ist eine wichtige Aufgabe des Schülers. Sie erlaubt, daß jede erlernte Form auf individuelle Weise im Menschen neu erwächst und Teil seiner selbst wird. Was nur kopiert, nachgeahmt oder im herkömmlichen Sinn gelernt wird, bleibt unverstanden und hat auf dem Weg keine Bedeutung.

Doch die Initiative zum eigenen Verstehen führt über einen schmalen Grat. Es ist nicht damit getan, oberflächliches Verständnis zu entwickeln, um den Anschein tiefer Erkenntnisfähigkeit zu erwecken. Das Eigene muß in einer Wegübung entstehen, in Selbsterfahrungsprozessen reifen und schließlich dem, was vom übergeordneten Standpunkt der Welt haltbar und vertretbar ist, entsprechen. In jedem anderen Fall ist es ohne Bedeutung und naiv, wenn es den Anspruch auf Richtigkeit erhebt. Der Wegerfahrung geht eine harte Arbeit an sich selbst voraus. Die Zeit allein, ohne den ständigen Kampf um legitime Erkenntnis, bringt weder im Leben noch im Dōjō einen Fortschritt. In der oberflächlichen Meinung, in der bloßen Dialektik oder im Anspruch darauf, recht zu haben, gibt es nirgends einen Weg.

Auch der Übungsfleiß ist dafür keine Garantie, wenn er keine Richtung hat. Ohne die rechte Grundhaltung zum Weg, ohne das Miteinbezogensein in die Gesamtheit der eigentlichen Wegprozesse führt auch der Fleiß zur leeren Form. Jeder Schritt über sie hinaus erfordert vom Übenden eine grundlegende Selbstverantwortung für die Art und Weise seines Lernens. Fehlt sie, ahmt der Schüler unverstandene Techniken nach oder verwirklicht eigene naive Vorstellungen. Das Lernen hingegen, das mit Jitoku gemeint ist, verwirklicht die Wahrheit des Weges im Selbst.

Ein Kampfkunstübender muß daher bereit sein, mit umfassender Selbstverantwortung umzugehen, und verstehen, daß das einzige Hindernis auf dem Weg nur eine falsche innere Haltung sein kann. So ist es eines der Hauptziele auf dem Weg, sich um wahres Verstehen selbst zu bemühen. Das Verstehen darf weder von einem Geist, der davon ausgeht, bereits verstanden zu haben, noch von einem Geist, der nur am Nachahmen interessiert ist, behindert werden.

Aus demselben Grund bezeichnen die traditionellen Meister die nur leistungsorientierten sportlichen Methoden als nicht ausreichend für den Wegfortschritt. Diese Methoden überbetonen den Formaspekt und lassen grundlegende Wegbedingungen außer acht. Richard Kim vergleicht einen Budō-Meister mit einem Menschen, der in den Bergen jodelt. Er kann viele Echos hören, doch er weiß nicht, ob es jemanden gibt, der ihn wirklich verstanden hat. Zu lernen, den Meister zu hören, ist Teil der Selbstverantwortung des Schülers. Der rechte Schüler hört ihn nicht mit seinen Ohren, sondern mit einem Wahrnehmungsorgan, das wissenschaftlich nicht faßbar ist. Jitoku heißt, den Maßstab zu erkennen, um den Sinn zu suchen.

Anders als in den Wissenschaften gibt es auf dem Weg keine feste Formel, die man ohne weiteres lernen und anwenden kann. Alles, was in den Weglehren danach aussieht, ist relativ und für jeden anders. Daher muß die alte Formel, auch wenn sie sich tausendfach durch die Zeiten bewährt hat, im eigenen Verstehen Schritt für Schritt neu erfahren werden. Zwar ist es einfacher, sie aus der Tradition zu lernen, doch es ist ein Fehler, sie auf diese Weise übernehmen zu wollen und zu denken, man hätte sie verstanden. Es geht um das Schaffen der Formel, nicht um das Übernehmen. Das, was die vergangenen Meister überliefert haben, dient nur als Beispiel und darf nicht kopiert werden. Es muß auf individuelle Weise neu entstehen. Die Initiative zu diesem Schritt nennt man Jitoku.

Da die Wirklichkeit relativ und in keine feste Regel zu pressen ist, lehrt der Meister den Weg als Beispiel und legt wenig Wert auf die allgemeingültige Formel. Jitoku bedeutet, auf das Beispiel schauend den eigenen Weg zu suchen. Doch meist kann der Schüler das nicht erkennen und hält das Beispiel für die Regel. Solange er den Unterschied nicht begreift, verbraucht er sinnlos seine Kraft und streitet sich um die Maßstäbe von richtig und falsch. Erst wenn er durch die Haltung verstehen lernt, erweitert sich sein Blick für die Zusammenhänge. Deshalb gibt es keine erlernbare Wegformel. Die Relativität der Wirklichkeit erfordert die angemessene Haltung im Hier und Jetzt. Die Haltung kann niemand erklären, denn für sie gibt es keine Regeln, sondern nur den Weg. Den Weg wahrzunehmen und mit offenen Augen zu gehen ist jenes Selbstlernen, das mit Jitoku gemeint ist.

In manchen Dōjō sind die Lehrer ständig dabei, ihr Training logisch zu begründen und durch die Theorien der Sportwissenschaft bestätigen zu lassen. Dadurch machen sie ihre Schüler glauben, daß das Lernen von Fakten oder das Umsetzen der Sporttheorie im Training zum Verständnis des Budō führt. Diese Praktiken dienen der Leistungssteigerung im Sport, aber nicht dem Wegverständnis. Im Budō führen sie zu inneren Fehlhaltungen, weil die Schüler sich im Wissen und im Können auf einem Niveau wähnen, das sie in der tatsächlichen Budō-Erfahrung nicht erreicht haben. Was im Leistungssport richtig ist, kann im Budō im krassen Widerspruch zur Weglehre stehen.

Die methodische Leistungssteigerung ohne den Weg wird hier als eine negative Form des Lernens angesehen, weil das Wissen die Wegsuche behindert. In der zen-buddhistischen Übungstradition existiert eine ausgesprochene Skepsis gegenüber jeder Form des Lernens, die den Menschen abhängig macht von geistigen Fertiggerichten. Der Weg entsteht nicht durch das Lernen und Anwenden fremder Maximen, sondern durch Suchen nach eigenem Verstehen. Budō ist eine Methode, anhand eines Beispiels Eigenes zu suchen, in der Erfahrung zu vertiefen und vor dem Leben als sinnvoll zu vertreten. Dieses Lernen ist mit Jitoku gemeint.

Der den Kampfkünsten zugrundeliegende Lernweg besteht über die herkömmliche Methode hinaus aus spezifischen Erfahrungsmomenten und hat als solcher eine uralte Tradition. Um seinen wahren Inhalt realisieren zu können, ist es unerläßlich, die Maßstäbe der Meister/Schüler-Beziehung zu beachten, da in ihnen viele vom rationalen Geist nicht erkennbare Momente der Wegübung enthalten sind. Die rechte Meister/Schüler-Beziehung gewährleistet eine Wegrichtung, die vor weiten Umwegen oder gar vor Sackgassen bewahrt. Der Schüler muß sie auch unverstanden beachten und darf sie nicht entsprechend seiner Anfängermeinung interpretieren. Dies ist die Bedeutung des 17. Leitsatzes der Shōtō-nijūkun: «Die Haltung eines Anfängers muß frei sein von eigenen Urteilen, damit er später einen natürlichen Geist erreicht.» Davon hängt sehr viel ab.

Wenn Anfänger in ein Dōjō kommen, müssen sie zuerst die Qualität ihrer Meinungen überprüfen lernen und feststellen, auf welchen Grundlagen sie beruhen. Häufig ist das Resultat, wenn es aus ehrlichen Überlegungen hervorgeht, nicht zufriedenstellend. Oft sind es nur Pauschalurteile oder Theorien anderer, die unser Denken bestimmen. Doch von diesen Meinungen bis zum legitimen Erkennen ist ein weiter Weg.

Die Maßstäbe dafür sind in den Regeln der Lehrer/Schüler-Beziehung enthalten. Der Schüler verpflichtet sich, sich jenseits seiner eigenen Meinung über richtig und falsch ständig um die rechte Haltung (Giri) zu bemühen, in der er durch anhaltendes Suchen nach Verständnis (Nesshin) intuitive Zusammenhänge erforscht, aufgrund derer er eigene und unabhängige Erfahrungen (Jitoku) gewinnt. In einer Lehrer/Schüler-Beziehung, die nicht auf diesen Gesetzmäßigkeiten aufgebaut ist, geschieht folgendes: Der Schüler sucht statt der rechten Haltung das wirkungsvolle Verhalten, entscheidet sich in allen Situationen für den unmittelbaren Gewinn und setzt seine Vorurteile gegen die eigentliche Wirklichkeit durch. Doch dies ist nicht der Weg des Budō.

Tsuji Gettan, ein berühmter Schwertmeister Japans, war ein ewig Suchender nach der letzten Wahrheit. Er fand heraus, daß sie nur in der vollkommenen Bedürfnislosigkeit sichtbar wird und daß jeder Anspruch, jedes egoistische Wollen sich in der Wunschvorstellung sofort zu einer falschen Realität formt. Daher lebte er, obwohl er aus einer der einflußreichsten Familien Japans stammte, ganz einfach und natürlich. Er hatte die Begierde, das Besitzenwollen und den Geltungsdrang vollkommen überwunden. Er sagte:

Die Bedeutung des Lebens besteht nicht in der Erfüllung hoher Ansprüche, sondern in der Alltäglichkeit selbst, in der man gewöhnliche Dinge auf gewöhnliche Weise tut. Die größte Selbsttäuschung ist es, zu glauben, daß wir vor dem Leben etwas Besonderes sind, weil wir Menschen sind und mit Hilfe unseres rationalen Bewußtseins die Zusammenhänge des Lebens erkennen können. Die höchste Form der Realität, die uns Menschen zugänglich ist, liegt in der Begegnung mit den kleinen alltäglichen Dingen unseres Lebens. Je weiter wir darüber hinausgehen, um so schwieriger wird es, die Illusion zu überwinden.
Durch Übung können wir die kleinen Dinge von den Illusionen befreien und dem Leben vorurteilslos begegnen. Wenn wir jedoch nur unseren fünf Sinnen vertrauen, klammern wir uns an Wunschvorstellungen und halten diese für Realität. Das treibt uns in ein endloses Wirken, dessen Zusammenhänge wir nicht mehr erkennen. Alles, was über die alltäglichen Dinge hinausgeht, wird zur Illusion.

Tsuji Gettan wurde in seinem Leben unzählige Male zum Zweikampf herausgefordert und nie besiegt. Eines Tages, als er gerade im Wald war und Feuerholz schnitt, kam ein Samurai des Weges und erkannte ihn.

«Ich habe viel von Euch gehört», sprach er. «Ich bin auf Euren Schwertstil neugierig und möchte ihn sehen. Könnt Ihr ihn mir zeigen?»
«Da gibt es nichts zu zeigen», sagte Gettan und schnitt weiter an seinem Feuerholz.
Der Samurai, böse über die Abfuhr, näherte sich Gettan und rief: «Da Ihr aber der beste Vertreter Eures Stils seid, muß ich auf meiner Herausforderung bestehen.»
«Gut», sagte Gettan und schlug dem Samurai ganz plötzlich ein Holzstück über den Kopf.

Als dieser später zu sich kam und verstand, daß er einer Illusion zum Opfer gefallen war, da er glaubte, Gettan würde zuerst sein Schwert holen, um sich mit ihm zu messen, entschuldigte er sich für sein falsches Verhalten und bat den Meister um ein belehrendes Wort. Gettan sagte: «Illusionen, werter Mann, haben schon manchen das Leben gekostet. Ihr dürft nicht wie der Affe sein, der den Mond aus dem Teich schöpfen will, um in seinem Haus Licht zu haben. Legt Eure Meinungen und Vorstellungen ab und seht auf die Wirklichkeit.»

# 18 SHU HA RI – DIE WEGSTUFEN

Nach alter Tradition besteht die Entwicklung des Kampfkunstübenden auf dem Weg aus drei Etappen: *Shu* (das Lernen der Formen), *Ha* (das Überschreiten der Formen) und *Ri* (Transzendenz). Diese Entwicklung gibt es jedoch nur dort, wo die Übung auf den Weg (Dō) des Budō abzielt. Dann symbolisiert der Fortschritt im Budō jene Entwicklung, die ein Mensch auch im Leben durchmacht: Kindheit (Shu), mittlere Reife (Ha) und Reife (Ri).

Wie das Leben ist auch Budō ein Weg, auf dem durch eifriges Streben (Nesshin) die anfängliche Unerfahrenheit zu Erfahrung werden kann. Es ist ein Weg, ähnlich dem Weg im Leben: Der Mensch bewegt sich im ständigen Werden von der Jugend zum Alter. Auf diesem Weg hängt es von ihm selbst ab, was er verwirklicht. Der biologische Prozeß des Älterwerdens geschieht von selbst, doch das Reifwerden hängt von der Art seines Strebens ab. Deshalb ist auch in der Budō-Übung der Weg nicht gleichzusetzen mit der Form. Der Mensch übt sich in der Form, um auf dem Weg zu werden. Nach außen hin vervollkommnet er die Form, nach innen jedoch Bewußtsein und Reife. Fortschritt auf dem Weg ist nicht allein an der Formsteigerung erkennbar, ebensowenig wie die wahre Erfüllung eines Lebens an äußeren Erfolgen ablesbar ist. Der wahre Fortschritt liegt im Werden und betrifft die Haltung (Shisei) im gleichen Maß wie die Form (Waza).

Shu Ha Ri bezeichnet das Werden auf dem Weg. Das fortschreitende Erreichen seiner Stufen hängt ausschließlich davon ab, wohin der Blick des Übenden sich richtet: auf die äußere Welt oder auf die innere Haltung.

# Shu – das Formsystem

*Shu* bedeutet «Gehorsam gegenüber den überlieferten Formen» und bezeichnet dasselbe Prinzip, das es auch im Leben gibt: Das Kind hat, bis es erwachsen ist (Ha), die Aufgabe zu lernen. Andere Menschen vor ihm haben die Formen des Verhaltens, des Befindens und des miteinander Umgehens begründet und sie als Gesetze des Lebens durch die Zeiten überliefert. Das Kind darf diese nicht einfach ignorieren, es muß sie vielmehr lernen und beachten. Zuerst lernt es von seinen Eltern, danach besucht es Schulen, und schließlich muß es sich mit dem, was es gelernt hat, im gesellschaftlichen Leben bewähren. Doch erst nachdem es die Regeln kennt, kann es über sein Verhalten frei bestimmen. Ebenso muß der Anfänger in den Kampfkünsten das Formsystem beachten, denn ohne dieses kann er die Kampfkünste nicht verstehen. Seine erste Aufgabe ist es, die überlieferten Formen ohne Verfälschung durch die eigene Meinung wahrheitsgetreu zu erlernen.

Shu ist die Stufe des Anfängers. Um jemals über sie hinausgehen zu können, muß der Übende eine Haltung des Gehorsams gegenüber allem Überlieferten entwickeln, damit er es richtig lernen kann. Als Anfänger darf er nichts in Frage stellen und nichts verändern. Wenn er Geduld, Bescheidenheit und Vertrauen besitzt, wird sich im Laufe der folgenden Jahre das richtige Verständnis einstellen. Doch vorher muß er die Formen lernen und die Regeln beachten. Darauf bezieht sich Meister Funakoshi in seinem Budō-Leitsatz: «Die Haltung des Anfängers muß frei sein von eigenen Urteilen, damit er später ein natürliches Verständnis gewinnt.»

Die Lehrer wissen, daß es schwierig ist, einen Schüler auf die Ha-Stufe (Formfreiheit) zu führen. Der Grund dafür liegt im unüberwindbaren Vorurteil des Schülers, vorab zwischen richtig und falsch entscheiden zu können. Dort wo sich Anfängermeinungen durchsetzen, gibt es kein Lernen. Manche Schüler gründen eigene Kata, weil ihnen die traditionellen Kata nicht virtuos genug sind. Andere meinen, die Kata seien überflüssiges Beiwerk, und üben nur den Kampf, und wieder andere lehnen die Etikette ab, weil sie ihren Sinn nicht verstehen.

Doch all diese Meinungen haben mit dem Weg des Budō nichts zu tun. Um die tieferen Sinngehalte des Budō verstehen zu können, ist oft eine jahrzehntelange Übung unter einem Meister notwendig. Da die meisten Schüler das nicht beachten und statt dem Weg des Budō ihrer eigenen Vorstellung vom Budō folgen, beschränken sie sich auf die Technik und kommen nie über die Shu-Stufe hinaus. Nachdem sie im Wettkampf einige Meisterschaften gewonnen haben, bezeichnen sie sich als Meister und eröffnen eine Schule. Das ist die Tragik des modernen Budō. Ein Meister der Kampfkünste ist etwas anderes als ein Champion. Um zu unterrichten, muß er sich mindestens auf der Ha-Stufe befinden. Ein selbstgefälliger Mensch kann dies nie erreichen und wird stets seine naiven Vorstellungen für Fortschritt halten.

Richard Kim erzählt eine Geschichte über einen Mann namens Wong, der sehr stolz war auf seinen Sohn.

Er war der reichste Mann in der Stadt und prahlte überall mit der Vortrefflichkeit seines Sohnes, der in Wirklichkeit jedoch als selbstgefällig und geltungssüchtig bekannt war. Da Wong reich war, ging sein Sohn nie zur Schule, sondern wurde nur von Privatlehrern unterrichtet. Doch keiner der Lehrer blieb. Der Junge schickte sie alle nach Hause, und wenn der Vater sich nach ihnen erkundigte, sagte er: «Vater, ich habe genug gelernt.»
Eines Tages stand ein Besuch des Generalinspektors Man an, und Wong bereitete ein großartiges Fest vor, um ihn zu empfangen. Dabei kam ihm eine Idee. Um den Beamten zu beeindrucken, trug er seinem Sohn auf, Mans Namen in der edlen Tradition der Kalligraphie zu schreiben. Er bestellte sofort den besten Kalligraphen der Gegend und bat ihn, seinem Sohn beizubringen, wie man eine solche Aufgabe löst. Der Kalligraph kam und begann, den Sohn zu unterrichten. Er malte mit seinem Pinsel einen Strich und sagte: «Das ist

eins.» Dann malte er zwei Striche und sagte: «Das ist zwei.» Schließlich sagte er bei drei Strichen: «Das ist drei.» Doch ehe er weiterreden konnte, unterbrach ihn der Sohn und sagte: «Ich weiß, ich weiß, Ihr könnt gehen. Ich habe genug gelernt.» Der Kalligraph wurde heimgeschickt.

«Bist Du sicher, daß Du weißt, wie man Mans Namen schreibt?» fragte der Vater. «‹Man› bedeutet nämlich ‹zehntausend›, und der Inspektor ist sehr stolz auf seinen Namen.»

«Keine Sorge», sagte der Sohn. «Ich wußte nicht, daß es so einfach ist, die Zahlwörter zu schreiben. Mit dem Kalligraphen hätten wir nur unnötiges Geld verschwendet.»

Einen Tag vor dem Fest schloß der Sohn sich in seinem Zimmer ein, um sein Werk zu vollenden. Als schließlich der Inspektor ankam und der Sohn immer noch verschwunden blieb, klopfte der Vater an die Tür. Der Sohn brach in Tränen aus.

«Warum hat Herr Man nur so einen langen Namen?» klagte er. «Ich habe bereits fünftausend Striche gemacht, und die Zeit reicht nicht mehr.»

Alle waren sprachlos. Der Sohn versuchte, Herrn Mans Namen mit zehntausend Strichen zu schreiben, weil er den Kalligraphen nicht mehr hatte erklären lassen, daß man die Zahlen ab vier anders schreibt. «Zehntausend» schreibt man nur mit drei Strichen.

Dieses Beispiel mag für viele ähnliche Fälle in den modernen Kampfkünsten stehen. Der Anfänger kann sie nicht erkennen, ehe er nicht viele Jahre unter einem erfahrenen Meister gelernt hat. Shu ist das Stadium des Formlernens, in dem es keine Möglichkeit gibt, in die tieferen Zusammenhänge des Budō Einblick zu gewinnen. Keinswegs darf der Schüler um das, was er dennoch zu erkennen glaubt, streiten und sich mit Rechthaberei das erst später eintretende Verständnis verbauen. Für viele Menschen ist dies ein unüberwindbares Hindernis. Sie informieren sich oberflächlich über die Formen, bringen sie durch Training auf ein Wettkampfniveau und verkennen im

Vorurteil ihre tatsächlichen Inhalte und Werte. Dies führt zu einer Pseudomeisterschaft und nicht auf den Budō-Weg.

Das wichtigste in diesem Stadium ist das Sich-Offenhalten für künftige Erfahrungen. Um lernen zu können muß der Übende die Gesetzmäßigkeiten der Budō-Übung akzeptieren, seine Ansprüche seinem Niveau anpassen und alle Tendenzen des Ausbrechens in die verfrühte Freiheit vermeiden. Wenn er lernen will, muß er die Entscheidungen seinem Lehrer überlassen und dessen Rat befolgen. Der kritische Geist gegenüber unverstandenen Prinzipien verhindert das Lernen. Der Meister kennt den Weg und ist deshalb in der Lage, die Weghindernisse auszuräumen.

Keineswegs entspricht das, was der Schüler zu erkennen glaubt, dem, was der Lehrer weiß. Wenn dem Schüler das Vertrauen fehlt, wird sein Erkennen ihn in unüberbrückbare Vorurteile führen. Je länger er darin verharrt, um so schwieriger wird jeder weitere Fortschritt.

Der Weg über die Shu-Stufe hinaus kann vom Schüler nicht gegangen werden, wenn die rechte Meister/Schüler-Beziehung fehlt und er nur Technik übt. Die Shu-Stufe ist nur die Vorbedingung zum Weg. Um den Weg erkennen zu können, muß der Schüler sie überschreiten, das heißt, er muß sich aus der Gefangenschaft der festen Form befreien. Dieser Prozeß wird weit weniger von seinem formalen Talent bestimmt als von seiner inneren Haltung.

So ist es also nur *eine* Aufgabe des Übenden, die Technik zu meistern. Die andere ist es, die rechte Haltung zu suchen. Es ist ein Fehler zu glauben, die rechte Haltung entstehe von selbst, wenn man seine Gegner besiegen lernt. Die rechte Haltung ist ein Resultat der Arbeit an sich selbst unter der Aufsicht eines Meisters.

## Ha – die Formfreiheit

«Das Kind wird erwachsen» – es wird frei vom Zwang der Formen und erhält die Möglichkeit, sich durch sie einen eigenen Sinn zu geben. Noch lange muß es lernen, doch das bereits Gelernte reicht, um sich in Freiheit zu bewegen. Daher kann es seine Lehrer auf weiten Strecken seines Weges durch eigene Erziehung ersetzen und den größten Teil der Verantwortung für seine Handlungen und Haltungen selbst übernehmen. Der Erwachsene bestimmt selbst seinen Weg.

*Ha* ist die zweite Stufe aus «Shu Ha Ri» und bezeichnet das Ende des bloßen Formlernens. Auf dieser Stufe ist der Übende kein Anfänger mehr. Er beherrscht die Technik, doch nun muß er sich darum bemühen, zu seinem persönlichen Stil zu finden. Es ist die Stufe, auf der das bedingungslose Vertrauen in die Form zum Hindernis für ihn werden kann. Im Shu-Abschnitt hat er die Formen gelernt, auf der Ha-Stufe muß er sie hinterfragen und verstehen. Hier darf keine Form mehr unverstanden nachgeahmt werden. Der Mensch befreit sich aus der Abhängigkeit gegenüber den Formen und ist in der Lage, sich ihrer zu bedienen.

Nicht nur in den Kampfkünsten, sondern auch im Leben gibt es das Überschreiten der bloßen Form. Doch weder das Aneignen von Wissen noch von Können reicht, um diesen Schritt zu vollziehen; das kann nur die reife Persönlichkeit. Jede Art von Lernen ohne Arbeit an der Persönlichkeit führt in die Formgefangenheit. Die Befreiung daraus und das Finden jener inneren Haltung, dank der der Mensch mit allen erlernten Formen auf die rechte Weise umzugehen versteht, geschieht auf der Ha-Stufe des Weges.

Im selbstverantwortlichen Erwachsensein greift jeder Mensch auf die ihm zur Verfügung stehenden Mittel zurück, um die Schwierigkeiten des Lebens zu bewältigen. Für jene Menschen, die nicht gelernt haben, (Selbst-)Verantwortung zu tragen, ist es trotz der erlernten Formenvielfalt schwierig, das richtige Mittel zum rechten Zeitpunkt zu finden. Ohne die Bedingungen der Ha-Stufe anzunehmen führen die erlernten Formen sowohl im Budō als auch im Leben zu Mißverständnissen. Wer nur der Form vertraut, wird zum Opfer der Systeme und bleibt davon abhängig, daß andere Menschen Systeme etablieren. Ihr Denken braucht die Schablone. Ihre Meinungen haben keine Wurzeln im Eigenen, sondern bestehen entweder aus festgefahrenen Vorurteilen oder richten sich nach dem Stand der letzten Informationen. Dadurch verbauen sie sich den Weg zum selbständigen Menschen.

Durch die Übung des Budō kann ein Mensch sich von diesen Fesseln befreien und das richtige Verhältnis zwischen Form und Inhalt erkennen lernen. Persönlichkeit ist auf keinem anderen Weg zu erreichen. Bei allem Formlernen führt der Weg zur Persönlichkeit immer durch den Sinn, den der Mensch sich selbst im Leben gibt.

Der Weg des Budō unterscheidet sich in nichts vom Weg des Lebens. Im jahrelangen Bemühen um die rechte Haltung kann der Übende eines Tages den Weg verstehen und erfahren, daß darin nichts ist, was nicht seit jeher in ihm war. Er wird begreifen, daß es keine endgültigen Lösungen für Probleme gibt, denn *Werden und Reifen* besteht aus dem Gegenteil dessen, was das Ich beabsichtigt. Im Gleichgewicht dieser beiden Pole liegt der Anfang des Weges. Das Systemlernen (Shu) transzendiert erst dann die Formen, wenn der Mensch es in seinem Innern tut. Die Technik kann das nicht, wenn die Haltung es nicht tut.

Hier beginnt der Übende die Stufe der Meister zu erahnen, und seine Bemühungen erhalten einen neuen Sinn. Die Meisterschaft besteht weder im bedingungslosen Befolgen noch im grundsätzlichen Ablehnen fremder Formen. Das Streben nach Selbstverwirklichung wird sich durch die Befreiung vom Formsystem grundlegend verändern, weil das Denken sich verändert. Der wirklich Fortgeschrittene unterhält zu seinen Formen eine Beziehung, die vom Anfänger auch nicht annähernd verstanden werden kann.

Auf der Ha-Stufe wird plötzlich sichtbar, daß die Bedeutung des Formlernens vor allem darin besteht, jene Abhängigkeit zu überwinden, in der sich jeder Lernende gegenüber dem System befindet. Erst wenn dies geschieht, versteht der Übende rückblickend die Bedeutung des Lernens und gleichzeitig die wahre Form. Viele der früheren Fragen beantworten sich erst dann, und manches Unverstandene erhält einen neuen Sinn. An denen, die nun von ihm lernen, wird er all seine Fehler von einst wiederentdecken, doch es gibt keine Möglichkeit, die Anfänger davor zu bewahren. Auch sie müssen den Weg gehen, der darin besteht, zuerst zu lernen und danach zu verstehen.

Auch der Fortgeschrittene übt immer noch Form – dieselbe Form wie eh und je, und dennoch ist es eine andere. In der jahrelangen Bemühung um sie ist er mit ihr gewachsen und hat immer neue Ziele angestrebt. Schließlich war nicht nur die Form, sondern vielmehr die innere Haltung gereift, die nunmehr die Form mit dem eigenen Sinn verbindet – notwendige Voraussetzung zur Überwindung der Systemabhängigkeit.

## Ri – die Transzendenz

*Ri* symbolisiert die Fähigkeit zur Transzendenz, zur Vollendung des Geistes (Satori). Es ist die Stufe der Unabhängigkeit von jeder begrifflichen Form, denn sie existiert nun in einer anderen Dimension.

Der Zen-Meister Takuan bezeichnete Ri als das höchste Ziel aller Wegkünste. Er verstand unter Ri die vollkommene Meisterschaft der Haltung (Shisei), die der Übende erreichen kann, wenn er sich endgültig von den Fesseln des Ich befreit. Das daraus entstehende «Nichthaften» (Mushotoku) an den weltlichen Dingen erlaubt einen inneren Zustand (Mushin), aus dem heraus die Wirklichkeit so gesehen werden kann, wie sie ist.

Der Begriff «Transzendenz» leitet sich von dem lateinischen *transcendere* – «übersteigen» – ab und meint das Übersteigen der Wirklichkeitsillusion, das heißt das Transzendieren der physikalischen Wirklichkeit in die Dimensionen der kosmischen Realität.

In den Wegkünsten wird dafür der Begriff *Satori* gebraucht. Satori bezeichnet einen Akt des Überschreitens der weltlichen Endlichkeit, hinein in den tragenden Seinsgrund der Alleinheit. Dort steht der Ausdruck für das Sich-Befinden jenseits vom weltlichen Sein, wo der Mensch sich mit den Gesetzen des universalen Wirkens identifiziert. Transzendenz bedeutet das Übersteigen der rationalen Vernunft und die Verwirklichung einer inneren Haltung, durch die es dem Menschen möglich wird, den Weltzusammenhang intuitiv zu erfassen und nicht als Gegenstand zu betrachten. So ist er in der Lage, die geraden Denklinien des Intellekts zu verlassen und ein intuitives Denken zu entwickeln, das einem Netz ähnelt. Diese Weise zu denken ist allen Meistern östlicher Transzendentalpraktiken eigen und befreit von der Wirklichkeitsfixierung des linearen Denkens, wie es die Wissenschaft praktiziert. Ihr liegt eine jahrelange Übung auf dem Weg zugrunde, deren Resultate sich in stufenweisen Erfahrungen mit dem Sein manifestieren. Doch erst das Erreichen der vollkommenen Transzendenz wird in den asiatischen Künsten als Satori bezeichnet.

Die Begriffsfixierung des logischen Denkens (jeder Begriff fixiert die Wirklichkeit als endgültig und trifft daher nur einen Teilabschnitt ihrer Zusammenhänge) erlaubt keinen Einblick in die universale Wirklichkeit. In manchen Transzendentalpraktiken werden daher Schulungsmethoden gewählt, durch die das rationale Bewußtsein in die irrationale Wirklichkeit gelenkt wird, um dort die Relativität jeder Begrifflichkeit zu erfahren. Im Rinzai-Zen führen solche Aufgaben (Kōan) für den an analytische Denkarbeit gewöhnten Menschen oft zum vollkommenen Widerspruch zu seinem rationalen Verständnis der Sinnzusammenhänge. Im Sōtō-Zen hingegen wird die Erleuchtungserfahrung durch stillschweigendes Meditieren (Shikantaza) bewirkt.

Der Weg ins transzendentale Denken führt immer über die Logik hinaus und muß im Menschen Voraussetzungen schaffen, die ihm das intuitive Erfassen der Wirklichkeit möglich machen. So sagt der Schüler: «Wie unendlich ist das Meer», worauf der Meister antwortet: «Und dabei siehst du nur die Oberfläche.»

Die Logik hängt am Begriff und versteht das Meer nicht als Ganzheit. Sie wird bei ihrem Bemühen, es zu interpretieren, in einem Wald von Begriffen steckenbleiben, und je genauer die Ratio differenziert, um so weiter entfernt sie sich vom Eigentlichen – vom Meer. Deshalb ist die ganzheitliche Wahrnehmung nur durch die jenseits der Logik liegende Intuition möglich.

Das Wissen um die Begrenztheit des rationalen Denkens gab

es seit alters her auch in Europa. Über die Notwendigkeit des Ausgleichs zwischen Intellekt und Intuition schreibt zum Beispiel Immanuel Kant in seiner *Kritik der reinen Vernunft*. Die Fähigkeit des Menschen zu intuitivem Denken und das Umsetzen desselben ins alltägliche Leben eröffnet nach Kant dem Menschen enorme Energien zur Problembewältigung und zum Daseinsverständnis, die in allen Handlungen von Bedeutung sind. Das Erkennen der Welt als Ganzes fördert das richtige Verhalten in ihr, während die ausschließliche Betrachtung der Welt als Objekt den Formidioten erzeugt. Nicht zuletzt erkennt Kant den Lebenssinn in der Aufgabe, sich dem Kampf um einen zur universalen Wirklichkeitserkenntnis fähigen Geist zu stellen, und betrachtet es als verfehlt, wenn dieser Kampf zugunsten der kurzsichtigen Ratio vermieden wird.

Kant, der mit seiner Transzendentalphilosophie an Aristoteles und auf dessen Ideen basierende philosophische Strömungen im Mittelalter anknüpfte, hat mit seinen Theorien das philosophische Denken Europas entscheidend mitgeprägt. Doch nie erreichte diese Philosophie den Einfluß, den die rationalen Gedankengebäude von Descartes oder Newton hatten, die bis heute die Denkweise der westlichen Welt bestimmen.

Um die Grenzen des rationalen Denkens zu überschreiten, begann Kant sich nach den Voraussetzungen zu fragen, die dem rechten Erkennen von allem Gegebenen zugrunde liegen. Die Möglichkeit, das Erkennen von der Detailfixierung zu befreien und auf den Zusammenhang des Ganzen zu lenken, sah Kant in einer durch Übung möglichen Selbstschau. Dabei wandte er den Blick von allem Gegenständlichen ab und richtete ihn auf die Bedingungen und Ursachen allen Wirkens und Existierens. Dieses Erkennen, das nicht auf Resultate, sondern auf Zusammenhänge zielt, stand im Gegensatz zur rationalen Analyse einer vom Ganzen isolierten Teilwirklichkeit und bildete die Grundlage für die Überlegungen der *Kritik der reinen Vernunft*, die der asiatischen Transzendentalphilosophie sehr nahekommen. Kants Philosophie beruht zwar auf einem logischen System von Kategorien und Grundsätzen, aus denen er seine Erfahrungen bezieht, stellt jedoch die Relativität aller rationalen Erkenntnis fest und hält sich offen für das intuitive «Fühlen» der Wirklichkeit. Kant warnte vor dem blinden Vertrauen in das immer begrenzte objektive Erkenntnisvermögen und empfahl einen Ausgleich durch Glauben, Ethik und Religion. In der rechten Gesamtverfassung eines Menschen unterschied er deshalb zwei gleichbedeutende Erkenntnisinstanzen, die nur im ausgewogenen Verhältnis zueinander eine gesunde Auffassung der Welt ermöglichen: *Wissen* und *Glauben*.

Die asiatischen Philosophien zielen seit jeher auf die Verwirklichung einer solchen Verfassung in der praktischen Übung. Sie bestehen darauf, die universale Wirklichkeit mit dem Wesen zu erfassen und in der Haltung auszudrücken. Ihre Ausübung beruht auf Erfahrungen mit dem Sein, die jenseits von allem Rationalen angesiedelt sind. In ihrer langen und bedeutsamen Tradition verbanden sie sich auch mit praktischen Formen, zum Beispiel mit den Kampfkünsten, mit der Meditation, mit verschiedenen Bereichen der Kunst oder mit dem Priestertum, doch ihr Wesen lag im transzendentalphilosophischen Inhalt. Nahezu alle einfachen und wiederholbaren Tätigkeiten konnten verwendet werden, um die transzendentale Seinserfahrung zu machen. Immer war es diese Erfahrung, die den echten Meister vom bloßen Formperfektionisten unterschied.

In keiner asiatischen Wegkunst ging es nur um den formalen Aspekt. Jedesmal mußte die Seinserfahrung in der Haltung sichtbar werden, ehe man die Form betrachtete. Der Meister des Weges bezeugt sich im Gegensatz zum herkömmlichen Philosophen immer durch die praktische Haltung, nicht durch die formale Theorie. Der Wert seiner Philosophie liegt in seinem Erscheinungsbild, in der Art und Weise, wie er als Individuum der Wirklichkeit begegnet, und nie in ihrer Betrachtung allein. Deshalb gibt es in allen Wegphilosophien immer auch eine in der Praxis zu perfektionierende Form. Doch nie ist sie ein Ziel, sondern immer nur das Mittel, durch das der Meister den Vollendungsgrad seiner Haltung an der unmittelbaren Wirklichkeit mißt.

Vermittelt wurde die Transzendentalerfahrung immer als

Ideal (Ewiger Meister), das der Leibhaftige Meister durch die Haltung und nie durch die Ratio auf den Schüler übertrug (Ishindenshin). Nur in einer budō-gemäßen Meister/Schüler-Beziehung, in der die Ichbefangenheit überwunden wird, ist dieses möglich. Die rechte Haltung (Shisei) muß im Schüler selbst erwachsen, da sie nicht erlernbar, sondern nur erfahrbar ist. Im Vordergrund einer solchen Übung steht zumeist eine Kunst, doch die Absicht liegt nicht in der Perfektion der Fertigkeiten, sondern in einem inneren Prozeß des Werdens auf dem Weg. Die Anleitungen dazu sind unsichtbar für den Schüler in der Formübung versteckt und veranlassen, unbemerkt von diesem, die ständige Korrektur seiner Haltung.

Das Medium war fast immer eine Kunst, da nur die künstlerische Intuition jenen Seinsgrund berühren kann, aus dem Höheres erwächst. Die Philosophie (das richtige philosophische Denken ist keine Wissenschaft, sondern auch eine Kunst) dient ebenfalls diesem Ziel. Der Meister ist kein Formlehrer, sondern ein Mittler zwischen der universalen Wirklichkeit und der weltlichen Realität. Was er mitzuteilen hat, unterliegt keiner rationalen Beweispflicht, sondern ist ein Mittel, die falsche Haltung im Schüler zu treffen. Eine solche Lehre berührt den Schüler immer unmittelbar und direkt, wenn er sich in der rationalen Wirklichkeitssicht einzurichten versucht. Sie hat nicht die Absicht, etwas zu lehren, sondern ihr Sinn besteht darin, einen Weg zu zeigen, der über jede gegenständliche Fixierung hinausführt.

Dasselbe Bewußtsein, das uns vom Tier unterscheidet, trennt uns zugleich von Gott (Dürckheim), wenn es sich im Gewordenen und Erreichten festsetzt. Doch es kann auch auf den Weg führen, wenn es von der rechten Haltung getragen wird. Das Bewußtsein, das der Weg meint, ist in jedem Menschen latent vorhanden und muß durch eine Wegübung geweckt werden. Sein Erwachen führt den Menschen in den Kampf gegen das sich dem natürlichen Leben widersetzende Ich, das das Werden zum Stillstand zwingt und das Wachsen verhindert. Dieses Bewußtsein ist eins mit dem Leben. Es vom Ich zu befreien und es wachsen zu lassen ist das Ziel jeder Transzendentalübung.

Die älteste und bekannteste Übungsform der rechten Haltung ist die *Askese*, das freiwillig erbrachte Opfer. Sie bewirkt die Harmonie in der Haltung, das Gleichgewicht zwischen Nehmen und Geben, zwischen Selbst und Welt. Es gibt keine Kultur und kein höheres Bewußtsein, die nicht auf der Grundlage des Ichopfers aufgebaut sind. Die Askese ist die stärkste Kraft zur Kultivierung des menschlichen Geistes. Sie wurde von allen geistigen Vorbildern der Menschheit in der Übung praktiziert und in der Praxis vorgelebt.

In den buddhistischen Richtungen ist die Grundlage für die Verwirklichung eines höheren Bewußtseins die Lehre Buddhas über den «Mittleren Weg». Die Askese spielt dabei eine bedeutende Rolle. Buddha war ein Gegner aller Bemühungen seiner Zeit, die durch extreme Formen der Askese (Brahmanismus und Hinduismus) die Erleuchtung erzwingen wollten und so das natürliche Leben ebenso verfehlten wie jene, die haltlos der Gier verfallen waren. Doch auch er übte die Askese zum Zwecke der Läuterung vom Ich.

In der Entstehungszeit des Buddhismus wurden die Formen der Askese (Dhūta) von Buddha selbst entwickelt und zur Förderung der Bedürfnislosigkeit, der Willenskraft und zum «Abschütteln» (*Dhūta* bedeutet «Abschütteln») der Wünsche geübt. Damals kannte man 12 Formen der Askese, die auf die Umstände jener Tage abgestimmt waren: 1. Fertigung der Kleider aus Lumpen; 2. Tragen des dreiteiligen Gewandes; 3. Leben von erbettelter Nahrung; 4. nur einmal am Tag essen; 5. keine Zwischenmahlzeiten einnehmen; 6. nur eine Portion essen; 7. längere Zeit in der Einsamkeit verweilen; 8. sich auf Grabstätten aufhalten; 9. unter einem Baum meditieren; 10. unter freiem Himmel leben; 11. jeden beliebigen Ort als Zuhause ansehen; 12. nur im Sitzen schlafen. Diese Formen wurden eine bestimmte Zeitlang geübt, um die Begierden zu besiegen, die Buddha als das größte Hindernis auf dem Weg zur rechten Haltung bezeichnete.

Die Formen der Askese waren je nach historischen und geographischen Gegebenheiten verschieden, doch ihre Notwendigkeit war in allen Kulturen anerkannt. In der buddhistischen

Weltanschauung und auch in der christlichen Tradition sah man in ihr einen Weg der Übung menschlicher Vollkommenheit, eine Möglichkeit, den unkontrollierten Wünschen und Ansprüchen des Ich Einhalt zu gebieten und es zur Besinnung auf menschliche Werte aufzufordern.

Später dann entwickelten die meisten Religionen strenge Systeme der Askese, die dazu dienten, die weltlichen Leidenschaften zu überwinden, und die den Gläubigen halfen, den Weg zu Gott zu finden. Es waren die Religionen, die durch ihre verschiedenen Formen der Askese die Grundlagen der menschlichen Kultur schufen und die wirkungsvollsten Wege der Geisteserziehung aufzeigten. Die Askese, das Sich-Läutern vom selbstsüchtigen Ich, kann auch in Zukunft entscheidend sein für das Überleben des Menschen.

Dabei versteht man im europäischen Alltag heute unter Askese nur noch einen sinnlosen Akt, durch den ohne ersichtlichen Grund ein Opfer gebracht werden soll. Weil die Kirche es lange versäumt hat, die wahre Bedeutung der Bedürfnislosigkeit, der Enthaltsamkeit und der Buße angemessen zu erklären, ist der fruchtbarste Boden europäischer Geistigkeit verödet und nährt statt dessen aggressive Technologien. Das eigentliche Ziel der im Christentum gelehrten Askese ist die vollkommene Vereinigung des Menschen mit Gott und von daher keine sinnlose Selbstpeinigung, sondern eine Übung zur Überwindung des Ich. Jesu beispielhafter asketischer Weg sollte den Menschen helfen, die dem Leben entgegenstehenden Tendenzen – hauptsächlich die Begierde und die Selbstsucht – der Kontrolle des Willens zu unterwerfen. Der Weg des Christen ist ein Weg zu Gott und als solcher ein Weg der Läuterung vom Ich. Wie alle Wege zum Ideal ist auch dieser ein asketischer Weg und verliert jede Bedeutung, wenn er seine Grundlagen aufgibt.

Jede Kultur beruht letztendlich auf Askese. Schon mit der Bewußtwerdung des Menschen entstand die Notwendigkeit der asketischen Übung als Grundbedingung zum Leben. Auch heute sind alle sozialen Verhaltensgesetze Formen der Askese. Doch die unreife Haltung, die ihre Bedeutung nicht versteht, beugt sich nur widerwillig dem Gesetz und fordert ständig die Befriedigung der Ichwünsche. Doch diese Freiheit bedeutet Krieg. Die einzige Möglichkeit zum Frieden ist die Überwindung des Ich.

Formen der Askese sind in allen Wegübungen, auch in denen für Anfänger, eingeschlossen. Allerdings beziehen sie sich hier nicht auf religiöse Vorschriften, sondern auf die Grundregeln des Budō-Lernens. Diese fordern die Hingabe, die Selbstdisziplin und die Überwindung falscher innerer Haltungen wie Habgier, Selbstsucht, Egoismus, Unzufriedenheit, Überheblichkeit und vieles mehr. Die Art und Weise, wie Askese in den Kampfkünsten zum Tragen kommt, wird durch das Regelsystem der traditionellen Richtungen selbst konstituiert.

Nicht von ungefähr lautet daher der letzte Leitsatz von Meister Funakoshi: «Lebe die Vorschriften jeden Tag.» Wer das begreift und befolgt, wird daher den Weg, *seinen* Weg, finden – zu seiner Vervollkommnung und zum Wohle der anderen.

ANHANG

# GLOSSAR

## Bodhidharma

Indischer Mönch und 28. Nachfolger Buddhas. Im Jahre 523 verließ er seine Heimat (südlich von Madras) und wanderte über den Himalaya nach China. Nach mehreren Aufenthalten an verschiedenen Orten ließ er sich in der Provinz Hōnan (im Norden Chinas) im Kloster Shaolin nieder und lehrte eine aus dem Buddhismus abgeleitete Philosophie der Selbstbetrachtung: das Ch'an (Zen). Bodhidharma (chin. Ta-Mo, jap. Daruma) war der erste Patriarch (Soshigata) des Zen.

Im Shaolin verband er die Meditationspraktiken des Zen mit verschiedenen Bewegungsabläufen, die hauptsächlich den Tieren abgeschaut worden waren. Man geht davon aus, daß diese Bewegungen der Ursprung aller karateähnlichen Kampfkünste sind. Ausgehend vom Shaolin-Kloster begann sich die Kampfkunst immer weiter zu verbreiten. Heute schreibt man Bodhidharma die Entwicklung der «18 Hände der Buddha-Schüler» (Shi-pa-lo-han-sho) – eine Form gymnastischer Übungen, aus denen später die Kata hervorgehen sollten – und die Gründung zweier Sūtra zu. Die *I Chin Ching* (jap. Ekkinkyō) stellt eine Reihe von Übungen und Atemtechniken (Kokyū) dar, die dem Körper Durchhaltevermögen und Widerstandskraft verleihen können, und die *Hsien Sui Ching* (jap. Senzuikyō) erläutert, wie man geistige Stärke (Ch'i) entwickelt. Man glaubt, daß diese Lehren Bodhidharmas die Entstehung der chinesischen Kampfkünste eingeleitet haben. Ungeachtet der Tatsache, daß sich der direkte Einfluß Bodhidharmas heute nicht mehr nachweisen läßt, haben die Mönche der damaligen Zeit die Bedeutung der körperlichen Übungen als Teil ihrer täglichen Routine erkannt und sie angewendet.

# Buddha

Der «Erleuchtete» wurde um 563 v. Chr. in Kapilavastu (heute Terai) im südlichen Nepal geboren. Sein eigentlicher Name lautete *Siddhārtha Gautama*. Die Heimat des historischen Buddha, das nepalesische Vorgebirge des Himalaja, im nördlichen Grenzgebiet Indiens, wurde zu jener Zeit von halbzivilisierten Stämmen bewohnt. Aus den Niederungen der Gangesebene drang brahmanische Kultur in die Hochebene vor.

Bis zu seinem 29. Lebensjahr führte er das luxuriöse Leben eines reichen Feudalherren. Er stammte aus dem Geschlecht der *Shakayas*, die den Beinamen «Gautama» trugen. Wenn Buddha in Texten als Königssohn bezeichnet wird, dann ist damit seine Kastenzugehörigkeit gemeint, der in Indien ein hoher Stellenwert zukommt. Buddha, der später eine Bewegung gegen die höchste Kaste, die der Brahmanen, ins Leben rief, gehörte jedoch nur der zweiten herrschenden Kaste (Fürsten und Könige) an, die den Brahmanen unterstellt war.

Des ewigen Müßiggangs überdrüssig, ließ er Frau und Kind auf seinem väterlichen Schloß zurück und wählte freiwillig das erbärmliche Leben des Bettelasketen. In diesem Dasein versuchte er nun sechs Jahre lang, unter der Anleitung verschiedener brahmanischer Lehrer, mittels Yoga und Askese den Sinn des Lebens zu ergründen. Nachdem er jedoch gegen die asketischen Regel verstoßen hatte (er hatte Nahrung zu sich genommen), bezeichneten seine Lehrer ihn als Abtrünnigen und schlossen ihn aus ihrer Gemeinschaft aus.

Nun versuchte Buddha es mit der Meditation. Unter einem Feigenbaum in Magahda (heute Bihār) in Isipatana kam ihm nach neunundvierzigtägiger Meditation die Erleuchtung, das heißt, die Erkenntnis über die «vier Grundwahrheiten», die zum «Achtfältigen Pfad», den Grundprinzipien des Buddhismus hinführen. Nach der Legende erschien ihm in einer Vision der Versucher Mara und bot ihm alle Reichtümer der Welt an, wenn er die Suche nach dem Heil aufgäbe. Gautama blieb jedoch standhaft, was ihm jene Erleuchtung (Bodhi oder Satori) brachte, die ihn zum Buddha werden ließ.

Buddha hat – wie Christus – nie selbst etwas niedergeschrieben, doch seine Jünger und Nachfolger machten seine Lehre zu einer der Weltreligionen, der heute etwa 400 Millionen Gläubige angehören.

Die Essenz seiner Lehre hat er erstmals in seiner berühmten *Predigt von Benares* zusammengefaßt, die noch heute in der buddhistischen Religion das «Fahrzeug der reinen Lehre» genannt wird. Er verheißt darin den Menschen die Erlösung, wenn sie den *Mittelweg* wählen, das heißt in keines der Extreme verfallen, weder in Lebensgier noch in Selbstpeinigung. In dieser Rede verkündet er auch die Grundlagen seiner Erkenntnisse: Jedes Lebewesen auf der Erde ist einem ständigen und unendlichen Kreislauf von Werden und Vergehen ausgesetzt. Diesen Prozeß des ewigen Wandels nennt er *Karma*, das heißt Weltgesetz, das in allen künftigen Lebensformen den Lohn oder die Strafe für unser Verhalten im gegenwärtigen Dasein bereithält. Also haben alle Menschen in ihrem Leben so zu handeln, daß sie es vor einer höheren Instanz jederzeit verantworten können. Der Buddha verkündet weiter: «Die Erde ist ein Jammertal, ein Kerker des Elends und des Unvermögens. Weder üppiges Leben noch fanatische Askese führen zur Glückseligkeit, sondern nur der maßvolle Mittelweg. Das gilt für alle Menschen, denn sie sind von geistiger Gleichwertigkeit, haben also gleiche Rechte und gleiche Verpflichtungen.»

Dann kommt Buddha zu seinem eigentlichen religiösen Programm, dem «Ingangsetzen des Rades des Gesetzes» oder dem «Fahrzeug», wie es im späteren Hīnayāna-Buddhismus genannt wird:

«Was ich euch zu verkünden habe, sind die «vier edlen Wahrheiten»:

- Das *Leid* ist die gegebene Daseinsform auf der Erde.
- Es findet einzig und allein seine Ursache in der *Unzufriedenheit* und dem *maßlosen Streben,* bedingt durch die Lebens-*Gier* des Menschen und seinen Drang nach *materiellem Besitz*.
- Dieses *egoistische Streben* müssen wir in uns ausmerzen.

■ Man merkt diesen Egoismus weder durch Sichgehenlassen im Genuß noch durch Askese aus, sondern allein dadurch, daß man immer den *mittleren Weg* einschlägt.»

Buddha nennt den «mittleren Weg» den «Echten Achtfältigen Weg». Dargestellt als achtspeichiges Rad ist er bis heute das Wahrzeichen der buddhistischen Lehre. Er besteht aus acht Regeln oder Geboten, die der Erleuchtete zur Übung empfiehlt:

1. Die lautere und reine Anschauung aller Dinge.
2. Die aufrichtige und ehrliche Gesinnung.
3. Das wohlerwogene und überlegte Reden.
4. Das Bewahren rechter Lebensführung.
5. Das Wissen darum, daß Leben nur durch sich und aus sich selbst besteht.
6. Redliches Bemühen, das Gute zu tun und das Böse zu meiden.
7. Ständiges aufrichtiges Überdenken des eigenen Tuns und Lassens.
8. Ständige Konzentration bei all unserem Tun und Handeln.

Außerdem sind die fünf folgenden Dinge unbedingt verboten:

1. Das Auslöschen menschlichen und tierischen Lebens.
2. Das Stehlen.
3. Der Ehebruch.
4. Das Lügen.
5. Der Genuß von Rauschgift.

Oberstes erreichbares Ziel des Buddha ist das *Nirvāna*, der Endzustand des Seins. Darin werden die Lebensbegierde, der Haß und der Wahn, die darin bestehen, in diesem Dasein eine Realität erkennen zu wollen, endgültig überwunden. Der ewige Kreislauf von Geburt und Tod und Wiedergeburt wird endlich in anderer Gestalt unterbrochen und endet schließlich in der immerwährenden Seelenruhe. Hier entspricht Buddhas Lehre der ihr vorausgehenden indischen Religion.

Buddha wanderte 45 Jahre lang predigend durch den nördlichen Teil Indiens, zusammen mit seinen Jüngern. Den Zeitpunkt seines Todes sah er voraus. Er starb 483 v. Chr. in Kusinara (Nepal).

## Buddhismus

Die vom historischen Buddha gestiftete Weltreligion, zunächst als reine Erleuchtungslehre begründet, ging hervor aus einer Ordensgemeinschaft buddhistischer Mönche, der auch Laien lose assoziiert waren.

Nach der Predigt von Benares baten fünf Männer den Buddha um die Mönchsweihe, die dieser ihnen auch erteilte. Sie bildeten die Keimzelle für die entstehende Mönchsgemeinschaft, die danach mit Buddha durch das Land zog und nur die Regenzeiten an festen Aufenthaltsorten verbrachte. Erst später wurden sie in Klöstern seßhaft. In die Gemeinschaft wurden zunächst keine Frauen aufgenommen. Schließlich konnte der Lieblingsschüler Buddhas, Ananda, den Meister, der entschieden gegen die Aufnahme von Frauen in den Orden war, dazu bewegen, auch einen buddhistischen Nonnenorden zu gründen. So bestand der ursprüngliche Orden aus Mönchen, Nonnen und Laienanhängern, die jedoch nicht den Regeln der Mönchsgemeinschaft unterworfen waren.

Der historische Buddha (Siddhārtha Gautama) begründete durch seine Lehre zunächst nur einen beispielgebenden Lebensweg der Selbstfindung, auf den sich zuerst der *Hīnayāna-(Teravada-)Buddhismus* (Kleines Fahrzeug), eine Religion ohne Götter, berief. Hīnayāna basiert auf den «Vier heiligen Wahrheiten vom Leiden». Das höchste Ziel ist das Eingehen des einzelnen in die absolute Ruhe, das *Nirvāna*, aus dem es keine Rückkehr mehr in das irdische Dasein gibt. Dieser ausgesprochene Mönchsbuddhismus war in Indien etwa ein Jahrtausend lang bestimmend. Im 13. Jahrhundert setzten verstärkt Angriffe der Brahmanen auf die Lehre Buddhas ein, und sie büßte ihre Vorherrschaft ein. Aus der Synthese zwischen der alten indischen

Religion und verschiedenen Volkskulten ging schließlich der Hinduismus hervor. Das endgültige Ende des Buddhismus in Indien kam, als der Islam seine Eroberungszüge begann und dabei die buddhistischen Klöster und Bibliotheken zerstörte.

Doch bereits um die Zeitenwende begann sich im Norden Indiens eine neue Form des Buddhismus zu entwickeln, die den Bedürfnissen der Massen mehr entsprach als das philosophische Hīnayāna: das *Mahāyāna* oder das «Große Fahrzeug», das vor allem von den Laienanhängern Buddhas beeinflußt war. Buddha selbst wurde in dieser Volksreligion neben zahlreichen Bodhisattvas zur Gottheit. Das Mahāyāna lehrt außerdem, daß der einzelne sich nicht nur um sein eigenes Seelenheil zu sorgen hat, sondern auch um das anderer Menschen.

Etwa um die Mitte des 1. Jahrhunderts n. Chr. begann sich diese Form des Buddhismus mit dem Hinduismus und dem Brahmanismus zu vermischen, und die Lehrinhalte wurden mehr und mehr durch Rituale überwuchert. Bis zum Jahre 1000 verlor jedoch auch diese Form des Buddhismus in Indien nahezu alle Anhänger an den Islam und den Hinduismus. Er entwickelte sich indes zur Hochblüte in Ceylon und Hinterindien, Indonesien und Java. Dort entstanden mächtige buddhistische Kulturzentren.

Der Mahāyāna-Buddhismus veränderte nach und nach seine Lehrinhalte, um sich der Mentalität der umliegenden Länder anzupassen. Die Einmaligkeit des geschichtlichen Buddha wurde darin zugunsten mehrerer früherer und zukünftiger Buddhas aufgegeben. Schließlich gab es eine ganze Schar von Buddha-Anwärtern, die sogenannten «Bodhisattvas». Damit entsprach der Buddhismus zwar den mythologischen Vorstellungen der inzwischen missionierten Länder, es trug aber gleichzeitig dazu bei, daß der Buddhismus sich in viele Sonderformen aufspaltete.

In Tibet entstand zunächst eine Richtung des Buddhismus, die von den im Lande bereits existierenden Glaubensinhalten geprägt war und schließlich zum *Lamaismus* führte. Von dort breitete die Religion sich mit all ihren tibetischen Eigenheiten bis in die Mongolei aus.

In unsern Tagen ist der *Hīnayāna*-Buddhismus in Ceylon, Burma, Siam, Laos und Kambodscha heimisch, der *Mahāyāna*-Buddhismus in Nepal, Vietnam, China, Korea und Japan. Der *Lamaismus* ist vorherrschend in den Gebieten Tibet, Sikkim, Bhutan und der Mongolei. Heute besitzt der Buddhismus ungefähr 320 Millionen Anhänger und ist damit eine der größten Weltreligionen.

Nach *China* kam der Buddhismus im Jahre 67 n. Chr., seine Vertreter wurden jedoch zunächst unerbittlich verfolgt, und er erlangte erst 355 öffentliche Anerkennung, als den Chinesen erstmals erlaubt wurde, buddhistische Klöster zu besuchen. Im Laufe der Zeit paßte er sich jedoch den dort bestehenden Volkskulten, vor allem dem *Taoismus*, an und wurde (neben dem vorherrschenden Konfuzianismus) zum bestimmenden Kulturfaktor. Der patriarchalisch ausgerichtete *Konfuzianismus* blieb jedoch sein unerbittlicher Gegner und konnte sich mit dem zölibatären Leben der buddhistischen Mönche nie einverstanden erklären. Etwa im Jahre 520 führte der indische Mönch *Bodhidharma*, der 28. Nachfolger (Soshigata) Buddhas, den Buddhismus als *Ch'an* (Zen) in China ein und wurde der erste Patriarch dieser Sonderform.

Zwischen dem 6. und dem 10. Jahrhundert erlebte der Buddhismus in China seine Hochblüte. Es etablierten sich die großen Schulen des chinesischen Buddhismus, von denen *Hua-yen* (jap. Kegon), *T'ien-t'ai* (jap. Tendai), *Ch'an* (jap. Zen), *Reines-Land* (jap. Jōdo-shū) und *Fa-hsiang* (jap. Hossō) die bedeutendsten waren. Die Klöster wurden so mächtig, daß sie eine Bedrohung für den Staat darstellten. 845 kam es daher zu einer Verfolgung des Buddhismus, woraufhin viele Klöster aufgelöst wurden. Der chinesische Buddhismus hat sich von diesem Schlag nie mehr ganz erholen können.

Zwischen dem 10. und dem 13. Jahrhundert kam es zu einer Verschmelzung von buddhistischen, taoistischen und konfuzianistischen Elementen. Davon ausgenommen blieben nur das Ch'an und der Reines-Land-Buddhismus. Ab dem 14. Jahrhundert begannen sich jedoch auch diese zu vermischen und initiierten eine starke buddhistische Laienbewegung in China.

Die Tradition des Ch'an in China brach ab (mit dem 6. Patriarchen E'nō) und setzte sich verstärkt in Japan fort.

Neben der tibetischen Variante entwickelte der Buddhismus in *Japan* die meisten Sonderformen. Er gelangte im Jahre 538 n. Chr. über Korea nach Japan und begann dort den *Shintoismus* mit seinem Götter- und Ahnenkult zu verdrängen. Als er durch das Kaiserhaus zunehmende Unterstützung erfuhr, etablierte er sich um das Jahr 600 als Staatsreligion.

In der Nara-Zeit (710–794) faßten in Japan sechs aus China überlieferte buddhistische Schulen (Kosha, Hossō, Sanron, Jōjitsu, Ritsu und Kegon) Fuß, die im darauffolgenden Jahrhundert vom Kaiserhaus auch offiziell anerkannt wurden. Die Prinzipien der *Kegon*-Lehre wurden zur Grundlage der Regierung erklärt, und es entstanden einflußreiche Klöster im Gebiet von Nara. In der Heian-Zeit (794–1184) gewannen das *Tendai* und das *Shingon* die Oberhand. Das Tendai löste die Kegon-Schule im Kaiserhaus ab, während das Shingon vor allem von den Adligen praktiziert wurde.

Zu Beginn der Kamakura-Zeit (1185–1333) begann sich im Volk ein Buddhismus zu etablieren, der die zahlenmäßig größte Anhängerschaft hatte: der *Amida-Buddhismus*, eine reine Götterlehre, die sich später in die Jōdo-shū und Jōdo-shinshū-Schule aufspaltete.

*Nichiren* (1222–1282), ein buddhistischer Mönch, war der schärfste Gegner des Amida-Buddhismus. Er gründete eine nach ihm benannte buddhistische Sekte und verband seine Lehre intensiv mit politischen Zielen.

Den stärksten Einfluß in Japan hatte jedoch der Zen-Buddhismus, der sich seit 1191 rasch im Lande ausbreitete und dort einen ganz eigenständigen Charakter entwickelte. Im 16. Jahrhundert zeigte das Zen eine starke Affinität zu den disziplinären Übungen der Samurai, die von Anfang an seine treuesten Anhänger waren. Als Zen hatte der Buddhismus den größten Einfluß auf die Kultur und den Geist des Landes und prägte nachhaltig die gesamte geistige Entwicklung Japans in den kommenden Jahrhunderten.

Das Zen ist auch jene der buddhistischen Schulen, die heute

in Europa und in den USA die meiste Aufmerksamkeit erregt, aber auch andere Richtungen des modernen Buddhismus gewinnen weltweit an Boden. Sein wichtigstes Ziel ist jedoch die Rückgewinnung des indischen Mutterlandes.

## Bushidō

Wörtlich: «Weg des Kriegers». Ehrenkodex oder Lebensgesetz der Samurai (Bushi). Die historische Entwicklung des Bushidō läßt sich in drei Etappen einteilen:

■ Die Anfänge des Bushidō – zur Zeit des *Gempei-Krieges* im 12. Jahrhundert – waren vor allem vom Shintō geprägt. Zu jener Zeit gebrauchte man dafür die Bezeichnung *Kyūba-no-Michi* –«Weg des Bogens und des Pferdes».
■ Zu Beginn des *Tokugawa-Shōgunats* (1603) begann sich das Bushidō unter starkem Einfluß des Zen und des Konfuzianismus zu reformieren. Es prägte über diese Strömungen auch die Kampfkünste und entwickelte eine immer dezidiertere Tendenz zum Budō.
■ Nach der *Meiji-Restauration* (1867) veränderte sich das Bushidō erneut. Einige archaische Elemente der früheren Formen wurden ausgeklammert. Das Bushidō, das anfangs nur die Garde des Shōguns betraf, sich danach auf die Vertrauensleute der Fürsten (Hatamoto) und schließlich auf alle Samurai ausdehnte, wurde im Zuge der Meiji-Restauration zur allgemeinen Lebensauffassung aller Bevölkerungsschichten Japans.

Bushidō begann sich als verbindlicher Ehrenkodex für die Samurai erst zu Beginn des 17. Jahrhunderts herauszukristallisieren. Es ging hervor aus einem nur mündlich überlieferten älteren Kriegerkodex, dem *Kyūba-no-Michi* («Weg des Bogens und des Pferdes»), der bereits aus dem 12. Jahrhundert stammt. Der Begriff Bushidō wurde erst verwendet, als die Schriften von Yamaga Sōkō (1622-1685), einem konfuzianischen Gelehrten, verbreitet wurden. Die erste Abhandlung über das Bushidō war das *Buke-Shōhatto*, und ein anderer berühmter Text war das *Hagakure*, das man Yamamoto Tsunemoto zuschreibt.

Man schätzte die Zahl der Samurai (Bushi) zu Anfang der Edo-Zeit (1600) auf etwa 500000. Die Entwicklung ihres Verhaltenskodex war von verschiedenen Strömungen geprägt, vor allem jedoch durch den *Shintō*, das *Zen* und den *Konfuzianismus*. Der Shintō beeinflußte das extrem kriegerische Element (Yamato-damashi, Yamato-kokoro und Heijōshin kore michi), der Konfuzianismus lieferte die Moralvorstellungen (Gojō – die fünf Tugenden – und Gorin – die fünf ethischen Prinzipien), beeinflußte die Sitten und lehrte Treue gegenüber dem Herrn, während das Zen den Weg zur Meisterung des Ich und zum Erlangen einer unerschütterlichen Ruhe zeigte. Daher kann man sagen, daß der Shintō, der Konfuzianismus und das Zen die drei Säulen des Samurai-Kodex waren. Aus diesen drei geistigen Quellen entwickelte sich eine eigenständige Ideologie, der sich das gesamte japanische Volk verpflichtet fühlte. Sie lehrte die Grundtugenden der Samurai, den Sinn für Gerechtigkeit und Ehrenhaftigkeit, den Mut und die Verachtung des Todes, das Mitleid mit allen Wesen (Jin), die Höflichkeit und den Respekt vor der Etikette (Reigi), die Aufrichtigkeit (Makotō), die absolute Loyalität den Vorgesetzten gegenüber (Chūgi) und schließlich die Verteidigung der Ehre des eigenen Namens und des Clans. Später wurden diese Tugenden (Gishi) zu Giri (Pflichtbewußtsein), Shiki (Entschlossenheit), Ansha (Großmut), Fudō (Standhaftigkeit), Doryō (Edelmut) und Ninyō (Menschlichkeit) vereinfacht.

Das Bushidō erhob nie den Anspruch, eine Religion zu sein, es wurde nie als ethisches Gesetz fixiert oder als System gelehrt; dennoch hatte es den größten Einfluß auf die kulturelle, gesellschaftliche und politische Entwicklung Japans. Obwohl es von allem Anfang an in Opposition zum Kaiserhaus stand, da es die absolute Treue gegenüber dem direkten Lehnsherrn obenan stellte, konnte es die Macht der Kriegerkaste stärken bis hin zur politischen Ohnmacht des Kaisers. Die Krieger gewannen an Ansehen und Einfluß und lenkten über ihre oberste Instanz (Shōgunat) jahrhundertelang die Geschicke Japans. Erst in der Meiji-Ära kam es zu einer friedlichen Koexistenz zwischen Kaiser und Shōgun.

Den drei großen Geistesrichtungen Japans entnahm das Bushidō folgende Ideen, die grundlegend sind für seine Ideologie:

■ Shintō
Der Shintoismus mahnte die Samurai zur Reinheit des Geistes (Makoto), zum Pflichtbewußtsein (Giri) und zur Treue (Chūgi) gegenüber dem Kaiser und den Daimyō, obwohl im Falle von Auseinandersetzungen immer die Treue gegenüber dem Lehnsherrn den Ausschlag gab. Auch die Ahnenverehrung (Yamato-damashi) und der Patriotismus (Yamato-kokoro) sind überlieferte Geisteshaltungen aus dem Shintō, die bis in die Neuzeit Japans immer wieder in puren Nationalismus ausarteten.

■ Zen
Das Erdulden des Unvermeidlichen, die Fähigkeit zur intensiven Konzentration bei allen Handlungen sowie die ausgesprochene Ruhe in gefährlichen Situationen, auch angesichts des Todes, sind kennzeichnend für das Zen. Die Lehre des Zen und das Kriegertum waren wie füreinander geschaffen. Auch die Überwindung der Angst, das «Jenseits von Leben und Tod gehen» und die Bereitschaft, im Kampf zu sterben, sind auf die Philosophie des Zen zurückzuführen. Dies bedeutete jedoch nicht, daß die Samurai das Leben verachteten. Die Zen-Philosophie vertritt im Gegensatz zur hinduistischen Religion eine ausgesprochen lebensbejahende Haltung. Die Todesverachtung der Samurai beruht auf der These des Zen, daß der Tod keinen Gegensatz zum Leben bilde.

■ Konfuzianismus
Aus dem konfuzianischen Gedankengut übernahm der Samurai die Loyalität (Chū) gegenüber den Vorgesetzten, dem

Clan und der Familie, das strikte Beachten der Normen zur Verwirklichung einer rechtschaffenen Haltung (Gi) und das Bekenntnis zu den Tugenden Empfindsamkeit (Yin), Höflichkeit (Rei), Aufrichtigkeit (Shin), Weisheit (Chi) und Gerechtigkeit (Gi). Beeinflußt von den Ideen des Konfuzianismus, lebte der Samurai in ständiger Angst vor Entehrung, worauf Seppuku zurückzuführen ist.

*Inazō Nitobe* versuchte als erster diese besondere Geisteshaltung Japans dem Westen zugänglich zu machen und faßte die alten Tugenden der Samurai unter drei Hauptbegriffen zusammen: *Ch'i* (Weisheit), *Jin* (universelle Liebe) und *Yū* (Mut). Andere Autoren bezeichnen *Giri* (Pflichtbewußtsein), *Chūgi* (Loyalität), *Shiki* (Entschlossenheit), *Ansha* (Großzügigkeit), *Fudō* (Standhaftigkeit), *Doryō* (Edelmut), *Ninyō* (Menschlichkeit) und *Yū* (Mut) als wichtige Tugenden des Bushidō. Die einzelnen Schulen des Bushidō hatten ihren Schwerpunkt in verschiedenen Geistesrichtungen (Shintō, Konfuzianismus oder Zen) und unterschieden sich in manchen Auffassungen voneinander. Alle Schulen jedoch hielten Giri, ein ehernes Pflichtbewußtsein, und Chūgi, eine unbegrenzte Treue gegenüber den Lehnsherrn, für unabdingbar.

Eine andere wichtige Seite des Bushidō war die Bildung des Geistes, die in den konfuzianischen Schulen als *Bunbuichi*, in den Zen-Schulen als *Furyū* und im Shintō als *Mono no aware* bezeichnet wurde. «Bun (Geistigkeit) ist die Kraft, die die Bu-Seite (Kriegskunst) ausgleicht», wurde von den konfuzianischen Weisen (Seijin) gesagt. Doch vor allem die Meister des Zen (Rōshi) bewirkten durch ihre Lehren die Umwandlung des Bujutsu (Kriegstechnik) in Budō (Weg des Kriegers).

Für uns ist es schwierig, die wahren Inhalte des Bushidō zu verstehen. Ein mittelalterlicher Kriegerstand (Samurai) wurde zum lebenden Ideal eines ganzen Volkes und hat durch seinen Ehrbegriff, durch die Rücksichtslosigkeit gegenüber sich selbst und durch eine unglaubliche Selbstdisziplin die gesamte gesellschaftliche, kulturelle und politische

Haltung Japans beeinflußt. Der Geist des Bushidō lebt noch heute in Japan fort, und manche sagen, er sei stärker denn je. Das Bushidō bildete ein Jahrtausend lang das Zentrum jeder Samurai-Erziehung. Doch die Samurai waren Krieger (Bushi), und daher verbanden sie diese Ideologie sehr eng mit dem Üben von Kampftechniken (Bugei später Bujutsu). Auf diese Weise entwickelten sich im Laufe der Zeit mehrere Formen des bewaffneten und unbewaffneten Kampfes, die von den Samurai zu einer außergewöhnlichen Perfektion gebracht wurden. Diese Kampfmethoden waren – wie beabsichtigt – von tödlicher Wirkung. Erst im Laufe der Jahrhunderte, als die Philosophie des Zen das Bushidō mehr und mehr beeinflußte, veränderten sich ihre Ziele, und die Kampfmethoden der Samurai erhielten einen philosophischen Sinn. Aus den tödlichen Kriegskünsten (Bujutsu) entwickelte sich allmählich der Weg des Kriegers (Budō) als lebenserhaltende Kunst.

## Furyū

Begriff aus dem Bushidō der Tokugawa-Zeit, der die geistige Erziehung der Samurai bezeichnet. Zu jener Zeit gebrauchte man in den konfuzianischen Schulen den Parallelbegriff *Bunbu*, der verdeutlicht, daß die Samurai sowohl den geistigen als auch den körperlichen Aspekt in ihrer Ausbildung berücksichtigen sollten. Im Zen wurde dieser Punkt weiter ausgebaut und in eine dreigeteilte Einheit zusammengefaßt, die man damals Furyū nannte.

Furyū ermöglicht das rechte Befinden, in dem der Mensch Zusammenhänge intuitiv zu erfassen vermag. Es basiert vor allem auf einem inneren Zustand der gelösten Ruhe (*Sabi*), auf der Fähigkeit, die Bedeutung der einfachen und kleinen Dinge des Lebens zu erkennen (*Wabi*) sowie dem Erspüren dessen, was unter der Oberfläche liegt (*Yūgen*). Die Samurai strebten Furyū an, indem sie *Juku* (Kult der Ruhe), *Sei* (Reinheit der Gedanken), *Wa* (Harmonie der Seele), *Jōjū* (gelöste Besonnenheit) und Demut übten. Wie im Konfuzianismus die Verbindung zwischen dem Weisen (Seijin) und dem Krieger (Shi) gelehrt wurde, vereinigte auch das Zen die ausgeprägte Empfindsamkeit der Seele mit der Kriegskunst und führte es im Menschen zu einer Ganzheit zusammen, die zur Grundlage der geistigen Samurai-Erziehung wurde.

*Sabi* steht für die Sensibilität gegenüber der zeremoniellen Ästhetik und wird als Übung für ein gesteigertes intuitives Erfassen verwendet.

Zum Beispiel: In den Kampfkünsten wird der Gürtel (Obi) nie gewaschen. Jeder Tropfen Schweiß und jeder Abrieb sammelt in ihm eine Erfahrung, die den Übungsweg eines Budōka kennzeichnet. Wäscht man den Gürtel, wäscht man auch die Erfahrungen weg. Jeder Gürtel erzählt seine eigene Geschichte, ebenso wie jeder Karategi oder wie jede Kobudō-Waffe: von Freude und Leid, von Freundschaft und Mißverständnissen, von Erfolg und Mißerfolg, von Versagen und Schmerzen – eben von allen persönlichen Höhen und Tiefen. Der Gürtel ist das Abbild des Weges, den der einzelne geht. Aus diesem Grund ist es für einen Übenden eine große Ehre, wenn ein Meister ihm seinen Gürtel schenkt. Den Gürtel eines Unbekannten nimmt man nur unter Vorbehalt an und den Gürtel eines Menschen, der die Prinzipien des Weges (Dō) verletzt, lehnen traditionsbewußte Budōka ab.

Jeder Gürtel ist auf eine besondere Weise mit dem Menschen, der ihn trägt, verbunden. Er wird zu einem wertvollen Objekt, wenn der Mensch sich selbst und seine Kunst in Ehren hält. Gleichzeitig jedoch verliert er seinen Wert, wenn der Übende die Regeln des Budō verletzt.

*Wabi* ist ein Begriff, der sich auf die tiefempfundene Achtung vor den einfachen und kleinen Dingen des Lebens bezieht. Er bezeichnet einen der wichtigsten Erziehungswerte des Budō, denn er mahnt zu einer Haltung, durch die Arroganz und Überheblichkeit überwunden werden können. Ohne diese Haltung ist es nicht möglich, den wahren Sinngehalt der Kampfkünste zu verstehen.

Aus diesem Grund bestehen die Lehrer der Kampfkünste zum Beispiel auf traditioneller Kleidung. Diese ist nach alter

Tradition immer einfach und sauber. Die Schüler sollen sich nicht voneinander unterscheiden, indem sie sich schmücken. Sie sollen ihrer Haltung Schönheit geben, denn darin liegt der Wert der Übung. In den modernen Kampfkünsten wird dieses Prinzip durch die Verwendung glänzender und schillernder Anzüge mit modischen Schnitten verletzt.
Alle formalen Aspekte des Weges sind einfach und leise. Einfache Gärten, Malereien, ausgeführt mit wenigen Pinselstrichen, ohne malerische Details oder Hintergrund, bescheidene Zeremonien im Dōjō usw. Gerade in dieser Schlichtheit liegt jedoch ihr ästhetisch kreativer Sinn. Moderne Kulturen sind laut, bunt und protzig und erzeugen eine falsche Haltung. In den esoterischen Lehren heißt es, daß man die schillernden Momente herausschneiden muß, um den wahren inneren Kern (*Yūgen*) sehen zu können.

## Hara

Wörtlich übersetzt bedeutet Hara «Bauch» (auch Fukubu oder Onaka) und meint die ganze Gegend vom Magen bis zum Unterleib, unterteilt in I (Magen) und Kikai (Gegend unter dem Nabel). Im Kikai befindet sich, etwa 5 Zentimeter unter dem Nabel, der Schwerpunkt des Menschen, der *Tanden*.
Hara hat im Japanischen jedoch eine weiterreichende Bedeutung als unser Bauch-Begriff. Hara gilt als Zentrum der geistigen und körperlichen Kraft, worauf viele Wortverbindungen und Redewendungen hinweisen. Man spricht von *Hara no aru (nai) hito*, das heißt dem «Mann mit (ohne) Bauch», von *Hara no dekite (dekite inai) hito*, das heißt dem Mann, der «mit dem Bauch fertig (nicht fertig) ist», von *Hara no ōkii (chiisai) hito*, das heißt dem «Mann mit großem (kleinen) Bauch», oder von *Hara no hirōi (semāi) hito*, das heißt dem «Mann mit breitem (engen) Bauch». Doch damit ist nicht der Bauch als solcher gemeint, sondern immer ein Wesenszug dessen, von dem man spricht. Hara ist das Zentrum des stofflichen Körpers, doch dieser wird als beseelter Leib verstanden und nicht als bloße

Physis. Das Zentrum des Leibes ist nach der japanischen Auffassung *das* Zentrum des Menschen schlechthin, und der Ausdruck von Hara ist ein Ausdruck der psychischen Grundbefindlichkeit des ganzen Menschen.

So zeigen diese Redewendungen also immer, ob ein Mensch in seiner «Mitte» ist oder nicht. Der vollendete Hara, das heißt das Sich-Befinden in seiner körperlich-geistigen Mitte (identisch mit der rechten Haltung), ist jedoch keine natürliche Veranlagung, sondern vor allem ein Ergebnis der jahrelangen Übung in einer Wegkunst. Wird dieses Ergebnis in der Haltung sichtbar, spricht man von *Hara no dekite hito*, das heißt vom «Mann mit dem fertigen Bauch». Das Gegenteil davon, der *Hara no dekite inai hito* (unfertige Bauch), bezeichnet den Menschen mit einer unreifen Lebenseinstellung. Überall dort, wo eine schlechte Haltung sichtbar wird, wo es an Selbsterkenntnis, Selbstdisziplin, Selbstlenkung usw. mangelt, spricht man vom «unfertigen Bauch», und «ein Mensch, dessen Bauch nicht fertig ist, kann andere nicht führen».

*Hara no dekite hito* (der Mann mit dem fertigen Bauch) bezeichnet den Menschen mit Haltung, jenen, der in der Lage ist, sich in der Welt und im Leben auf die rechte Weise zu bewähren. Der fertige Hara erlaubt Wahrnehmungen, die über die fünf Sinne hinausgehen. Ihm spricht man ein autonomes Erkenntnisorgan zu, das jenseits der Sinne intuitiv übergeordnete Zusammenhänge erfassen kann. Diese Fähigkeit befreit das Denken vom Vorurteil und erlaubt eine Sichtweise, die den fixierenden Verstand überschreitet.

Die Lehre über den Hara liegt allen Wegkünsten als physische und psychische Übung (Shisei – die rechte Haltung) zugrunde und wird in der japanischen Erziehung als grundlegendes Prinzip betrachtet. Von klein auf wird der Sohn vom Vater zu Hara ermahnt. Hara gilt (geistig und körperlich) als die Grundlage des Sich-Verhaltens, des Sich-Bewährens und des Sich-Befindens in der Welt. Fortschritt in den Wegkünsten definiert sich im Grunde genommen im Erreichen einer höheren Verwirklichungsstufe des Hara, weshalb Hara das Zentrum jeder körperlichen und geistigen Übung sein muß. *Hara wo neru*, das heißt «den Bauch üben», ist so selbstverständlich Teil der Wegkünste, daß der Japaner es überhaupt nicht mehr eigens erwähnt. Gleich welche Übung man wählt, ob es die Kampfkunst, Zen, Blumenstecken oder Teetrinken ist, nie wird die Technik ohne Hara (Ganzkörperbewegung) geübt. Das Ziel ist immer der ganze Mensch (die rechte Haltung). Daher kommt das Sprichwort: «Ob Teetrinken, Blumenstecken oder Sitzen, es ist immer das gleiche» oder «Was richtig geschieht, muß immer mit Hara geschehen».

## Hara gei

Die Kunst (Vollendung) des Hara. Hara (Bauch) gilt als der Ursprung und das Zentrum körperlicher und vitaler Kraft. In jeder asiatischen Kampfkunst spielt Hara deshalb eine bedeutende Rolle. Die Übung des Hara (*Hara wo neru*) erstreckt sich jedoch nicht nur auf die Kampfkünste oder das Zen, sondern sie beginnt für jeden Japaner schon in der Kindheit und ist fester Bestandteil seiner Erziehung. Die Art und Weise, wie der Mensch sich verhält, entspannt und atmet, aber auch auf welche Weise er sich lenkt und befindet, haben ihren Ursprung im Hara – im Zentrum der rechten Haltung.

Die Entwicklung und die Lenkung von Ki (Ch'i) hängt ausschließlich von der Reife des Hara ab. Hara ist innerhalb der Kampfkünste der zentrale Begriff, ohne den jede Übung ihren Sinn verliert. Meister Funakoshis Grundsätze zum Üben der Kata (1. die Art der Kraftentfaltung, 2. das Verhältnis zwischen Spannung und Entspannung, 3. langsam und schnell) basieren auf der Philosophie des Hara, die sich sowohl in der körperlichen als auch in der geistigen Übung der Kampfkünste unter drei Aspekten äußert: *Haltung, Spannung/Entspannung, Atmung*. Die Übung der Techniken im Budō führt dazu, daß der Übende durch diese drei Aspekte ein harmonisches Gesamtbild verwirklicht, das sich physisch in der Ganzkörperbewegung und psychisch in der rechten Haltung manifestiert.

Aus diesem Grund betrachtet man den körperlichen Ausdruck des Übenden von Hara als den wichtigsten Aspekt der Technik. Keine Bewegung darf ohne die Beachtung der Körperhaltung ausgeführt werden. Die körperliche Haltung hat eine direkte Beziehung zur inneren Haltung und bedingt sie mit. Durch das Zurechtrücken der körperlichen Form entsteht ein Einfluß nach innen, durch den der Mensch seine Gesamthaltung korrigieren kann. Die Philosophie des Weges wurzelt hiermit direkt in der Übung des Hara.

## Hishiryō

Begriff aus den buddhistischen Lehrwegen, wörtlich: «Denken ohne zu denken». Gemeint ist jenes Denken, das unabhängig von der Logik funktioniert, wenn es gelingt, das dualistische Denken zu überwinden und an die Intuition zu appellieren. Es ist aber nicht möglich, den Intellekt willentlich abzustellen. Durch das Verwirklichen der rechten Haltung kann das Gleichgewicht zwischen Intuition und Logik erreicht werden, wodurch dann dieses Denken möglich wird.

Um diesen Bewußtseinszustand zu erlangen, ist es notwendig, das Denken durch Meditationsübungen zu reinigen. Es muß sich von dem Zwang, den der Intellekt auf es ausübt, lösen und zu einem natürlichen Zustand zurückkehren. Dies heißt nicht, daß der Mensch sich von seinem Wissen befreit, sondern daß er den übermäßigen Einfluß des Wissens auf das Denken reduziert.

Die Erleuchtung (Satori) im Zen strebt diesen Bewußtseinszustand an. Satori ist kein besonderer Zustand des Geistes, sondern vielmehr der natürlichste, ureigenste Zustand überhaupt, in dem der Mensch, befreit von allen oberflächlichen Vorstellungen, durch die Kraft seines ganzen Wesens klar erkennen, klar entscheiden und klar handeln lernt.

# Ich

Lateinisch *Ego*, japanisch *Ninga*. In der asiatischen Weltanschauung versteht man unter dem Ich (sich seiner selbst bewußt zu werden) eine der universalen Realität widerstrebende innere Verfassung, also eine Form der Verblendung. Diese Auffassung weicht ab von der europäischen Vorstellung, nach der das Ego sich von der übrigen Welt absetzt und auf sie hinblickend ihre Realität erkennt bzw. das erkennt, was es für Realität hält. Dadurch festigt sich in der inneren Haltung die Vorstellung eines Ich, das aus eigener Kraft zu leben versucht. Die Entwicklung Europas wird seit dem Altertum und besonders seit Descartes von dieser Idee bestimmt. Sie bewirkte einerseits die Entwicklung von Wissenschaft und Technik, doch andererseits auch den bedingungslosen Glauben an fiktive Realitäten, da die wahre Realität vom Standpunkt des persönlichen Ich nicht erkannt werden kann.

Der Europäer erkennt die Welt als etwas, worin er als abgeschlossenes Ganzes existiert (die Welt, in der wir leben), und begegnet ihr in einem Ich-Du-Verhältnis. Der Asiate hingegen versteht sich als Glied einer Kette, untrennbar verbunden mit dem Gesamten (die Welt, die wir sind). Das, was der Europäer als Individualität schätzt, was er auszubauen und gegen die Welt zu behaupten sucht, gilt es für den Asiaten zu überwinden. Nicht in der Behauptung des Ich *gegen* die Welt, sondern in der Vereinigung des Ich *mit* der Welt versteht er seine Bestimmung.

Dies außer acht lassend, entsteht durch das persönliche Ich die Illusion (Makyō) von der erkennbaren Wirklichkeit, die schließlich das Leben beherrscht und alles angreift, was diese Vorstellung bedroht. Feindschaft, Habgier und Entfremdung, die in Fällen überbetonter Ichherrschaft in seelischen Leiden kulminieren, sind unausweichliche Folgen solcher Haltungen. Alle Übungsformen des Weges bezwecken vor allem, diese inneren Haltungen zu durchbrechen, so daß der Übende im Laufe der Zeit die Herrschaft der Ichillusion über sein Denken überwinden kann.

# I-Ging

Das chinesische «Buch der Wandlungen». Weisheits- und Orakelbuch, das als Grundlage des Denkens die asiatischen Philosophien (Konfuzianismus, Taoismus und Buddhismus) stark beeinflußt hat.

Das «Buch der Wandlungen» ist das älteste und zugleich angesehenste der fünf wichtigen klassischen Bücher Chinas. Dem Buch zugrunde liegen 64 Orakelzeichen, die sich vermutlich im 2. Jahrtausend v. Chr. entwickelten, im 6./7. Jahrhundert jedoch von Konfuzius kommentiert und interpretiert wurden. Der letzte Text des Orakelbuches stammt wahrscheinlich aus dem 2. Jahrhundert v. Chr.

Das I-Ging basiert auf der Vorstellung zweier polarer Kräfte, die durch ihre Aktivität alle Dinge erschaffen. Anfangs wurden sie einfach als das Helle und das Dunkle, später, im Taoismus, als Yin und Yang bezeichnet. Die Interaktion von Yin und Yang erzeugt den *Wandel* (I), der als die Bewegung des Tao (universales Wirken) zu verstehen ist. Dies ist zugleich die zentrale Aussage des I-Ging. Sie basiert auf der Erkenntnis, daß die Wirklichkeit in ihrem Wesen nicht starr, sondern in ewiger Veränderung begriffen ist, und daß der Versuch, sie zu fixieren, eine vom persönlichen Ich hervorgerufene Illusion ist. Diese Philosophie bildet die Grundlage des asiatischen Denkens und wird in den Bewegungskünsten des Ostens (Ch'i-kung, Hsing-I, Pa-kua und T'ai-chi-ch'uan) in praktische Körpererfahrungen umgesetzt.

Das Grundgerüst des I-Ging bilden die acht Trigramme, die besonders im Pa-kua eine bedeutende Rolle spielen und jeweils aus einer Kombination von gebrochenen und ungebrochenen Linien bestehen. Durch die Kombination von jeweils zwei Trigrammen entstehen die 64 Hexagramme.

# Intuition

Mit Intuition bezeichnet man die Einfühlung in die dem objektiven Bewußtsein nicht zugänglichen und nur erspürbaren übergeordneten Zusammenhänge (Yūgen – Sehen, was unsichtbar ist). Von den Wissenschaften wurde diese Möglichkeit des Verstehens lange bestritten. Heute, wo die objektive Erkenntnisfähigkeit in vielen Bereichen ihre Grenzen erreicht hat, gewinnt das intuitive Denken auch in den Wissenschaften immer mehr Raum, wird jedoch nach wie vor auf der Grundlage der Logik interpretiert als: 1. Resonanz oder «inneres Mitmachen», 2. absichtliche Nachahmung und 3. Schlußfolgerung anhand bestimmter Anzeichen.

Das intuitive Denken kann nur durch eine Übung, ähnlich der Wegübung, geschult werden. Es beruht auf der Erkenntnis über die Relativität aller Dinge, auf der auch Einsteins Relativitätstheorie aufbaut. Diese Erkenntnisse liegen jenseits der fixierbaren physikalischen Wirklichkeit und beziehen sich auf eine übergeordnete Realität, zu der die Logik keinen Zugang hat.

Den Wegkünsten naheliegender sind die Beobachtungen der «Verstehenden Psychologie». Sie beziehen die «Ideenschau» Platons, das «Anschauen der inneren schaffenden Natur» Goethes, wie auch einen starken erlebnismäßigen Aspekt (im Budō Furyū) mit ein, durch den ein Mensch jenseits der Logik zu verstehen vermag. Auf diese Weise kann man zu einem Wissen über Zusammenhänge kommen, ohne den Umweg über den Verstand.

Experimente dieser Art haben in den asiatischen Philosophien eine jahrtausendealte Tradition. Allerdings wurden, im Gegensatz zum Westen, nie Versuche unternommen, eine logische Erklärung dafür zu finden. Das, was der Westen mit «Intuition» beschreibt und mit verstehender Logik zu erfassen versucht, war dem Osten immer nur als Übung wichtig.

# Jin

Wohlwollen, universale Liebe und Mitleid mit dem Leiden aller lebenden Wesen. Jin gehört zu den Grundbegriffen des Bushidō und ist eine Voraussetzung zum Verständnis der Kampfkünste. Die Kampfkünste betonen das Handeln, aber der Meister wird immer danach streben, Mitgefühl für fremdes Leben zu entwickeln und dieses nach Möglichkeit zu schützen. Auch bezieht sich Jin auf das Verständnis für die Sorgen und Probleme anderer Menschen. Es ist als zu verwirklichendes Lebensprinzip von Bedeutung und als solches auch eine wichtige Komponente der Geisteserziehung in allen traditionellen Kampfkünsten des Fernen Ostens.

Im modernen Sprachgebrauch ist Liebe ein häufig mißbrauchter Begriff. Wahre Liebe erwächst nicht aus einem sentimentalen Gefühl, sondern aus der Achtung vor dem Leben. Jin bezeichnet nicht die Liebe im herkömmlichen Sinne, sondern entspricht Erich Fromms Auffassung (*Die Kunst des Liebens*) oder Albert Schweitzers Lehre über das Mitgefühl. Egoistische Liebe ohne das Einbeziehen der Gesamtheit der Dinge führt zu vielen Mißverständnissen.

Die Verkörperung der universalen Liebe war Shakyamuni Buddha. Er verbrachte sein ganzes Leben damit, die Ursachen menschlichen Leidens zu erforschen, und erfuhr, daß menschliches Leben ohne Liebe keine Chance hat zu wachsen und sich selbst bedroht. Jin bezeichnet daher vor allem das Mitgefühl mit allem, was uns umgibt. Dieses muß ohne Unterscheidung in gut und böse, aus einem reinen Geist und einer reifen Haltung heraus geschehen. Die unreife Haltung erzeugt immer egoistische Liebe. In diesem Sinn wird «Karate ni sente nashi» (Im Karate gibt es keinen ersten Angriff) interpretiert.

Wer in der Lage ist, auf diese Weise zu lieben (Jin), kann frei geben und frei empfangen (Doryō) und Großmut (Ansha) üben. Die Fähigkeit zur wahren Liebe besiegt den persönlichen Egoismus und macht bescheiden und demütig (Ninyō). Überhebliche Menschen können nur egoistisch lieben und neigen oft dazu, den Weg der Rechtschaffenheit (Makoto) zu verlassen.

Wahre Liebe hängt jedoch von der Entscheidung zum Rechten (Giri) und der richtigen inneren Haltung (Shisei) ab. Man kann diese Liebe üben, indem man sein Ich besiegt.

## Kara

*Kara* (Kū), wie es in dem von Funakoshi gewählten Schriftzeichen für Karate verwendet wird, bedeutet «leer». Ursprünglich wurde dafür ein Schriftzeichen verwendet, das ebenfalls «Kara» ausgesprochen wurde, jedoch «fremd», «chinesisch» (Tō) hieß. Diese Bedeutung leitet sich von seiner Verwendung im Chinesischen ab, wo es ein Zeichen für die T'ang-Dynastie (618–907 n. Chr.) war und als solches in Okinawa übernommen wurde. Meister Funakoshi änderte später das Schriftzeichen in seine heutige Bedeutung um.

Die erste Bedeutung von Kara zeigt an, daß Karate eine Technik («Te» bedeutet im Okinawanischen «Technik» und im Japanischen «Hand») ist, durch die man sich ohne Waffen (mit leeren Händen) verteidigen kann. Im philosophischen Sinn (spätere Interpretation in Japan) verweist es darauf, daß sich der Karate-Schüler von allen egoistischen und selbstsüchtigen Gedanken «leer» (Kū) machen muß, da er nur mit klarem Geist und reinem Gewissen verstehen kann, was er empfängt. Das bedeutet, daß derjenige, der Karate-dō übt, immer danach streben muß, innerlich bescheiden und nach außen hin sanft zu sein. Gleichzeitig muß er einen einmal gefaßten Entschluß mutig durchzusetzen versuchen. So ist er, mit Funakoshis Worten, wie der «grüne Bambusstab: innen hohl (Kara), aufrecht und mit Knoten, das heißt selbstlos, sanft und gemäßigt». Im japanischen Denken ist Hohlheit ein Synonym für Selbstlosigkeit, Geradheit steht für Gehorsam und Sanftheit und Knoten für Charakterstärke und maßvolles Wesen. In einer ganz grundlegenden Weise ist schließlich auch die Form des Universums Leere (Kara), und so ist Leere die Form an sich. «Form (Shiki) ist Leere (Mu), und Leere (Mu) ist Form (Shiki) an sich», diese Bedeutung hat das Kara des Karate-dō.

# Meditation

Übung der körperlichen und geistigen Entspannung, Abschalten aller äußeren Einflüsse, Versenkung in die eigene Tiefe, Hören ins Innere, Stillwerden, Beruhigung der Sinne und kontemplative Schau des inneren Wesens. Der Begriff stammt aus dem Lateinischen (*meditari* – nachdenken), doch die Meditation selbst ist in allen Kulturen der Erde bekannt. Auch im Christentum gibt es vielfältige Formen der Meditation (Rosenkranz, Stundengebet, Brevier usw.). Doch die weitreichendsten Erfahrungen hinsichtlich der inneren Schau wurden im Buddhismus, im Hinduismus und im Islam gemacht, weshalb die westlichen Menschen heute «Meditation» meist mit östlichen Religionen in Verbindung bringen.

Alle Meditationspraktiken haben das gleiche Ziel: Sie schaffen stufenweise Voraussetzungen, durch die es zu einer Erfahrung des «Erwachens» (jap. Satori) kommt, beginnend mit der Befreiung des Menschen vom Ich, das, wenn es den Menschen uneingeschränkt beherrscht, die Realität des Lebens durch eigenes Wunschdenken (Illusionen) ersetzt. Die echte Meditation ist kein Selbstzweck, darf jedoch auch nicht als «Mittel zum Zweck» angesehen werden. In den Meditationspraktiken heißt es daher: »Der Weg ist das Ziel.« Alle Meditationsformen verfügen über bestimmte Praktiken, die jedoch nur von sekundärer Bedeutung sind. An einer bestimmten Methode der Meditation festzuhalten, sagt man, sei ebenso sinnvoll, wie ein Boot mit sich herumzuschleppen, nachdem man den Fluß überquert hat.

Das gemeinsame Kennzeichen aller Meditationsformen ist, daß sie den Geist sammeln, ihn klären und beruhigen. Ob dies mittels Körper- und Atemübungen geschieht, mittels Konzentration auf verschiedene «Objekte» (Mantra, Mandala, Mudrā), mittels Kōan oder auch nur durch das Verweilen in einem Zustand der gesammelten Wachheit (Shikantaza), ist zunächst einmal unwichtig für den Übenden. Alle diese Praktiken führen dann, wenn sie in der richtigen inneren Haltung ausgeführt werden, zu einem nichtdualistischen Bewußtsein, in dem die logische Unterscheidung zwischen Objekt und Subjekt aufgehoben wird und der Übende mit Gott (in den Religionen), mit dem Absoluten (in der Philosophie) oder mit seinem Wesen (in der Transzendentalpraktik) vereint wird.

Der Grund, warum die asiatischen Philosophien mit ihren vielfältigen Meditationsmethoden im Westen wirklich Fuß fassen konnten, ist, daß ihre Meister praktische und qualifizierte Anweisungen in der Meditation geben können. Der sich ausschließlich in äußeren Aktionen erschöpfende moderne Mensch spürt mehr denn je das Verlangen nach innerer Ruhe und Ausgeglichenheit, da er zu ahnen beginnt, daß das Leben heute ohne den durch die Meditation vermittelten inneren Ausgleich mehr und mehr an Qualität verliert. Aus diesem Grund werden heute viele verschiedene Meditationspraktiken mehr oder weniger qualifiziert, auch im Westen gelehrt. Die drei verbreitetsten Methoden bei uns sind das indische Yoga, das japanische Zen und das autogene Training nach J. H. Schulz.

In den Kampfkünsten wird die Meditationsform des Zen geübt. Sie zu kennen und zu praktizieren, ist für das Verständnis der Kampfkunst als Weg unerläßlich.

## Mu/Kū

Nein, nichts, die Leere, das Nichts, die formlose Form. Äquivalent zum chinesischen Wu. Das Nichts gilt als der höchste Zustand der Aktivität (Nichthandeln, chin. Wu-wei) und vergleichbar mit dem Wirken der universalen Gesetze die «nicht tun und doch alles bewirken».

Mu oder Kū stammt als Prinzip ursprünglich aus dem chinesischen Taoismus. Das Gegenteil von Kū ist *Shiki* – das Sichtbare oder die Erscheinungsformen. Kū wurde im Zen ein zentraler Begriff. Das *Kara* aus Karate leitet sich daraus ab. *Mushin* (Absichtslosigkeit), *Hishiryō* (Denken, ohne zu denken) und *Mushotoku* (ohne Streben nach Profit) sind Erscheinungsformen von Kū in der menschlichen Haltung.

## Mushin

Wörtlich übersetzt bedeutet es «Unschuld». In den Interpretationen des Budō steht der Begriff für die Absichtslosigkeit des Geistes (Freiheit vom Ichwollen), einen Zustand völliger Natürlichkeit und Unabhängigkeit vom dualistischen Denken, eine Geisteshaltung ohne Fixiertsein irgendeiner Art, offen für das intuitive Empfinden zusammenhängender Wirklichkeiten. Dafür muß der Geist frei sein von belastenden Gedanken und darf nicht an Wunschvorstellungen oder Vorurteilen haften. Dies sind störende Faktoren aus dem objektiven Denken, die das Sehen beeinträchtigen. Mushin – der leere Geist – steht daher für ein Empfindungsorgan, das in der Lage ist, die Situation ungetrübt von eigenen Vorstellungen zu betrachten.

Mushin ist das Gegenteil von *Ushin*, dem fixierenden und demzufolge erkenntnisunfähigen Geist. *Munen-mushin* (Musō) ist der Zustand der «Leere» (Shūnya), die totale Befreiung des Geistes, der nicht mehr fixiert (Mushin) und sich nicht mehr durch die Erscheinung der objektiven Dinge (Shiki) beeinflussen läßt. Es ist dasselbe wie das chinesische Wu-wei (Nicht-Handeln). *Shisei-mushin* bezeichnet die Fähigkeit, das eigene Leben auf diese Weise wahrzunehmen, wodurch man lernen kann, die Bedeutung der gewöhnlichen Dinge (Sabi und Wabi) zu verstehen.

## Mushotoku

Wörtlich: «Ohne Streben nach Profit», das Streben durch die Verwirklichung von Mushin (leerer Geist). Nur derjenige, dessen Geist rein ist, kann diesen Zustand erreichen. Es ist das «Nicht-Haften» an den Erscheinungsformen, das den Geist befreit.

Den Weg zu verstehen, bedeutet, Mushotoku zu sein und diesen Zustand in der Haltung zu verinnerlichen. Mushotoku heißt, den haftenden Geist zu lösen, an nichts zu hängen, nichts zu erwarten, nichts zu wollen. So wird Mushotoku zur Grundlage für die Entwicklung eines neuen Ich, das in Freiheit zu leben vermag. Diese Freiheit besteht in der Unabhängigkeit vom Ichwollen. Sie hebt die Grenzen auf, die den einzelnen in der Illusion von der Endgültigkeit der objektiven Wirklichkeit gefangen halten, und erlaubt, der kosmischen Ordnung zu folgen. Daher ist Mushotoku wahre Weisheit.

## Sakura

Kirschblüte. Die Kirschblüte ist ein wichtiges Symbol Japans, das drei bedeutende Komponenten in sich vereint: Yamato-damashi (Ahnenkult), Yamato-kokoro (die Seele Japans) und Bushidō (Ehrenkodex der Samurai).

*Yamato-damashi* ist ein aus dem Shintoismus stammendes Prinzip, auf dem die Treue zum Kaiser (Chūgi) und die Verbundenheit der Samurai mit ihren Familien und Sippen (Uji) basiert.

«Tamashi» bezeichnet das zeitlose Wirken von *Tama* (oder Mitama), das heißt, das Weiterleben des den Tod des leiblichen Körpers überdauernden Wesens. Das Mitama ist der übergeordnete Geist, aus dem zeitbegrenztes Leben entsteht, das nach dem Tod wieder in ihn eingeht. Es kann mit dem Lebensgeist einer Sippe verknüpft werden, durch das der Lebende mit seinen Ahnen in Verbindung steht.

Die Japaner glauben, daß sie von einer einzigen großen Familie von Göttern (Kami) abstammen. So wie der Kaiser die Sonnengöttin Amaterasu als Vorfahrin verehrt, so ehrt jede Sippe (Uji) ihren göttlichen Stammvater (Ujigami – Gott des Familiennamens). In jeder Uji gibt es Oberhäupter, die zu Lebzeiten die absolute Autorität besitzen. Die Ehrfurcht vor den Eltern, der Gehorsam gegenüber der Autorität und die Priorität der eigenen Sippe vor anderen Herren läßt sich darauf zurückführen.

*Yamato-kokoro* bedeutet wörtlich: «Japanisches Herz» oder die «Seele Japans» (Nippon no kokoro). Dieser besondere Geist konzentriert sich in den Samurai und ihrer Hingabe an ihr

Land, ihre Fürsten und Daimyō. An der Spitze der gesellschaftlichen Hierarchie stand der Kaiser (Tennō), danach kam der Shōgun, dann der Daimyō und zuletzt die Samurai. Dies war ein geradliniges System, in dem der Samurai sich ganz in den Dienst seines Fürsten stellte, welcher dem Shōgun diente, und dieser wiederum dem Kaiser. Der Geist dieses Systems bestand in der Selbstaufopferung und Selbstverleugnung des Samurai, zunächst für das Wohl seines Fürsten, letztendlich für das Wohl seines Kaisers und seines Landes.

Als sich die westlichen Einflüsse in Japan bemerkbar machten und eine Mentalität bewirkten, die alles Traditionelle ablehnte und sich allem Westlichen zuwandte, geriet Yamato-kokoro ins Abseits. Die Samurai-Kaste wurde offiziell abgeschafft, dennoch gab es noch 1880 etwa zwei Millionen Menschen, die ihr angehörten. Seit jeher gewohnt, die Geschicke des Landes zu bestimmen, mobilisierten sie auch ohne offizielle Titel eine starke Gegenreaktion auf die sich entwickelnde Verwestlichung. Sie lehnten die Neuerungen nicht ab, doch sie forderten unübersehbar die Wiederbelebung des Yamato-kokoro.

Da sie durch ihre Ausbildung Selbstdisziplin und Durchsetzungsvermögen gelernt hatten, dauerte es nicht lange, bis sie trotz der Aufhebung ihres Standes den Geist des Bushidō in ihre neuen Berufe trugen und überall großen Einfluß ausübten. Es gab zwar keine Samurai-Kaste mehr, doch ihre Angehörigen hatten trotzdem schon bald nach der Kasten-Auflösung im gesellschaftlichen, kulturellen und politischen Leben Japans die absolute Vormachtstellung. Dadurch wurde der Geist des Bushidō in Japan erneut und stärker belebt als je zuvor, und alle Neuerungen aus dem Westen unterlagen seiner Kontrolle.

Nach 1900 kam es leider zum politischen Mißbrauch der Bushidō-Ideale, denn im Zuge der Entwicklung Japans zur Handels- und Kriegsweltmacht arteten sie in einen fanatischen Nationalismus aus. Dies gipfelte im Zweiten Weltkrieg in einer totalen Katastrophe, führte jedoch gleichzeitig auch zur Wiederbelebung der alten Kampfkünste unter dem Zeichen des Weges. So erstarkte Yamato-kokoro erneut und faßte Fuß in der modernen Gesellschaft. Die alte Tradition der Samurai wurde neu belebt und führte, verbunden mit der oft verbesserten Kopie westlicher Errungenschaften, zum «japanischen Wirtschaftswunder».

## Satori

Bezeichnung für die «Erleuchtung» in den Wegkünsten, für das intuitive Erkennen der kosmischen Wirklichkeit. Der Begriff leitet sich von dem japanischen Verb *satoru*, «erkennen», ab. Im Zen wird dafür auch noch die Bezeichnung «Kenshō» gebraucht. Es bezieht sich jedoch nicht auf die gesteigerte Erkenntnisfähigkeit des objektiven Bewußtseins, denn bei Satori geht es nicht um die Unterscheidung von richtig und falsch. Satori ist ein Zustand des rechten Befindens in der Welt, der Harmonie mit dem universalen Wirken und daher aus rationaler Sicht gesehen nichts Besonderes. Satori entzieht sich dem objektiven Denken, dem Kategorisieren und dem begrifflichen Erfassen. Die Sprache kann es nicht beschreiben. Man kann Satori von niemandem erlernen oder bekommen, sondern man muß es selbst erfahren. Der Weg dahin führt über die Meditation.

Wahres Satori ist Leerheit (Kū). Es enthält alle Dinge, also auch die Illusionen. Satori löst den Menschen aus seiner physikalischen Umgebung und erlaubt ihm die Erkenntnis der Zusammenhänge des Seins.

Es gibt keinen Weg, der von der Logik in dieses Verstehen führt. Der Zugang zu Satori ist ein Sprung auf eine andere Bewußtseinsebene. Denn wie sehr wir auch immer unsere rationalen Teilerkenntnisse erweitern, das Netz der zusammenhängenden Wirklichkeit können wir nicht mit dem Verstand erfassen, und es werden immer Lücken bleiben. Deshalb muß es mit dem intuitiven Erkenntnisorgan betrachtet werden, das auf eine andere Weise sieht. Unser alltägliches Verhalten wird bestimmt durch Informationen aus dem intuitiven Verstehen des großen Zusammenhangs, der jenseits unserer dualistischen Weltsicht existiert. Dort gibt es eine übergeordnete Handlungsinstanz (Tao oder Dō) für alles weltliche Wirken, deren Gesetzmäßigkeiten in der diesseitigen Wirklichkeit erkannt werden können.

## Shisei

Haltung. Die physische und psychische Grundvoraussetzung für den Zugang zur intuitiven Wegerfahrung. Das Zentrum der körperlichen Übung in allen Wegkünsten. Im Japanischen bedeutet «Shi» Form und «Sei» Kraft. *Shi* verweist auf die körperliche Haltung, die so schön und genau wie möglich sein muß. Doch sie allein ist nur Form, und erst mit dem Element *Sei* verbunden, gewinnt sie Inhalt. Die Korrektheit der Körperform ist sicher wichtig, doch die Gesamthaltung ist unvollkommen, wenn sie keine geistige Kraft besitzt. Erst die Einheit der beiden Elemente macht die wahre Haltung aus.

## Tao

Begriff aus dem chinesischen Taoismus: Tao (jap. Dō) ist das Wirken der Natur, die übergeordnete Gesetzmäßigkeit des Universums, die nichterfaßbare Ordnung aller Veränderungen, deren sichtbar werdende Erscheinungsformen dem ewigen Werden und Vergehen unterworfen sind. Tao ist die übergeordnete Instanz des Universums, dem alles Leben unterliegt. Von den Charakteristika des Tao ist das wichtigste und einzigartigste das des Nichts oder der Leere (Mu), die in allen Wegkünsten als Beispiel für die rechte Haltung dient. Die meisten philosophischen Begriffe der Wegkünste (Nicht-Wirken, Nicht-Sein, Nicht-Bewußtsein, Nicht-Haltung, Nicht-Geist usw.) haben als Grundlage dieses universale Nichts. Tao ist «Nicht-Sein» sagt Lao-tzu, was gleichzeitig der Ursprung allen Seins ist, welcher seinerseits alle Dinge hervorbringt, gestaltet und lenkt. Es ist namenlos, denn es ist größer als alles, was erkannt werden kann. Es handelt nicht und läßt alle Dinge in

Ruhe. Es trägt die Dinge, ergreift jedoch keinen Besitz (Mushotoku) von ihnen. Es läßt die Dinge sich selbst verändern. Es tut nichts, und doch werden alle Veränderungen von ihm gelenkt. Das Wirken des Tao läßt die objektiv sichtbar werdenden Veränderungen als Gegensätze (Yin/Yang) erscheinen, auf die wir in unserer unmittelbaren Umgebung einwirken können.

## Tao-chia

Philosophischer Taoismus. Er basiert auf der Philosophie des Tao von Lao-tzu, die auf dem Wechselspiel von Yin und Yang beruht. Zum Tao gehört auch Te, das mit «Tugend» oder «Wirkkraft» übersetzt wird.

Die beiden bedeutendsten Texte des Taoismus sind das *Tao-te ching* von Lao-tzu und *Das wahre Buch vom südlichen Blütenland* von Chuang-tzu, die erste große Prosadichtung Chinas. Die Autoren dieser Werke gelten als die Begründer des philosophischen Taoismus. Das *Tao-te ching* ist knapp und konzentriert in seinen Aussagen, das Buch Chuang-tzus enthält eine Fülle von Bildern und Gleichnissen in geschliffener Prosa. Beide Werke sind Höhepunkte chinesischer Dichtkunst und Philosophie. Die Erben Lao-tzus und Chuang-tzus waren Lieh-tzu und Yang Chu.

Zu den bedeutendsten Praktiken des philosophischen Taoismus gehören die Meditation und das Nachahmen des Tao im eigenen Denken und Handeln. Mittels beider sucht man die Vereinigung mit dem natürlichen Tao. An metaphysischen Sensationen, wie zum Beispiel dem Erlangen der Unsterblichkeit, die im religiösen Taoismus eine bedeutende Rolle spielt, ist diese Schule nicht interessiert. Zentral für die Philosophie des Tao ist der Begriff *Wu-wei* (absichtsloses Handeln). Ethisch steht diese Philosophie in krassem Gegensatz zum Konfuzianismus, dessen Grundtugenden Menschlichkeit (Jen) und Rechtschaffenheit (I) er ablehnt, da sie ihrer Meinung nach die reine menschliche Natur verschleiern und das Tao stören.

Der philosophische Taoismus spielte bei der Entwicklung des Ch'an (Zen) eine bedeutende Rolle. Von Anfang an nahm er darauf Einfluß, konnte jedoch erst ab dem 6. Patriarchen des Zen, E'nō (Hui-neng), sein Grundkonzept endgültig etablieren.

## Yin/Yang

Philosophischer Begriff aus der chinesischen Weltanschauung. Er wurde später von den meisten asiatischen Völkern als zentrales Lebensgesetz betrachtet. Ursprünglich wurde die Yin/Yang-Philosophie von dem sagenhaften chinesischen Kaiser Fushi (2852 v. Chr.) begründet und später hauptsächlich im Rahmen des Taoismus gelehrt.

Mit Yin/Yang werden die beiden Urkräfte des Tao bezeichnet, die durch ihr ineinandergreifendes Wirken die sichtbaren Erscheinungsformen verändern. Yin/Yang symbolisiert die gegensätzlichen, sich jedoch jeweils ergänzenden Pole allen Seins. Im ewigen Wechselspiel dieser Kräfte entsteht die Veränderung, der alles unterliegt. Yang bezeichnet die positive Kraft des Universums, der Attribute wie männlich, aktiv, hell, stark usw. assoziiert sind, während Yin das jeweils entsprechende negative Prinzip verkörpert. Diese Gegensätze, deren Ursprung im Tao liegen, werden graphisch durch ein Zeichen dargestellt, das man das Yin/Yang-Symbol nennt.

Der Kreis steht für das allumfassende Tao, in dem Yin und Yang sich in Form von zwei stilisierten Fischen ständig umkreisen. Der dunkle Fisch bezeichnet das Yin, und der helle Fisch steht für Yang. Ihre Körper enthalten jeweils einen Kreis mit der Farbe ihres Gegenübers, wodurch angezeigt werden soll, daß es nichts gibt, was nur Yin oder nur Yang ist, sondern daß in dem einen das andere immer mitenthalten ist.

Die Lehre von Yin/Yang ist erstmals schriftlich im I-Ging («Buch der Wandlungen») fixiert, das schon zwölf Jahrhunderte v. Chr. entstanden sein soll. Danach wurde sie von Lao-tzu im Tao-te ching erneut aufgegriffen, der durch sie zum erstenmal in der Geschichte den Weltzusammenhang ohne «Götterlehren» erklärte. Darin ist das Tao das «Nicht-Seiende», dessen Einflußnahme sich auf die Veränderung in der Natur gerade durch das «Nicht-Wirken» (Wu-wei) bemerkbar macht. Yin und Yang sind die beiden entgegengesetzten Pole, die allein durch ihre gegensätzlichen Tendenzen jene Bewegung erzeugen, die den Fluß der Dinge bewirkt. Außer der ewigen Veränderung gibt es nichts, was beständig wäre. Dieses «Nichts» ist daher der Ursprung aller Dinge.

Die zentralen Begriffe des Taoismus sind: *Tao* (Weltgesetz), *Yin/Yang* (die Wirkungskräfte), *Wu-wei* (Nicht-Handeln) und *Te* (vitale Kraft). In einem erheblichen Maß haben sie den Zen-Buddhismus beeinflußt, der seinerseits in Japan dem Bushidō seinen Stempel aufdrückte. Alle Begriffe des Taoismus haben in den philosophischen Lehren Japans ihre Parallele. Sie wurden von den großen Meistern des Schwertes bereits im 16. Jahrhundert in die Kampfkünste integriert. Viele der heute bekannten Leitsätze des Budō wurden bereits in jener Zeit aus der praktischen Erfahrung heraus entwickelt und sind mit dem chinesischen Taoismus nahe verwandt.

## Zazen

Chinesisch «Tso-ch'an», Zen im Sitzen. Die Praxis (Technik) des Zen. Alle Wegübungen enthalten ein dreigeteiltes Prinzip: *Waza* (Technik, *Ki* (Energie) und *Shin* (Geist). Sie üben den Körper, den Geist und die Kraft. Das Zen hat seine eigene Technik (Waza) entwickelt: Zazen. Zazen bedeutet «Sitzen», zumeist in Seiza, zum Zwecke der Meditation. Die Übung im Zazen besteht darin, in der Meditation über das bewußte Denken hinauszugehen und Satori zu erreichen. Die höchste Form des Zazen ist das Verweilen in einem Zustand gedankenfreier, hellwacher Aufmerksamkeit, die auf kein Objekt gerichtet ist und an keinem Inhalt haftet (Shikantaza).

Zazen jedoch ist nicht nur eine Übung, die dem Zen eigen ist. Alle großen Meister der Kampfkünste üben Zazen, um ihr

Ki (Energie) zu entwickeln. Die Übung der Kampfkünste enthält das Zazen als Mokusō, das am Anfang und am Ende jeder Übungsstunde ausgeführt wird. Dies hat eine große Wirkung auf die Kampfkunstübung und gilt in der Praxis als unerläßlich. Kampfkunstsysteme, die auf die Praktiken des Zazen verzichteten, haben andere, ähnliche Übungen entwickelt, um den Geist zu schulen.

## Zen

Abkürzung des Wortes «Zenna» (Versenkung), im Sanskrit «Dhyāna», chinesisch «Ch'an». Aus dem strengen *Hīnayāna*-Buddhismus entstand das *Mahāyāna*, das sich wiederum regional unterschiedlich entwickelte. Eine dieser Richtungen war das indische *Dhyāna*, das sich in China als *Ch'an* und in Japan als *Zen* profilierte. Wie keine andere Schule des Buddhismus betont das Zen den Vorrang der Erleuchtungserfahrung (Satori) und die Nutzlosigkeit ritueller und religiöser Übungen sowie der theoretischen Auseinandersetzung mit den Inhalten des Glaubens.

Die wichtigste Technik, die das Zen entwickelte, ist *Zazen*. Wie auf allen Wegen des Jiriki (Fortschritt durch eigene Kraft) geht es auch in der Übung des Zen um die Entwicklung von Technik (Waza), Energie (Ki) und Geist (Shin), um die Grenze zur Transzendenz zu überschreiten. Geschichtlich lassen sich die Charakteristika des Zen in vier Punkten zusammenfassen: 1. eine besondere Überlieferung außerhalb der orthodoxen Lehren; 2. Unabhängigkeit von heiligen Schriften; 3. unmittelbares Deuten auf das Wesen der Dinge; 4. eigene Wesensschau.

Die Zen-Lehre hat nachhaltig das gesamte asiatische Geistes- und Kulturleben geprägt und ist einer der Eckpfeiler des Bushidō. Der zentrale Gedanke des Zen ist die Entwicklung eines Geistes der durch die Praktiken der Versenkung zur Erleuchtung (Satori) führt. Dies ist den anderen buddhistischen Jiriki-Wegen (Tendai und Shingon) keineswegs fremd. Was das Zen jedoch von ihnen unterscheidet, ist, daß es weder über die heiligen Schriften Buddhas noch über sonstige magische Praktiken nachdenkt, daß es weder auf die Gnade eines Gottes (Tariki) hofft noch seine Gunst zu gewinnen sucht, daß es keinen Gott anruft, ja noch nicht einmal anerkennt, sondern sich von allem religiösen und rituellen Beiwerk befreit und sich ausschließlich auf die Suche nach der eigenen inneren Kraft in der Meditation konzentriert. Das Zen versteht sich selbst als unabhängig von jeder Schule und erkennt auch keine kanonischen Schriften an. Als wesentlich betrachtet es die geistige Kommunikation von Person zu Person (Ishin-denshin – von Herz zu Herz), vor allem vom Meister zum Schüler.

Budō Studienkreis
Zentrum zur Erforschung des
traditionellen Budō

Der Budō Studienkreis ist ein Zusammenschluß von Schwarzgurten, die es sich zur Aufgabe gemacht haben, die Wege des traditionellen Budō zu erforschen und nachzuvollziehen. Hier fließen eigenständige Studien der Karateka zusammen und können sich auf diese Weise gegenseitig bereichern. Durch diese Arbeit ist eine Enzyklopädie über die Kampfkünste und ihre Hintergründe entstanden, aus der auch das Material zu diesem Buch stammt. Anregungen oder Hinweise nehmen wir jederzeit gern entgegen, insbesondere da wir im Rahmen des BSK noch weitere Arbeiten veröffentlichen wollen.

Wir alle hoffen, daß die traditionellen Kampfkünste mit ihren grenzenlosen Möglichkeiten der Erfahrung und des Fortschritts nicht in Vergessenheit geraten und daß interessierten Menschen neben dem Sport auch die Möglichkeit eines traditionellen Weges offensteht.

Mit Interessenten treten wir gern in Kontakt. Bitte schreiben Sie an folgende Adresse:

**Budo Studien Kreis**
Budoschule W. Lind
Weschnitzstraße 8
64625 Bensheim

# BIBLIOGRAPHIE

Capra, Fritjof, *Wendezeit*, Scherz, Bern/München/Wien 1983.
–, *Der kosmische Reigen*, O. W. Barth, Bern/München/Wien 1983.
Colegrave, Sukie, *Yin und Yang*, O. W. Barth, Bern/München/Wien 1982.

Draeger, Donn, *Classical Bujutsu*, Weatherhill, Tokio 1983.
Deshimaru, Taisen Roshi, *Zen in den Kampfkünsten*, Kristkeitz, Leimen 1978.
–, *Za Zen*, Kristkeitz, Leimen 1979.
–, *Fragen an einen Zen-Meister*, Kristkeitz, Leimen 1987.
–, *Sandokai*, Kristkeitz, Leimen 1980.
–, *Shodoka*, Kristkeitz, Leimen 1982.
Didier, Francis, *Karate do l'esprit guerrier*, Sedirep, Paris 1985.
Dürckheim, Karlfried Graf, *Hara, die Erdmitte des Menschen*, O. W. Barth, Bern/München/Wien 1985.
–, *Sportliche Leistung, Menschliche Reife*, Weitz, Aachen 1986.
–, *Die Übung des Leibes*, Lurz, München 1981.
–, *Der Ruf nach dem Meister*, O. W. Barth, Bern/München/Wien 1986.
–, *Durchbruch zum Wesen*, Hans Huber, Bern 1984.
–, *Wunderbare Katze*, O. W. Barth, Bern/München/Wien 1986.
–, *Zen und wir*, O. W. Barth, Bern/München/Wien 1986.
–, *Japan und die Kultur der Stille*, O. W. Barth, Bern/München/Wien 1975.
–, *Meditieren, wozu und wie*, Herder, Freiburg i. Br. 1976.

Eberhard, Wolfram, *Lexikon chinesischer Symbole*, Diederichs, München 1987.
Eckhard, Meister, *Ausgewählte Texte*, Goldmann, München 1987.
Egami, Shigeru, *The Way of Karate*, Kodansha, Tokio 1976.

Fromm, Erich, *Die Kunst des Liebens*, Ullstein, Berlin 1983.
–, *Haben oder Sein*, dtv, München 1976.
–, *Die Revolution der Hoffnung*, dtv, München 1968/1987.
–, Suzuki, Daisetz T./Martino, Richard de, *Zen-Buddhismus und Psychoanalyse*, Suhrkamp, Frankfurt a. M. 1976.
Funakoshi, Gichin, *Karate-do Kychan*, Kodansha, Tokio 1983.
–, *Karate-do mein Weg*, Kristkeitz, Leimen 1983.

Grundmann, Michael, *Die Niederlage ist ein Sieg*, Econ, Düsseldorf 1983.

Hassel, Randall, *Conversations with the Master*, Focus, Gießen 1983.
Herrigel, Eugen, *Zen in der Kunst des Bogenschießens*, O. W. Barth, Bern/München/Wien 1983.
Helferich, Christoph, *Geschichte der Philosophie*, Metzlersche Verlagsbuchhandlung, Stuttgart 1985.

Ital, Gerta, *Der Meister, die Mönche und ich*, Goldmann, München 1989.

Jaspers, Karl, *Die großen Philosophen*, Piper, München 1988.

Kim, Richard, *The Classical Man*, Masters, Grand Rapids 1982.
–, *The Weaponless warriors*, Ohara, Burbank 1977.
Konfuzius, *Ausgewählte Texte*, Goldmann, München 1987.
Kuang, Yüan, *I Ging*, O. W. Barth, Bern/München/Wien 1984.

Lao Tse (Lao-tzu), *Tao te king (Tao-te ching)*, Darmstädter Blätter, Darmstadt 1978.
Lind, Werner, *Enzyklopädie der Kampfkünste*, Lind, Heppenheim 1989.
–, *Die Tradition des Karate*, Kristkeitz, Leimen 1991.
Lorenz, Konrad, *Leben ist Lernen*, Piper, München 1988.
–, *Die acht Todsünden der Menschheit*, Piper, München 1983.
–, *Der Abbau des Menschlichen*, Piper, München 1989.

Masunaga, Shitsuto, *Shiatsu*, O. W. Barth, Bern/München/Wien 1988.
Musashi, Miyamoto, *Das Buch der fünf Ringe*, Knaur, München 1974.

Nagamine, Shoshin, *Okinawan Karate do*, Tuttle, Tokio 1976.
Nakamura, Tadashi, *Karate Technique and Spirit*, Shufunotomo, Tokio 1986.
Nitobe, Inazo, *Bushido*, Ansata, Interlaken 1985.

Oyama, Masutatsu, *Der Kyokushin Karate Weg*, Kristkeitz, Leimen 1987.

Palos, Stephan, *Chinesische Heilkunst*, Econ, Düsseldorf 1990.
Percheron, Maurice, *Buddha*, Rowohlt, Reinbek 1958.
Portocarrero, Pierre, *Tode*, Sedirep, Paris 1986.

Reid, Howard, *Wege zur Harmonie*, Mosaik, München 1988.
–, *Der Weg des Kriegers*, Hugendubel, München 1986.

Reiter, Joseph, *Intuition und Transcendenz*, Anton Pustet, Salzburg 1967.
Reps, Paul, *Ohne Worte, ohne Schweigen*, O. W. Barth, Bern/München/ Wien 1982.
Rielly, L. Robin, *Karate Training*, Tuttle, Tokio 1985.

Solages, Bruno, *Einführung in das metaphysische Denken*, Hueber, Ismaning 1967.
Suzuki, Daisetz Teitaro, *Leben aus Zen*, Suhrkamp, Frankfurt a. M. 1982.

Tiwald, Horst, *Kritische Sporttheorie*, Czwalina, Ahrensburg 1983.
–, *Psycho Training im Budosport*, Czwalina, Ahrensburg 1981.
–, *Budo-Tennis*, Czwalina, Ahrensburg 1983.
Tohei, Koichi, *Das Ki-Buch*, Kristkeitz, Leimen 1981.
–, *Ki im täglichen Leben*, Kristkeitz, Leimen 1980.

Ueshiba, Kishomaru, *The Spirit of Aikido*, Kodansha, Tokio 1985.
Urban, Peter, *The Karate dojo*, Tuttle, Tokio 1972.
–, *The Karate Sensei*, Tuttle, Tokio 1984.

Watts, Alan, *Der Lauf des Wassers*, Suhrkamp, Frankfurt a. M. 1983.
Watzlawick, Paul, *Wie wirklich ist die Wirklichkeit*, Piper, München 1978.
Wing, R. L., *Der Weg und die Kraft*, Knaur, München 1987.

# PERSONEN- UND SACHREGISTER

Achtfältiger Pfad 274, 276
Aiki 112, 153 ff.
Aikidō 26, 93
Amida-Buddhismus 280
Ananda 277
Anfängergeist → Shōshin
Angstüberwindung 133 ff., 141, 192, 283
Anpassung 27, 109
Ansha 238, 282, 284, 294
Aristoteles 264
Askese 267 ff.
Atmung → Ch'i ch'i-kung
Aufrichtigkeit → Makoto
Autogenes Training 297

Banzo 167 f.
Barmherzigkeit → Jihi
Bewußtsein, normales 163 f., 166
–, universales 163 f.
Bildung 125 f.
Bodhidharma 175, 217, 273, 279
Bodhisattva 278
Bokuden, Tsukahara 202, 242 f.
Bonnō 102, 235
Brahmanismus 278
Buddha 18, 128, 192, 267, 274 ff., 307
Buddhismus 88, 89, 128, 143 ff., 192, 267, 273, 277 ff., 292, 296, 306
Budō 9 f., 23, 26 f., 41, 109 f., 151, 159 f., 182, 192, 196, 215, 224 f., 235 f., 251, 281, 284
Budō-Geist 65, 70, 72 f., 78, 89, 90, 95, 105 f., 127, 130, 138, 229

Budō-Philosophie 125 ff., 145, 216, 228
Budō-Psychologie 132 ff.
Budō-Tradition 64 ff., 70, 84
Bugei 68, 285
Bujutsu 26, 75, 109 f., 151, 182, 192, 215, 284 f.
Busch, Wilhelm 23, 187, 211
Bushidō 183, 192, 228, 232, 238 f., 281 ff., 294, 299 f., 305

Cervantes, Miguel de 184
Ch'an 273, 279 f., 304, 306
Cheng-chüe, Huang-chih (Wanshi Shōgaku) 97
Ch'i (s. a. → Ki) 143 f., 146 f., 148 f., 273, 284, 289
Chibana, Chōshin 184, 195
Ch'i ch'i-kung 143, 146
Ch'i-kung 143, 146 f., 151, 292
Chin-in 99
Chuang-tzu 303
Chüan-fa 147
Chugi 282 ff., 299

Dan, -Graduierung 32, 68 f., 74, 78 f., 81 ff., 94, 231
Demut (s. a. → Ninyo) 27, 48, 88, 95, 101, 105, 139, 160, 188 ff., 238, 285
Descartes, René 264, 291
Deshi 33, 38, 69
Dhuta 267
Dō (s. a. → Weg) 10, 15 ff., 26 f., 32, 34, 45, 72, 109, 122, 145, 154, 215, 255, 286, 302

Dōjō 39 f., 46, 51, 54, 59, 62,
   65 ff., 75, 81, 83, 89 ff., 94, 95 f.,
   100 ff., 112, 114, 120, 129, 132,
   159, 185, 186, 194 ff., 214,
   219 f., 221 f., 226, 236 f., 238,
   244, 249, 251 f., 287
Dōjōkun 92, 111, 126, 174 ff.,
   182 f., 195, 234
–, Fünf Leitsätze 126, 175 ff.,
   183 ff.
– –, Ehre die Prinzipien der Etikette 179 ff., 221 ff.
– –, Pflege den Geist des Strebens 178 f., 209 ff.
– –, Suche nach der Perfektion deines Charakters 176, 184 ff.
– –, Verteidige die Wege der Wahrheit 176 ff., 194 ff.
– –, Verzichte auf Gewalt 181 f., 228 ff.
Dokusan 52, 235
Doryō 282, 284, 294
Dreieinheit des Wegideals 31 ff.
Dürckheim, Karlfried Graf 31, 34, 48, 240, 247, 266
Dulden; Geduld 224 f., 226 f.

Egami, Shigeru 230
Einstein, Albert 293
Ekkinkyō 273
E'no (Hui-neng) 280, 304
Ewiger Meister 31 f., 47 f., 65, 70, 87 f., 101, 245, 266
Extremitätenbewegung 120, 122, 164

Fahrzeug der reinen Lehre 275
Fehler, Recht auf 217 f.
Fichte, Johann Gottlieb 31, 185
Form 18 f., 20 ff., 25 f., 34, 36 f., 38, 41 f., 45 f., 48, 50, 55 f., 57, 65 f., 71, 74, 81, 113, 115 ff., 127, 147, 174, 206, 239, 248 ff., 255, 256, 258 ff., 265, 302
Formperfektionsstreben 38 f., 56, 74, 81, 110, 116, 127
Formroutine 74, 80
Formschüler 38 f.
Formspezialisierung 20 f., 45, 50, 56
Formsystem 53, 54, 59, 115, 237
Formtraining 25, 34, 43, 49 ff., 52, 56, 65, 75, 117
Form/Weg-Konflikt 37
Fromm, Erich 294
Fudō 282, 284
Fünf-Elemente-Theorie 148 f.
Funakoshi, Gichin 9, 68 f., 93, 94, 126, 156, 180, 182, 194, 197, 219, 221, 228 ff., 256, 269, 289, 295
–, Shoto-ni jukun 9 f., 183, 194, 197, 219, 221, 252, 269
Furyū 67, 130, 284, 285, 293

Ganzkörperbewegungs-Entwicklung 116 ff., 289
Gasshō 198 f.
Geiko (Keiko) 45, 111, 112 ff.
Geist 23, 56, 77, 81, 87, 117, 122, 124, 126, 179, 193, 202 f., 234, 298
Geist des Fortgeschrittenen → Seishin
Gerechtigkeit → Seigi
Geschicklichkeitsbewegung 118, 119 ff.
Gestaltung 25
Gettan, Tsuji 252 ff.
Gewalt-Verzicht 181 f.
Gewandtheitsbewegung 118, 120 f.
Gi 284
Gimma, Makoto (Shinkiu) 69

Giri 235, 238 ff., 245, 247, 252,
  282 ff., 295
Gishi 238 f., 282
Goethe, Johann Wolfgang 15, 188,
  190, 213, 224, 293
Gojō 282
Goku 68
Gorin 282
Graduierungssystem 68 f., 104
Großzügigkeit; Großmut → Ansha
Grundhaltung, Formung einer 36
Gruppenweisungen 62
Gruß-Etikette 94 ff.
Guardini, Romano 217
Gürtelfarben 71 f., 93 f.
Gürtelsystem → Kyūdan

Ha, -Stufe 41, 78 f., 83, 115 f., 255,
  256 f., 259 ff.
Hagakure 282
Hakama 93 f.
Hakuin 127
Haltung, innere; rechte (s. a. →
  Shisei) 51, 54, 59, 70, 71, 73 ff.,
  80 ff., 84, 86, 90 ff., 94, 101,
  105 f., 112 f., 117, 124, 126, 136,
  138, 159 f., 165 ff., 171 ff., 174,
  179, 181, 183, 194 f., 199, 212 f.,
  214, 218, 220, 222, 225, 235,
  237, 238 ff., 242 ff., 245 ff.,
  259 f., 262, 265 ff., 288 ff., 302
Haltung-Spannung-Atmung 118,
  122, 124, 289
Hanshi, -Grade 79, 86 ff., 101
Hara 123 f., 144, 146, 153 f., 287 ff.
Hara gei 123, 289 f.
Heijoshin kore michi 232 f., 282
«Herz-zu-Herz»-Kommunikation
  52, 88, 160, 266, 307
Hesse, Hermann 45, 197, 200, 203,
  209, 222, 228, 231, 232

Hiden 80
Hinayana-Buddhismus («Kleines
  Fahrzeug») 277 ff., 306
Hinduismus 278, 296
Hishiryō 290, 297
Hōin 98
Hsien Sui Ching 273
Hsing-I 144 f., 146, 149, 292
Huai-nan-tzu 148
Humboldt, Wilhelm von 202

Ich 16 ff., 21, 25, 27, 35 ff., 41, 43,
  48 ff., 52 f., 56, 57, 64, 65 f.,
  73 ff., 84 ff., 95 f., 101, 105, 110,
  123, 131, 133 ff., 179 ff., 189,
  191, 195, 205 f., 222, 240,
  243 ff., 261, 262, 266 ff., 291,
  292, 296, 299
–, kleines 25, 27, 35, 41, 43, 53, 57,
  58, 63 f., 73, 88, 137 f., 141, 237,
  246, 248
Ichidan 81
I Chin Ching 273
Ichüberwindung 36, 40, 73, 75, 87,
  110, 136 ff., 142, 180, 182, 191,
  192, 204 ff., 224, 227, 236,
  247 f., 262, 269, 295
Ideal 18 f., 24, 25 ff., 31, 33, 34,
  39 f., 47 ff., 51 f., 53, 55 f., 57,
  59, 65, 75, 79, 86, 90, 101, 186,
  212, 216, 245, 268 (s. a. →
  Ewiger Meister)
I-Ging 143, 145, 149, 292, 304
Ikken-hissatsu 216
Individualität 19, 20, 58, 61, 109, 125
Innerer Meister 31 f., 34, 40, 48,
  58 f., 65, 82
Intellekt 15 f., 20, 46, 96, 125 ff.,
  134 f., 138 f., 141 f., 263 f., 290
Intuition 135 f., 163 ff., 171 f.,
  231 f., 263 f., 290, 293

Iro kokoro 86
Ishin-denshin → «Herz-zu-Herz»-Kommunikation
Islam 27 f., 296
Itosu 69
Iwao no mi 140 f., 232
Jesus Christus 18, 268
Jihi 238
Jin 222 f., 282, 284, 294 f.
Jiriki 306
Jitoku 235, 248 ff.
Jitsu 10
Jōseki 92
Jūdō 26, 68
Jūdōgi 93
Juku 285

Kai-ki 149
Kaisetsu 175
Kami 95
Kamiza 92, 95
Kampf, innerer 25 f., 34 ff., 39, 41 f., 45, 57, 59
Kanazawa 99
Kanna-Zen 97
Kanō, Jigorō 68
Kant, Immanuel 264 f.
Kara 295, 297
Karate 68 f., 78, 93, 94, 99, 133, 146 f., 155 f., 175, 195, 197, 228, 295, 297
Karate-dō 9, 122, 224, 230, 295
Karategi 77, 93 f.
Karma 275
Kata 10, 46, 66, 81, 83, 95, 129, 140, 147 f., 156, 228, 256, 273
Kegon, -Lehre 279 f.
Keirei 94
Kendō 26, 93
Kenjutsu 190
Kenko Yoshida 215

Ken Zen Ichi 190 ff.
Kern, innerster 26, 55
Ki 80, 111, 112, 114, 119, 129, 131, 143, 145, 146 f., 148, 150 ff., 171, 289, 305 f. (s. a. → Ch'i)
—, Formen des 151
Kiai 154 f.
Kiai-jutsu 154
Ki-gamae 117
Kihon 80, 83, 118
Kikai-tanden 146, 155, 287
Kim, Richard 139, 169, 250, 257
Kime 153 f., 156
Kimono 93
Kinhin 129
Koān 263, 296
Kobudō 94
Kodansha 68, 71, 78 f., 84, 94
Können 45
Kokoro 84 f.
Kokyū 273
Kollektivideal 19, 21
Konfuzianismus 279, 281 ff., 285, 292, 303
Konfuzius 226, 233, 292
Konzentration 201 f., 203 f.
Ku 84, 122, 148, 192, 297, 301
Kuan-tzu 148
Kufū 131, 137, 204
Kumite 83
Kyān, Chotoku 69
Kyō 10
Kyōshi 79, 86 f.
Kyūba-no-Michi 281
Kyūdan 68, 69, 93 f.
Kyūdō 26, 67, 93
Kyū-System(e) 68, 69, 71 f., 74 f., 77, 78, 81

Lamaismus 278 f.
Lao-tzu 148, 233, 302, 303, 304

315

Lehrer/Schüler-Beziehung 32, 37,
  38 ff., 52 f., 54, 57, 61 f., 73,
  79 f., 111, 159, 161, 214, 235 ff.,
  244, 247 f., 252, 259, 266
Lehrgespräch 51 f., 239
Leibhaftiger Meister 32, 47 f., 65,
  70, 83, 245, 266
Lessing, Gotthold Ephraim 198
Liebe 18, 53, 210, 294 f.
Lieh-tzu 303
Logik 163 ff., 172, 263, 290, 293,
  301
Ludwig, Otto 201

Mahāyāna-Buddhismus («Großes
  Fahrzeug») 278, 306
Makimono 68
Makotō 94, 238, 282 f., 294
Meditation 89 f., 96 ff., 129 f., 136,
  233, 296 f., 301, 303, 305
Meister des Weges 31 f., 34 ff.,
  38 ff., 43 f., 46, 48 f., 50 f., 52,
  53, 56 ff., 63, 69, 70 f., 79, 116,
  159 ff., 213 ff., 235, 246 f., 250,
  257, 258, 261, 265 f.
Menkyō 68
Menkyō-kaiden 68
Menzius 148
Mi-gamae 117
Mill, John Stuart 38
Mitama 299
Mitgefühl 222 ff., 294
Miyagi, Chojun 162
Mohammed 18
Mokushō-Zen 96 f., 129
Mokusō 96, 99, 129, 306
Mondō → Lehrgespräch
Mono no aware 284
Mosshōseki 209 f.
Mu 84, 122, 148, 295, 297, 301,
  302

Mudansha 68, 69, 70, 71 f., 74, 78,
  94
Muga 192
Munan 160 f.
Munen-mushin 298
Munenori, Yagyu 190
Musashi, Miyamoto 232
Mushin 138, 193, 262, 297, 298
Mushotoku 122, 145, 155, 192, 262,
  297, 298 f., 303
Mut → Yuki

Nagamine, Shoshin 230
Nan-ch'üan 232
Nei-ch'i 146
Nesshin 235, 245 ff., 252, 255
Newton, Isaac 264
Nichiren 280
Nidan 82
Ninyō 238, 282, 284, 294
Nirvāna 276, 277
Nitobe, Inazo 221, 284

Obi 93, 286
Okuden 43, 74 f., 79 f., 115 f.
Omoiyari 222 ff.
Omote 71, 74 f., 115 f.
Oshi 45
Osu (Oss) 102 f., 226 f.
Otagai 102
Otagai ni rei 102

Pa-kua 144, 146, 149, 292
Platon 293
Pneuma 143
Pyramidensystem 50 f., 69, 87, 102

Ratio 46 f., 51 f., 120, 130, 145,
  263 f., 266
Rechtsempfinden 197 f.
Rei 94, 102 f., 131, 139, 167, 169,

180, 205 f., 213, 221, 240, 243 f.,
  246 f.
Reife 25, 63, 77, 101, 189, 207 f.,
  255
Reigi 94, 282
Reigi-sahō 94 ff., 103 f., 221
Reines-Land-Buddhismus 279
Renshi 79, 85 f., 87
Renshū 45, 112
Ri, -Stufe 41, 79, 87, 102, 190,
  192 f., 255, 262 ff.
Rinzai-Zen 97, 263
Ritsu-rei 95, 102
Roth, Eugen 207
Ryū 75

Sabi 67, 285 f., 298
Sahō 50, 104, 239
Sakugawa 175
Sakura 299
Samu 92
Samurai 93 f., 135, 151, 228, 233,
  239, 280, 281 ff., 299 f.
Sandan 82 f.
Satori 87, 144, 262 f., 274, 290,
  296, 301, 305, 306
Schwarzgurt, -Stufe 39, 68, 76, 77,
  81, 115
Schock 24, 63 f.
Schopenhauer, Arthur 109
Schulz, J. H. 297
Schweitzer, Albert 294
Sei 84, 171, 285, 302
Seigi 238
Sei-ki 149
Seishin 77, 84
Seiza 96 ff., 129, 305
Selbstdisziplin 49, 60, 62, 73, 75,
  219 f., 233, 269, 284
Selbsterfahrungsprozeß, psy-
  chischer 72, 249

Selbsterkenntnis 20, 23, 40, 46,
  198, 207 f.
Selbst-Findung 18
Selbständigkeit des Schülers 60 f.
Selbstsucht 17 f., 21, 85, 210, 237
Selbstüberwindung → Ichüber-
  windung
Selbstverwirklichung 15, 26
Selbstzweck 25 f., 36 f.
Sempai 50, 69, 70 ff.
Sempai ni rei 101
Sensei (s. a. → Meister des Weges)
  32 ff., 67, 68, 71, 79, 90, 101,
  139 ff.
Sensei ni rei 101
Senzuikyo 273
Shaolin-Ch'an 151
Shaolin Kung-fu 144, 146
Shaolin-Tempel, -Kloster 144, 175,
  217, 273
Shi 84, 171, 302
Shihan 101
Shihan ni rei 101
Shikantaza 263, 296, 305
Shiki 191, 192, 282, 284, 295, 297
Shimeijurasan 156
Shimosa 92
Shimoseki 92
Shin → Weglehre
Shingon 149, 280, 306
Shintoismus 92, 149, 233, 280,
  281 ff.
Shinzen 92
Shisei 84, 117, 165 ff., 171 f., 174,
  255, 262, 266, 288, 295, 302
Shisei-mushin 298
Shitei → Lehrer/Schüler-Beziehung
Shodam 77 f., 81 f., 115
Shoju 160 f.
Shōken 52, 235, 247
Shōmen 92, 100

317

Shōmen ni rei 100
Shosa 215
Shōshin 77, 115, 175
Shōtōkan-Karate 69
Shōtōkan-ryū 183
Shū, -Stufe 29, 41, 71, 78, 115 f., 174, 237, 255, 256 ff., 260 f.
Shū Ha Ri 111, 255, 260
Shūnya 298
Sich-Öffnen-Können 62, 63
Sinn, -Suche 20 ff., 27, 56, 65, 114, 122
Sinn-Findung 18, 21, 27
Sōji 92
Sōkō, Yamago 282
Soto 44
Soto-deshi 42, 44, 160
Sōtō-Zen 97, 129, 263
Sport 10, 25, 39, 43, 68, 113, 116, 119, 123, 145, 156, 215, 225, 251
Streben 110, 178 f., 210, 211 f., 216, 226, 245 ff., 255
Sun-dome 216
System 20 ff., 27

Taiaki 190 f.
T'ai-chi-ch'uan 144, 146, 292
Takuan 152, 190 ff., 262
Tao 145, 146, 149, 169, 292, 302, 304 f.
Tao-chia 148, 303
Taoismus 143 ff., 279, 292, 297, 302, 303 ff.
Tao-te ching 145, 148, 303, 304
Te 303, 305
Technik (s. a. → Waza) 27, 34, 38 f., 41, 43 f., 46, 49 f., 55, 56, 58, 65 f., 70, 72 ff., 78, 80 f., 83, 84 ff., 91, 105, 113 f., 115 ff., 123 ff., 126, 129 f., 136, 145, 153, 174, 193, 194 f., 202 f., 211,

213, 215 f., 231 f., 234, 237, 238, 248 f., 257, 259, 261, 290, 296
Tendai-Lehre 149, 279 f., 306
Thomas von Kempen 194
Tiwald, Horst 118
Tod, Auseinandersetzung mit dem 132 ff.
Tōde 147
Todesangst 87, 110, 134, 137, 141 f.
Tolstoi, Leo 34
Torajiro, Okada 97
Transzendentalphilosophie 264 f.
Transzendenz 262 f., 306
Trieb, -überwindung 18, 23 f., 27
Trigramme 149, 150, 292
Tsunemoto, Yamamoto 282

Uchi 44
Uchi-deshi 42 ff., 69, 160
Ushin 298
Uwago 93

Verhaltensetikette 65 f., 70, 103 ff., 179 ff., 205, 221 f., 239

Wabi 67, 130, 285 f., 298
Wachstum, inneres 17, 25
Das wahre Buch vom südlichen Blütenland 303
Waza 111, 112, 114, 115 f., 145, 164, 190, 193, 255, 305, 306
Weg (s. a. → Dō) 9, 10, 15 ff., 23, 25 ff., 31 f., 34 ff., 38 ff., 45 ff., 50 f., 52, 54, 55, 56 f., 72, 122, 236, 239, 246, 250 f., 255, 257, 259, 261, 263, 269, 298, 300
Wegeinsicht 214
Wegerfahrung 32, 37, 38, 48, 71, 75 f., 236, 249
Wegfähigkeit 32, 46

Weglehrer 26, 31, 41, 48, 52, 53,
  71, 79, 84, 86, 89, 111, 112, 114,
  125, 145, 213, 236, 242, 250 f.,
  305, 306
Weglehrer → Meister des Weges
Wegphilosophie 46, 111
Wegschüler 31 f., 35 f., 38 ff., 43,
  48 f., 50 f., 52, 53, 62, 71, 80, 82,
  89, 248, 252, 257
Wegübung(en) 45, 50, 84, 89, 109,
  111, 114, 249, 266
Weisungen, individuelle 61 ff.
Werden 45
Wert 18
Wu-wei 297, 298, 303, 305

Yabu, Kentsu 69, 133
Yagyu, Matajuro 167 f.
Yamato-damashi 95, 282 f., 299
Yamato-kokoro 282 f., 299 f.
Yang Chu 303
Yin/Yang 146, 148 f., 152 f., 292,
  303, 304 f.

Yoga 274, 297
Yo-ki 149
Yomi 131, 137, 203
Yondan 83
Yū 284
Yūdansha, -Stufe 68, 70, 72, 74,
  77, 78 f., 85 f., 94
Yüan-ch'i 146
Yūgūn 130, 285, 287, 293
Yūki 239

Zabuton 99
Zafu 99
Zanshin 137, 203
Za-rei 95
Zazen 97 ff., 129, 305 f.
Zen, -Buddhismus 15, 52, 92,
  98 f., 109 f., 129, 135, 151 f.,
  169, 183, 190 ff., 198, 209,
  232 ff., 251, 273, 279 f., 281 ff.,
  286, 290, 297, 304, 305, 306
Zubon 93